区域国别学丛书

U0949637

国际区域学概论

张蕴岭　主编

山东大学出版社
SHANDONG UNIVERSITY PRESS
·济南·

图书在版编目(CIP)数据

国际区域学概论/张蕴岭主编.—济南：山东大学出版社，2022.1(2025.4 重印)

ISBN 978-7-5607-7286-8

Ⅰ.①国… Ⅱ.①张… Ⅲ.①国际关系－研究 Ⅳ.①D81

中国版本图书馆 CIP 数据核字(2021)第 255647 号

责任编辑　李艳玲
封面设计　杜　婕

国际区域学概论
GUOJI QUYUXUE GAILUN

出版发行　山东大学出版社
社　　址　山东省济南市山大南路 20 号
邮政编码　250100
发行热线　(0531)88363008
经　　销　新华书店
印　　刷　山东蓝海文化科技有限公司
规　　格　720 毫米×1000 毫米　1/16
　　　　　17 印张　270 千字
版　　次　2022 年 1 月第 1 版
印　　次　2025 年 4 月第 6 次印刷
定　　价　58.00 元

版权所有 侵权必究

“区域国别学丛书”
编委会

主　任　张蕴岭

委　员（按姓氏笔画排序）

卢光盛　冯绍雷　邢广程　刘昌明　刘鸿武

李　远　吴心伯　张丽娟　张振江　范作军

罗　林　周方银　赵可金　赵忠秀　姜　峰

钱乘旦　黄仁伟　韩东育　翟　崑

总　序

区域国别学一级学科的设立对于我国的区域国别研究、学科建设和人才培养有着重大的意义。

认识世界需要从认识区域和国别开始。国家是世界构成的基础，每个国家都处在一定的区域，区域和国别间既有紧密的联系，也有各自的特质。区域国别学是一个交叉学科体系，无论从对象、方法，还是理论与实践都具有不同于其他学科的特征。

区域国别学需要区域学理论构建。区域是所在国家的地缘载体，在区域范围内，各国间有着长久、多样和特殊的联系。从本质上说，区域是相关国家的共处、共生之地。如今，在各个区域层次上都发展起了以区域为载体的多种形式的合作与治理机制，像欧盟、东盟等已经具有不同特征的区域管理与治理功能。

区域国别学需要国别学理论构建。现代民族国家制度是由《联合国宪章》所确立的。各国都经历了很长的历史演变，不同的历史时期有着不同的存在和发展形式。二战后，现代民族国家构建得到普遍的发展，各国实现独立自主基础上的现代民族国家的构建和治理。世界各国在政治制度、国家治理、社会经济发展、对外关系等方面都各具特色。

区域国别研究需要学科交叉方法。以往区域国别研究主要是单学科导向的，得到了很大的发展，但交叉学科导向的区域国别研究由于缺乏学科的支撑，没有得到很好的发展。单学科导向的研究把区域与国别问题分割成不同的学科主题，有助于专门的研究。但区域国别问题具有很强的综合性，仅有单学科导向往往不能认识问题的全貌和特性，甚至可能会形成错误的定论以及政策取向。比如，对经济的分析，在很多情况下需要考虑政治、社会以及外部因素，如果不考虑，就有可能得出偏颇的结论，与经济的实际运行相差甚远。学科交叉是科学发展本身的必然趋势，无论是自然科学，还是人文社会科学，越来越多的问题都需要用交叉学科知识和学科交叉方法来进行观察、分析与认定。这就是为何要设立交叉学科门类和在交叉学科门类下设立以交叉学科为定位的学科。区域国别学一级学科的设立，为用交叉学科方法研究世界区域国别提供了学科支撑。

设立交叉学科门类下的区域国别学既是学科发展的需要，也是国家发展的需要。长期以来，区域国别研究领域有影响力的认知、理论和政策大都来自西方国家，特别是欧美大国。近代以来，西方大国崛起后基于对外扩张的需要，加强了对区域国别的研究，形成了基于其价值观认定和利益定位的区域国别认知和理论。一方面，这些认知和理论成为其制定对外政策的根据和引导，为其实施对外扩张、殖民、控制、干预提供支持；另一方面，通过多种形式的话语传播，西方大国也获得了话语权。

我国的区域国别研究有着很长的历史和雄厚的基础。特别是改革开放以后，我国的区域国别研究得到快速的发展，为我国深入了解世界、走向世界做出了贡献。区域国别学一级学科的设立使我国的区域国别研究和人才培养进入一个新的发展时期。有了学科支撑，就可以对研究、教学进行科学的布局，将使我国的区域国别研究和人才培养得到更好的发展。

从提升国际话语权的角度来看，向世界推介具有中国特色的区域国别学成果，可以大大提升我们的国际影响力，有助于我们在国际交往中获得更大的话语权。中国特色的区域国别学理论和体系构建，要广泛吸收国外已有的优秀成果，继承中国优秀传统思想文化，立足当代，面向未来。中华民族伟大复兴是中国人民的伟大事业，对于世界的发展有着巨大的影响。中国人对世界的认知以及在世界的话语权等，不但不能缺失，而且还必须有区别于他者的立场，在传统与现代、东方与西方、当今与未来等重大问题上，推出更符合世界可持续发展、和合共处的理念与方略。

构建中国特色的区域国别学体系是一项大工程，需要动员和组织国内高校和研究机构力量一起做。同时，作为一项系统工程，区域国别学学科体系构建需要做好顶层设计，进行统筹与合理规划，把体系构建与服务国家战略、新时代人才培养紧密结合起来，与提升我国在国际上的话语权紧密联系起来，使我国区域国别学学科的建设在实践中得到更好的发展，发挥更大的作用。

我们推出“区域国别学丛书”的目的在于为推动我国的区域国别学学科建设做出努力，本丛书由山东大学出版社出版，本项工作得到教育部国别和区域工作秘书处的支持，在此深表感谢。

“区域国别学丛书”编委会

2024年元月

前　言

国际区域学是一门专门的学科。作为概论，本教材意在创建一个基本分析方法、结构框架，构建理论研究基础。迄今，还没有一本专门研究国际区域学的教材，因此，本教材是一个探索。

国际区域研究是国际问题研究重要的组成部分，国内通行使用“区域国别研究”这一术语。尽管“区域”与“国别”有着不可分割的联系，但就研究而论，区域研究与国别研究还是有区别的。区域研究是把国际区域作为整体来对待，综合与系统分析其构成、运行、内涵和特征。世界上有多种区域，区域本身也分层次，大区域内还有多层次的次区域，不同层次的区域有不同的构成和特点。

有关国际区域的研究成果有很多，但主要是对“区域现象”的研究，以此而论，提出了许多有关区域发展与区域构建的理论。比如，有关区域主义的研究，主要研究区域主义形成与发展的动因，并据此提出诸如“联邦主义”理论、“功能主义”理论、“制度主义”理论、“新功能主义”理论等等。有关国际区域研究的术语有很多，各有不同的含义，代表各自的概念与立论。

国际区域学作为一种理论，需要回答国际区域是什么，国际区域是怎样构成的，又是如何运行的。

国际区域是什么？简单来说，国际区域是介于世界和国家之间的中位结构，是自然和客观的存在。作为一种自然存在，国际区域主要是一定范围的地缘范畴和自然要素的连接；作为一种客观存在，国际区域主要是各国间政治、经济、社会、文化有别于其他区域的相互联系。

国际区域是怎样构成的？一方面，它由自然和社会的连接所构成，包括地缘、生态、经济、安全、社会、文化连接和国家间的关系；另一方面，它是由区域机制或者区域制度构建的，包括由区域内各方以各种形式建立的合作机制、区域治理制度。

国际区域是如何运行的？它主要依靠区域内各国间经常性的交往和区域机制或者制度的制定和执行而存在。各国间的经常性交往涉及各个方面，从政治、经济到人文，机制或者制度运作所涉及的领域也越来越多。因此，国际区域并非只是一个地缘概念，而是具有实质性内容的构成体。

国际区域学不同于关于区域主义的研究，后者只是从一种视角对区域的运行进行分析，以此得出关于区域主义的理论。在有关区域主义的研究中，大多都以欧洲区域主义作为标杆，以此得出关于区域制度构建的层次分类。其实，国际区域的情况差别很大，欧洲区域构建的经验可资借鉴，但模式很难复制。因此，国际区域研究需要摆脱“欧洲中心主义”的范式。还有，不能把国际区域研究等同于国际关系研究，或者把区域关系作为国际关系的子系统。因此，国际区域研究需要改变以国际关系为中心的研究方法。

把国际区域的各方面的问题放在国际区域学的框架下，可以更好地认识国际区域各要素的联系与互动。国际区域正在发生很多重要的变化，其中，自然生态、气候变化引起的区域性问题凸显，推动区域机制和区域制度构建的能动性加强，这些都进一步提升了国际区域治理的重要性和地位。特别是，在全球治理遇到越来越大障碍的情况下，区域治理的重要性更为凸显。在此情况下，需要进一步加深对国际区域的认识，以更好地发挥国际区域在国家发展与全球治理中的作用。

本书力图为国际区域学提供一个整体与系统的分析框架，在对国际区域的含义、构成、研究对象、方法等进行定位性分析的基础上，依次从国际区域观、国家与国际区域、国际区域政治、国际区域经济、国际区域文化、国际区域关系、国际区域合作、国际区域治理和国际区域构建实践与研究各方面进行深入分析，提出其在国际区域构成与运行中的定位、含义和理论。作为综合分析，本书在把不同区域的构成与运行特征作为案例加以分析的基础上，重在提出整体性基础分析框架和一般性理论观点，在每一章之后，推荐3本有代表性的专著作为阅读参考。

本书作者来自国内多个大学、研究机构，他们都是在国际区域问题研究方面很有建树的学者，分别承担本书各章的写作。第一章：张蕴岭（中国社会科学院学部委员，山东大学讲席教授）；第二章：钟飞腾（中国社会科学院亚太与全球战略研究院研究员）；第三章：张振江（暨南大学国际关系学院/华侨华人研究院教授），宋婉贞（暨南大学新闻与传播学院博士后）；第四章：宋新宁（香港中文大学[深圳]人文社科学院教授），邢瑞磊（武汉大学政治与公共管理学院副教授）；第五章：刘洪钟（上海外国语大学上海全球治理与区域国别研究院教授）；第六章：乔国强（上海外国语大学犹太研究所教授）；第七章：周方银（广东外语外贸大学国际关系学院教授）；第八、九章：李远（山东大学国际问题研究院教授）；第十章：张蕴岭，钟飞腾。一本国际区域学理论性著作需要有体系、逻辑、理论以及表述上的统一。因此，我们组成一个团队，按照统一要求进行分工协作。我作为主编，一方面对本书的框架、研究对象、研究方法、写作提纲、体例、表述等做了系统规划与定位，提出了具体的要求；另一方面，对各位作者提供的初稿进行了细致的审读、修订，并对部分章节进行了调整、补充和撰写，尽可能使本书能够在逻辑上、表述上和理论上前后贯通，减少重复与矛盾。撰写一本创新性理论教材是一件难度很大的工作，本书只是一个初步尝试与探索，肯定会有不足之处，这需要做进一步深入研究。

张蕴岭

2021 年 12 月于威海

目　录

第一章　国际区域学基础

国际区域是指多个国家共处的地区，地缘连接是国际区域的基本特征。国际区域是一个客观存在，区域内的各个主体具有显性的关系和直接的利益。对于国家而言，区域关系和利益通常是被置于首要地位的。对于世界来说，区域是国家群组的重要载体，承担着重要的发展与治理职能。因此，国际区域学是一门独立的学科，以国际区域为对象，对所涉及的组成与结构、构成要素、关系与机制等进行综合性和系统性的分析，提出科学的理论。

第一节　国际区域学及研究对象

世界是一个整体，在构成结构上，分为三个层次：国家—区域—世界。国家是世界的本位和基础，国际区域介于国家与世界之间，尽管不具有独立的法权地位，但有事实上的存在、认同上的定位和治理上的职能。

世界以国家为本位主体。从国家的视角来看，区域具有国际的性质，因此，称区域为“国际区域”。国际区域是由多个国家构成的，由此，关于国际区域的研究，也被称为“区域国别研究”，即包括国家的研究和区域的研究。其实，尽管区域离不开国家，国家是区域的基础构成，但二者还是有区别的。国别研究不能替代区域研究，反过来也是一样。国别研究是针对单个国家的，包括国家的各个方面的构成因素，每一个国家都有各自不同的构成和特征。国际区域研究则是把区域作为一个整体。① 因此，国际区域学是专门研究区域整体的学问。

国际区域学视域下的国际区域是一个客观存在，是一个多国共处的地缘与利益空间。也就是说，国际区域既基于地缘连接，也基于利益连接；既有国家间的关系，也有区域层次的关系；既有区域内关系，也有区域间关系。从世界范围看，尽管不同的区域在构成、连接方式、关系结构、治理形式等方面很不相同，但是，区域间也有相同与相似之处，体现国际区域存在与发展的普遍性特征和规律。因此，国际区域学是在对世界不同国际区域进行研究和比较的基础上，提出国际区域构成与运行的一般规律。②

一、国际区域范畴

地缘是国际区域的定位基础，通常被分为两个层次。第一层是大区域，以洲为界，分为五大洲区：欧洲区、非洲区、亚洲区、美洲区、大洋洲区。第二层是次区域，在大洲之内划分，基本以近地缘为界。在欧洲，有北欧、南欧、西欧、中欧、东欧；在非洲，有北非、南非、西非、中非；在亚洲，有东亚、西亚、中亚、南亚、东南亚；在美洲，有北美、中美、拉美、南美；在大洋洲，有澳新和南太平洋。此外，在次区域之内，还有基于接邻地区连接的各类小区域，大多是由几个国家间的相邻区域构成，规模不等，且划分也以不同的定位而异，有的以山川、河流相连，有的以经济增长联系，等等。

基于地缘定位的大区域，首先是一个地理概念，但它们也并非仅仅是一个地理存在。基于长期历史的发展，各洲都有着特殊的内在联系和利益基础。洲际区域范围广，国家之间存在种族、政治、经济、文化上的差异。但是，出于地缘连接的原因，特别是出于政治的、安全的、经济的、社会的、文化

① 本书使用的“国际区域”，是指在国家之外的区域范畴，在通常情况下，往往简称为“区域”。一国之内也有不同的区域，国际区域与国内区域有着根本的不同。因此，本书统一使用“国际区域”，只是在行文论述中，为避免重复，简称为“区域”。

② 国内通行的国别与区域研究包含两层含义，一是国别，二是区域。尽管二者有密切的联系，但研究上有很大的不同。国别研究着眼于单个国家的政治、经济、语言、文化、历史等；而区域研究则被认为是“更加重视整体主义，强调应将区域作为一个整体看待”。参见郭树勇等编著：《新编区域国别研究导论》，高等教育出版社 2019 年版，第 49 页。

的和利益的驱动，各洲际区域都发展起了形式多样的区域机制或制度构建机制。目前，欧洲、美洲、非洲、亚洲和大洋洲都建立了洲际区域组织，对区域进行治理。

延伸阅读

欧洲有欧盟，目前有27个成员，涵盖了一半以上的欧洲国家。美洲有美洲国家组织，目前有33个成员，涵盖了绝大多数美洲国家。非洲有非洲联盟，目前有55个成员，涵盖了绝大多数非洲国家。在亚洲，建有“亚洲相互协作与信任措施会议”，简称“亚信会议”，重点关注地区安全问题，共有成员国27个、观察员14个，举办领导人会议和外长会议；还有亚洲博鳌论坛，是一个专注亚洲发展的会议论坛，每年召开一次。在大洋洲，建立了太平洋岛国论坛，有18个成员，12个特别观察员，每年召开领导人会议，还签署了《太平洋更紧密经济关系协定》《太平洋岛国自由贸易协定》，论坛秘书处和8个相对独立的机构组成太平洋地区组织理事会（CROP）。此外，在联合国框架下，成立了非洲发展银行、泛美发展银行、亚洲发展银行和加勒比发展银行；在联合国经社理事会下，还设有多个区域性理事会。

次区域内的各个国家由于地缘更近，利益连接更直接，人文交流更密切，因此，在许多方面，区域的特性更强，大多都发展起了区域组织或者合作机制，对区域进行更有深度的管理和治理。

除地缘为基础的区域范畴外，还有以各种形式构建的国际区域性机制，比如阿拉伯联盟（阿盟）、海湾阿拉伯国家合作委员会（海合会），既有地缘连接，又有族群和政治特征。在东亚，其地缘定位是指东北亚与东南亚，但如今，属于大洋洲的澳大利亚、新西兰也加入了东亚区域合作框架，这两个国家被认为是属于利益上的东亚区域。印度属于南亚，由于加入了东亚区域合作机制，使得东亚的区域范畴进一步扩大。由此，东亚既有基于地缘构建的国际合作区域，也有基于利益构建的功能性合作区域。因此，国际区域学的研究，既包括地缘基础上的国际区域，也涵盖基于利益的功能性区域。[①]

延伸阅读

迄今，东亚尚没有发展起统一的区域组织。“东亚展望小组”(East Asia Vision Group)曾发布报告，提议把构建“东亚共同体”作为目标，将东亚峰会、东亚自贸区和东亚金融合作机制作为基本构成机制，但尚未实现。目前，东亚区域合作呈现多形式和多层次的特征，除“东盟＋1”(单个国家)外，主要有“东盟＋中日韩”(10＋3)建立的对话合作机制，其中包括领导人对话机制、货币金融合作机制(清迈倡议)、东盟与中日韩宏观经济研究办公室(AMRO)；还有基于利益驱动的合作机制，如东亚峰会(EAS)，成员有东盟10国、中日韩3国、印度、澳大利亚、新西兰、美国、俄罗斯，共计18个国家；以《区域全面经济伙伴关系协定》(RCEP)为框架的自贸区，成员有15个国家，即东盟10国、中日韩3国和澳新2国，都是由东盟引领建立的。

显然，地缘国际区域的客观存在，是区域机制构建的基础，而区域机制的构建，不管通过什么样的形式，都是对国际区域存在的加强，区域机制的多样性加强了国际区域间的差别特征。[②]

二、国际区域连接

世界分为各种区域，但在地理大发现之前，人们对外部世界的认识有

① 对于基于功能性构建的机制，是否被作为国际区域，要做具体分析。像美国主导的双边军事同盟，就不被认为是区域性功能构建。又比如欧盟和日本签订了经济伙伴关系协议，被作为有别于全球多边协议的区域性协议，但这也应该属于跨国的功能性机制构建协议，并非严格意义上的国际区域范畴。再比如东亚峰会、《区域全面经济伙伴关系协定》(RCEP)，由东盟推动建立，尽管前者有美国和俄罗斯参加，后者有澳大利亚和新西兰参加，但主体还是基于东亚范畴，应该属于国际区域组织或者机制。

② 皮特·普利司通(Peter Preston)认为，地区不是一种自然存在，而是各国推动构建的结果。这种观点实际上有些本末倒置，不是有了机制才有了区域，而是有了区域才有了构建机制的基础。关于皮特·普利司通的观点，参见 Mark Beeson and Richard Stubbs, *Routledge Handbook of Asia Regionalism*, London and New York: Routledge, 2012, p. 41.

限，接触到的主要是生活的区域，可以说，区域就是“天下”，即认识的整个世界。地理大发现使得区域的地位发生变化，把区域置于世界的大框架之下，由此也产生了不同的区域。[①] 现代民族国家规则确定之后，区域的地位又发生了变化，区域被置于民族国家的基础之上，成为国家（复数）的区域，区域具备了国际的性质。全球化的发展使得区域进一步发生变化，区域被置于开放的全球框架之下，成为全球的区域。

在现代国际体系中，国家是本位，因此，国际区域的核心问题是不同国家间如何相处，涉及利益分享、关系处理和制度构建等方面。作为一种客观存在，国际区域有着诸多超国家的连接，可称为“共域链”，它们是构成国际区域的内在连接机制，涉及区内各国的共同利益。在国际区域内，国家之间为争夺利益，往往引发对抗、冲突和战争；理性的或者说合理的处理方式是，各国通过合作与共同参与，实现利益的分享与秩序共治。

（一）地缘连接

地缘连接，即地理连接，本身就造就了区域的自然性基础，山川、河流、海域、空域等都具有天然的区域性连接特征。历史表明，地理条件对人类活动、权力形成、文明发展等起着十分重要的作用，甚至是起着支配的作用。起初，人类的活动或者权力与利益的争夺，主要是在一定的地理区域范围内进行的。因此，在很大程度上可以说，历史上的国际关系带有明显的地缘区域特性。

现代民族国家制度确立后，地缘国际地区具有了鲜明的国家性特征，即由数个国家组成。区域的国家属性是对地缘自然性的政治分割；尽管区域被分割，但也“藕断丝连”，存在资源的共域和共享问题。比如，一条河流基于属地的原因，被分割为不同国家所有，每个国家都有对其所拥有部分进行开发利用的独占权。但是，河流割而不断：一则，河水具有公共资源的性质；二则，上下游贯通，从生态环境、河水流经区域的角度来看具有整体性。因此，这需要相关国家开展合作，合理利用和分享水资源，对流域生态环境进行共同治理。

---

① 地理大发现（Age of Exploration）是指 15—17 世纪欧洲的船队利用海上优势，到世界各地寻找贸易机会，进行殖民扩张，由此“发现”了亚洲、美洲。

延伸阅读

以尼罗河为例，它流经许多国家，形成多个流域区：东非湖区高原、山岳河流区、白尼罗河区、青尼罗河区、阿特巴拉河区、喀土穆以北尼罗河区和尼罗河三角洲。1929年，9个尼罗河流域国家达成一项尼罗河水使用权协议，但争议一直不断。各国也曾研究过“世纪蓄水计划”，计划在尼罗河上游干支流上修建一系列蓄水工程，但由于投入太大，至今没有成行。

再比如海域，尽管有基于联合国海洋法的领海和专属区划分，但海域具有天然的连接属性，特别是海水、海底资源、海洋生态等，都有很明显的共域性特征。同时，海洋作为地球生态的重要组成部分，也需要各个国家共同维护。

延伸阅读

1982年，《联合国海洋法公约》获得通过，公约对领海、专属经济区（EEZ）、公海（High Seas）等重要概念做了界定。领海为基线以外12海里水域，沿岸国可制定法律规章加以管理并运用其资源。专属经济区是从领海基线起算，不超过200海里（370.4千米）的海域。公海一般指领海之外的洋、海。但是，水域的属性分割并不能割断海域在诸多方面的共域性。

（二）生态环境

生态环境是指与人类生活息息相关的自然状态。生态环境为人类提供生存发展的条件，好的生态环境为人类提供好的环境，反之亦然。进入工业化发展阶段以来，生态环境为人类活动所破坏，环境日益恶化，从而导致生态环境失衡。以国家为单元，生态环境形成一种小循环，但是，生态环境具有很强的外延性和共生性，第一圈的外延是地缘国际区域，从而形成一种紧密的共生性生态环境和区域性循环。

国际区域生态环境的变化受到多重因素的影响，是长期积累的结果，也是各国生态环境变化相互影响的结果。因此，在生态环境的维护与治理方面，居于首位的是国家的责任。基于生态环境的共域性，各国都有责任和义务参与国际区域生态环境的维护和治理，推动制定各国共同遵循的环境保护规则，在可行的情况下，推动建立国际区域合作机制或组织。

延伸阅读

生态环境是指影响人类生存与发展的水资源、土地资源、生物资源以及气候资源的数量与质量。生态环境变化主要体现在人口增加、物种消失、大气质量恶化、森林破坏、气候变化、水土流失与荒漠化、水资源短缺与污染、海洋生物的过度捕捞、废弃物排放污染等。生态平衡受到自然和人为因素的干扰，生态系统的结构和功能遭到破坏，就会导致生态失调，严重的将造成生态灾难。

（三）跨国连接

跨国连接是各国经济发展到一定阶段的基本特征，贸易交换、人员流动、跨国投资等跨国交换、交流会随着经济发展而不断增加。近缘区域为国家推动对外交往，为企业走出去开展贸易、投资提供了更为有利的地缘环境和人文环境，因此，它也成为各国实施对外政策、企业实施国际战略以及个人境外活动的首选之地。在近地缘区域，生产和经营活动的分工、产业链、供应链具有物流、人脉、文化沟通等方面的优势，因此，区域性经济链得到快速的发展。

基于共利的认知和动机，国家会积极支持区域经济连接，推动区域合作，改善区域经济发展和贸易投资等的环境。比如，通过签订区域性协议，推动开放市场，减少或消除贸易投资壁垒，为开展区内贸易、投资和人员流动提供优惠待遇；通过建设区域基础设施交通网络、通信网络等，为经贸活动、人员流动提供便利。通过加强合作，各国可以获得更好的发展环境，从而使得区内贸易、投资等能有更快的增长，经济区域化的趋势由此加强。

延伸阅读

区内贸易(intra-regional trade)是指在一个区域内进行的贸易。区内贸易指数是指区内贸易占该区域总对外贸易的比例，比例越大，即指数越高，表明区内经济的连接度越高。区内贸易指数也被作为衡量区域经济一体化程度的一个主要指标。区内贸易的发展得到区域内各国政策的支持，通过构建自贸区(FTA)，提供商品、服务、投资和人员流动的便利。

（四）共同安全

区域安全包括诸多方面，有与国家间关系相联系的安全问题，有跨国扩散的安全问题，也有共同安全的问题等。就安全的性质而言，可分为传统安全与非传统安全。传统安全的主要表现形式是军事行为。在许多情况下，冲突或战争是在一些国家之间，特别是相邻国家之间发生，表现为区域性冲突或战争。历史上，人类发生过两次扩及世界范围的大战，其他大多是区域性的。

非传统安全问题涉及的范围很大，主要的表现形式是非军事的，但其危害性并不亚于甚至大于军事手段的战争。在现代，非传统安全问题越来越凸显，并且具有很强的区域性特征。比如，毒品、恐怖主义、极端势力、网络安全、信息安全、人的安全以及自然灾害、重大事故、公共卫生等等，这些安全问题大多具有共同安全的性质，即其威胁与损害不仅仅限于单个国家，往往具有很强的区域性特征。

延伸阅读

传统安全主要是指与军事手段相关的安全问题，非传统安全指传统安全范畴之外的安全问题。非传统安全包含的范围很广，包括人的安全、生态安全、自然灾害、恐怖主义、极端主义和经济、政治、社会、文化安全，以及越来越重要的信息安全、网络安全、公共卫生安全等。非传统安全的一个突出特征是跨国性，比如，2020年爆发的新冠肺炎疫情具有很强的传播性，它不仅是某一国的公共卫生安全问题，也是国际公共卫生安全问题。

（五）社会文化

民族、宗教、思想、文化都有着显性的区域特征，因此，它们成为国际区域连接的重要元素。比如，一个民族往往分布在很广的区域，被分割到不同的国家，由此，民族联系成为国家之间和国际区域内人际交往的重要连接。许多宗教往往以特定的区域范围为基础，作为群体共同的信仰，以内在的方式渗透到不同国家的社会生活中，并且对国家政治产生重要影响。同时，宗教往往跨区传播，有着多区域的连接。就思想文化而言，其跨国传播与联系的最直接路径是近地缘区域，长期的积累形成具有区域特色的文化圈。历史积淀与传承是思想文化发展的本质特征，而积淀与传承的重心大多是在一定的区域范围内，这为形成区域性的文明奠定基础。

（六）国家间关系

国家是构成国际区域的主体，国际区域是多个基于多重连接的国家的组合。现代民族国家的基本特征是拥有领土主权与治权，由此，建立在国家基础上的区域就具有国际的性质。以国家为基础构成的国际区域和作为国际区域成员的国家，二者有着互为主体和客体的关系。

国际区域内国家之间的关系是国际关系，是一种带有一定特殊性的国际关系。其之所以具有特殊性，是因为它们有着与一般国际关系不同的地缘、政治、利益、文化连接，它们既可以促使国家间守望相助，和谐相处，也会导致由权力争夺、霸占、吞并等驱动的冲突和战争。从历史来看，各个国际区域都不乏动荡与战争的记录。

国际区域不是封闭的，都会与其他区域有着多样性的联系，并且作为全球体系的一个组成部分而存在与发展。因此，一个国家、一个区域都有着多重的对外关系。在许多情况下，国际区域在连接与组合上是互有交叉的，有时一个国家可以参与多个区域①，这就使得国家间的关系和国际区域的关系具有多向、多层的特征。

三、国际区域学研究对象与方法

（一）研究对象

国际区域学把国际区域作为整体来研究，研究的对象主要是：构成国际区域的要素，国际区域发展、机制构建和治理，国际区域内的国家、国家间关系，国际区域间的关系，等等。作为概论，本书重点归纳总结了国际区域机制或制度的构建、发展与治理的普遍性特征，提出了国际区域学的基本理论框架和要点。

本书所定义的国际区域学主要属于人文、社会科学研究领域，因此，那些构成国际区域的自然、地理、天文等只作为关联要素，不作为主要研究的对象。而在构成国际区域学的人文、社会科学要素中，重点研究对国际区域发展有重要影响的政治、经济、社会文化以及区域制度。

（二）研究方法

国际区域学是一门交叉学科，涉及区域的地理、人文、政治、经济、社会、文化诸多领域。本书主要运用交叉学科的方法，把交叉学科研究和学科专门研究结合起来，进行个性与综合分析，提出一般性或者称为通用性的研究框架与理论要点。国际区域学是一个体系，与通行的国别区域研究不同，也与区域主义的研究不同。②

---

① 土耳其横跨欧亚两洲，是一个典型的地缘跨区域的例子。土耳其申请参加欧盟，其身份认同受到欧盟成员的质疑。有很多国家参加多个跨区域的合作机制，这在自贸区中较为常见。

② 国别区域研究是属于交叉门类下的一个学科，可以包括多个领域。区域主义的研究是关于国际区域研究的一种视角，即从区域主义的角度来研究区域的发展，包括发展的动机、制度构建等等。

国别研究是国际区域研究的基础，从这个意义上说，不了解国家，就不了解区域。就国际区域学而言，国家是作为区域的一个单元出现的，因此，国际区域学的重点是研究区域中的国家，更多的是从国际区域的视角来研究国家。

世界上有197个国家，每个国家都有不同的国情，因此，国别研究就是对每一个国家进行全面的研究。国别研究也有交叉学科和学科研究之分。比如，研究一个国家的构成、文明等，就需要从多个方面进行分析，需要以交叉学科的方法进行研究，从而产生国家学，如中国学、美国学、日本学等等。而以学科的方法研究国家，则可以分别从人口、语言、政治、经济、社会、文化、对外关系等方面进行研究，所依据的是人口学、语言学、政治学、经济学、社会学、文化学、外交学等理论方法。

国际区域研究也是如此，交叉学科研究方法主要以区域为视点，对构成国际区域的要素、要素关系、运行机制进行综合研究，找出国际区域机制或制度构建和发展的基本特征与规律。尽管每一个国际区域都有各自不同的特征，有着构成国际区域的特色要素，以不同的方式运行，发挥不同的作用与影响，但国际区域作为世界总体结构中的一个实际存在，也有共性、普遍性的东西。同时，交叉学科研究也适用于对次区域的研究，分析其综合的构成与特征，比如中东、东南亚、南亚、北非、南美等等。学科研究方法是对国际区域的各个领域，主要是政治、经济、文化、治理等方面进行专门研究，从而产生基于区域视角的政治学、经济学、文化学等的研究成果。因此，国际区域学实际上是一个庞大的工程，可以有许多基于不同研究方法的分类。本书主要是用交叉学科方法对国际区域进行综合性的分析研究，提出国际区域构成与运行的系统性、理论性框架体系。

第二节　国际区域属性与关系结构

国际区域是居于世界与国家之间的中间层次，它建立在国家本位的基础上。研究国际区域，需要对其属性与关系结构有一个清楚的了解，这是国际区域学的基础性问题。

一、国际区域属性

究竟如何认识和定位国际区域，这是国际区域学需要解决的问题之一。从地缘角度来说，国际区域是一种自然属性，并不拥有独立于国家的法定边界，主要是基于多种要素的连接，形成了诸多共享的区域性资源和利益。因此，区域的自然属性也具有政治与社会要素连接的内涵。

从国家认同的角度来说，基于利益的考虑和长期的历史、文化传承，国家对区域有身份认同，即赋予区域以特殊的定位，愿意在区域关系处理和机制构建等方面给予特殊的安排。从区域治理机制的角度来考虑，在基于身份认同的基础上，所在国家通过合作构建区域机制或组织，使得区域组织拥有区域管理和治理功能。由此，国际区域就有了独立的治理权属性，依据区域组织所制定的法律、规则实施管理与治理，不仅得到成员国的认可，而且对成员国有约束力，成员国有遵守这些法律法规的责任和义务。[①]

延伸阅读

从定义上说，身份认同(identity)是主体对自身的一种自我认知与定位。从原则上说，基于不同的认知和定位，一个身份主体可以有多种身份认同。国家的区域身份认同是指国家对国际区域的一种认知和定位，或者说一种区域性归属。国际区域由于包含多个国家，也存在各国对区域的集体认同。从认知和定位的角度说，只有具有相容性区域身份认同的国家，才可以在区域机制或制度构建上形成共识，并在此基础上采取合作行动。

国际区域涵盖一定的范围，其“地缘范围”以所有成员国家的边界为基础。但是，功能性区域机制或制度构建是可以跨区域的。在一些情况下，基

① 关于国家为何推动国际区域的机制或者制度构建，有许多理论性解释，如“联邦主义”“功能主义”“新功能主义”“制度主义”等等。关于这方面的理论介绍，参见 Mark Beeson and Richard Stubbs, *Routledge Handbook of Asia Regionalism*, London and New York:Routledge, 2012, pp. 11-21.

于"开放的区域主义"原则，国家基于利益的区域定位可以有多个选择，也就是说，不一定仅参与一个区域。基于功能性构建的区域机制，形式多样，情况比较复杂，有些并不具有很强的紧密区域性特征，只是就某个领域开展合作。

延伸阅读

开放的区域主义（open regionalism）最早是在亚太地区合作中提出的。作为亚太经合组织（APEC）的一个指导原则，其基本要义是，不搞封闭的区域集团，不限制成员参与其他的区域合作机制。

严格地说，任何区域性制度构建都具有排他性和歧视性，即区域的优惠安排不适用于非成员，因此，在区域安排框架下，对非成员所适用的规则是与成员不同的。

APEC之所以实行"开放的区域主义"，是因为它本身并不签署任何实质性的优惠协议，而是推动各成员经济体和集体的协同行动。

二、国际区域关系

国际区域的关系结构是多层次的，概括地说，主要基于三个层次：国家间关系、区域关系和区域间关系。

国家间关系是国际区域中的国家相互间的关系。由于每一个国家都有多个双边、三边或更多的对外关系，因此，国家间关系呈现相互交叉的复杂格局。

区域关系包含两层含义：一是区域内国家间关系的总和。好的国家间关系可以使得区域关系走向和谐与合作，不好的国家间关系可以使得区域关系走向紧张，甚至对抗。现实中，如果两个或者几个国家间的关系不好，甚至发生冲突，区域关系就陷入困境，容易导致区域局势动荡、冲突。国家间关系不好，不仅影响当事方，而且也会危及其他国家的利益。二是区域框架下的关系，更多地体现在区域制度构建下的关系。国家对于区域关系有着直接的影响，在很大程度上决定了区域关系，但同时，区域性规则对于国家的行为也有着明确的要求。

区域关系是一种特殊的共处关系，良好的区域关系建立在区内利益共享和秩序共建的基础上。从根本上说，创建良好的区域关系的前提是建立共利的基础，这一基础可以为区域共处提供良好的环境，让各国从中获益。实现良好的区域关系目标，既要靠各方的自觉行为，也要靠共建区域机制。

区域间关系是指一个区域与另一个区域的关系，包括国家与其他区域的关系以及区域之间发展的关系。区域间关系一方面受到不同区域国家间关系的影响，另一方面也受制于区域间构建的关系框架与机制。

延伸阅读

区域性冲突与战争是多重因素作用的结果。国家间矛盾引起的冲突，有宗教派系冲突，有领土归属冲突，还有大国力量角逐引发的矛盾与冲突等。以中东地区为例，该地区长期陷入冲突和战争的泥淖，主要是由巴勒斯坦与以色列对抗造成的，再加上宗教冲突以及大国力量介入与博弈，各种矛盾复杂交织，导致该地区长久陷入动荡、战乱之中，至今难以找到实现区域和解与建立长久和平机制的办法。

区域间的关系对国际区域的发展也起着重要的作用。从国家的角度看，区域内的国家与其他区域的国家可能结成不同的关系，有的可能因为政治、军事、民族、宗教等结成更为紧密的关系，有的也会结成同盟以反对区域内或区域外其他的国家。

区域关系是复杂多变的。在一些区域，国家之间可能在资源占有、领土归属、政治制度、宗教派系等方面存在分歧而引发争端、敌对，不时爆发战争，使得区域关系陷入混乱，地区秩序坍塌。区域关系涉及许多因素，呈现复杂多变的特征。历史上和现实中，也出现过由强国介入而带来的短暂的地区稳定，但是这种稳定的局面常常难以持久，要么因为大国衰落失去掌控能力，要么因为国家间权力争夺，导致关系结构与区域秩序遭到破坏。从长远看，良好的区域关系需要建立在合作性区域规则与法律基础之上。一些地区，如欧洲、东南亚，分别通过欧盟与东盟构建了区域共处的基本规则①，区域关系趋好。

第三节　国际区域学框架

国际区域学是运用交叉学科研究方法对国际区域的构建、运行与发展进行综合研究的一门学科。多样性是国际区域的基本特征，如何在多样性的基础上构建一般性的理论框架，这是国际区域学的基本任务。

国际区域学作为一门综合性学科，或者称为交叉学科，是建立在对国际区域的综合研究基础上的。国际区域的研究大体可以分为基础研究、功能研究和制度研究。基础研究着重于对构成区域的基础因素——地缘和国家进行研究，功能研究着重于对构成区域的连接机制——政治、经济、文化在区域运行中的功能进行研究，制度研究着重于对国际区域的制度构建和区域治理进行研究。这些是国际区域学重点研究的方面，但如何构建科学、系统的国际区域学体系，还是一个需要进一步探讨的问题。

一、基础研究

（一）地缘区域

地缘连接是国际区域的基本形态，因为地缘把域内各国天然地连接在一起。地缘连接的要素是土地、山川、森林、河流、海洋等，它们在自然属性上是一体的。研究国际区域，需要研究区域的自然属性，即区域地理连接的结构与特征。

但是，国际区域学研究的地理与自然科学研究的地理是有区别的。国际区域学所注重的是地理自然属性与国家属性之间的关系，特别是二者之间的平衡与矛盾。因此，国际区域学的地缘研究包括了附着其上的政治、国

---

① 欧盟的发展建立在一系列共同签署的条约的基础上，如《罗马条约》《布鲁塞尔条约》《里斯本条约》《欧洲联盟条约》(亦称《马斯特里赫特条约》)。东盟最为重要的法律文件有《曼谷宣言》《新加坡宣言》《东南亚友好合作条约》《东盟宪章》。

际关系、经济和人文因素。比如，一条大河流经多个国家，一方面，河段被分割，各国都有控制和利用径流河水的权利；另一方面，水是该区域的公共产品，需要对水资源进行综合调配、管理和治理，因此，河流就被赋予了国家间关系的性质。在国际区域内还有诸多基于地理要素的连接，而这些连接使得国际区域具有整体性，也使得各个国家之间有着难以割断的联系。

从研究的角度来看，地缘区域具有特殊的含义，不同的地缘区域有着不同的特征和运行方式，由此形成了地缘政治学、地缘经济学、地缘关系学、地缘社会学、地缘文化学等等。

（二）区域国家

国家是国际区域构成的基础，国家对国际区域的认同和参与是国际区域机制或制度构建的关键。从这个意义上说，不了解国家，就不了解区域，因此，研究国际区域要从研究区域内国家开始。然而，国际区域学框架中的国家与专门的国别研究不同。国别研究需要对一个国家进行多学科的研究，包括语言、民族、政治、经济、社会、文化、对外关系等各个领域；既需要分类研究，深刻了解每一个领域，也需要综合研究，以了解国家的全貌。作为国际区域学的国家研究，重点不是研究国家构成本身，而是研究国家的政治、政策和对外关系，特别是区域关系以及区域国家的比较。

国家政治，包括制度、政党、政局、领导人等，对区域机制或制度构建有着直接的影响，对国家的区域认同、参与和在其中的角色及作用发挥着导向性影响。由于某些复杂的原因，有的国家区域认同度低，因此，对国际区域机制或制度构建与发展的参与度就低；有的国家因政局动荡，或执政者更替，会改变对国际区域事务参与的态度；还有的国家因为与相邻国家发生矛盾、冲突，而不愿参与有对方国家参加的区域性机制；等等。在有些情况下，政治的歧见也会对国家间关系产生重要的影响，进而影响国际区域关系。

国家政策，即国家参与区域机制或制度构建与治理的投入，在很大程度上决定了国际区域发展的进程。国家的参与是建立在区域认同基础上的，而政策取向则是出于多种考虑，既有政治、经济、安全上的考虑，也有宗教、文化上的考虑，还有战略上的考虑。受到不同因素的影响，国家对参与区域的政策会发生变化。在有些情况下，可以变得更为积极；在有些情况下，可能变得消极，甚至反对。在正常情况下，由于参与国际区域机制或制度构建能够带来直接的利益，且有着制度性约束，因而国家不会轻易退出。当然也有例外，有的国家可能会决意退出，或者因为不遵守规则而被暂停参与资格等。

延伸阅读

自行退出国际区域机制或组织的例子不少，如 2016 年，英国举行全民公投，通过了“脱欧”即退出欧盟的方案。英国“脱欧”的主要原因是英国认为不能从欧盟中获得相应的利益。也有因为违反规则或者不能履行职责而被区域组织开除的例子，比如 2017 年阿拉伯联盟决定开除卡塔尔，终止其成员资格，主要原因是卡塔尔与阿拉伯联盟其他国家的政见不合。

国家对外关系，特别是与区域国家的关系，对于国际区域的构建与发展有着直接的影响。一般地说，在各国对外关系中，首要的是与近邻区域国家的关系。“远亲不如近邻”，各国都对与邻国的关系给予特别的重视。较之其他的对外关系，邻国关系受到更多因素的影响，直接的利益关联性更强。久远的历史交往，积淀了丰富的遗产，也累积了许多问题。历史传承加深了国家间的关系，而遗留的问题往往成为关系紧张甚至冲突的诱因。国家间关系好，有助于国际区域的和谐相处与共同发展；而国家间关系不好，则影响到相关国家以及国际区域的相处与发展环境，一旦发生战争，受到损害的不仅是直接参与的国家，而且也影响到整个国际区域。在有些情况下，局部的战争甚至能引发更大规模的战争，两次世界大战就是先从欧洲局部开始，扩展到世界。

在现实中，合作性国际区域机制或制度的构建对于改善国家间关系有着显著的作用。国际区域组织制定的法规、达成的协议等，对于成员国是有约束性的，成员国有责任和义务遵守共同制定的法规；如果退出，也要经过相应的程序。在一些地区，区域组织和制度在改善国家间关系方面起到至关重要的作用。

> **延伸阅读**
>
> 在欧洲合作中，法德关系和解被作为推动区域合作成功的一个范例。历史上，两国战事不断，好像是一对水火不相容的冤家，第一次、第二次世界大战中两国都是对手。第二次世界大战中，德国战败，战后法德两国决定实现和解，共同协力推动欧洲的联合，1963 年两国签订了友好合作条约。可以说，没有法德的和解与合作，就没有欧洲联合。但从另一方面看，区域联合也不断推动两国关系的改善与深化，从这个意义上说，没有欧洲联合，就没有法德的真正和解与合作。

区域观，是国家以己为中心对所处国际区域的认知和定位，因此，每个国家都有不同于他国的区域观。以国家为中心的区域观，核心是如何在共处环境中定位自己的利益、处理与他国的关系，在区域中发挥自己的作用。显然，区域观对国家制定区域政策有着很大的影响。鉴于各国的区域观是以己为中心的，在区域各国间形成区域观的共识并不容易。

尽管每一个国家都有自己的区域观，但基于历史共处的积累和相互连接的多重关系与利益，也存在各国在区域定位、关系定位和利益定位上的趋同，即区域观上的认同。在现实发展中，出于共同推动国际区域合作的需要，各国也需要寻求和凝聚共识。事实上，在一些领域，基于共同的利益，形成区域观共识是可能且可行的。国际区域的共域空间是达成区域观共识的重要基础；同时，在诸多方面亦可以基于共同的利益形成区域认知与构建的认同，比如，基于安全的区域认同、经济的区域认同、宗教的区域认同、文化的区域认同等。

延伸阅读

共同安全观是区域观认同的一个重要体现。共同安全的基本原则是，各国都有获得安全的合法权利，不用军事手段解决国家间争端，不追求军事优势，削减军备和对军备进行限制等。共同安全环境需要通过各方的参与和合作来实现，因此，合作安全是实现共同安全的保证。基于合作创建的共同安全不同于军事联盟建立的共同安全，其原则是共同参与和共同建设，而军事联盟依托于强者提供的安全保护。

二、功能研究

区域政治、区域经济、区域文化和区域治理是国际区域研究的重点，它们对国际区域机制或制度构建与发展产生特别重要的影响，是国际区域关键的要素。

（一）区域政治

国际区域政治是建立在国家政治基础上的，但并不是国别政治的累加。各国都有各自的政治制度和国家治理方式，因此，研究区域政治需要研究国别政治，包括政治制度、国家治理、政策、对外关系等。但从区域政治的研究来说，一则，需要以国别政治为基础，进行国别政治比较，理清异同；二则，需要在国别政治差异的基础上，寻求国际区域政治的协同和认同。

国际区域政治的历史充满了敌视、排斥、争斗的画面，自现代国家制度确立以来，政治纷争、统合与分裂反复上演，构成区域政治复杂的历史。第二次世界大战后，《联合国宪章》对于国家与国家间的相处制定了明确的规则。应该说，自此国际区域政治有了共同遵循的基本原则，其中，最为重要的包括：国家主权独立和政治多样性，认同不同政治制度、国家治理方式的合法性基础；和平与合作共处，抵御和制止扩张、侵略与霸权，构建基于国际法基础的共守规则；开放、包容，互学、互鉴，开展平等参与的政治对话，反对强权、霸权政治；建立区域对话与合作机制，认同并参与基于共商互利的区域治理;等等。在各种区域政治构建中,这些基本原则也都被写入共同签署的章程、条约中。应该说,这是人类历史的一个重要的转折点。[①]

延伸阅读

《联合国宪章》于1945年6月26日签署,于1945年10月24日正式生效。《联合国宪章》确立了各国主权平等,以和平方法解决国际争端,不得使用武力或武力威胁等基本原则。值得提及的是,《联合国宪章》对于发挥区域作用专门设章(第8章),支持区域在解决争端、维护和平方面发挥作用。

出于多种原因,政治矛盾、冲突往往成为国际区域不稳定甚至发生战争的成因。比如,基于对不同政治制度、意识形态的非认同,往往会发生政治对立、政治排斥与对抗,甚至由此引发战争。强国基于对己政治优越性的认知与定位,往往会对其他政治实施压制,甚至会采取强制改变他国政治的行动。事实上,现代战争大多是由政治的原因引发的。

政治对话是增加相互了解和理解、弥合政治歧见裂缝、避免发生冲突的理性选择。开展政治对话,可以基于当事方的主动理性的政治动机驱动,也可以是被动接受教训的结果。如今,在世界各个国际区域,几乎都建立起了政治对话的机制,实现了领导人的定期与不定期会晤,并且构建了从部长会议到职能部门合作的多层区域对话合作框架;有的地区,比如欧洲,则以各方的政治共识为基础,推动构建了超国家的区域性治理体系。

社会因素在区域政治中的作用不可轻视。社会因素的主要作用体现在公民直接参与政治。公民的参与包括对国家政治的认同、对执政者的选择和对权益的诉求等,这些本身也是国家政治的重要组成部分。在信息时代,社会诉求可以通过媒体舆论来加以表达和扩散,并且形成社会运动;一旦社

① 《威斯特伐利亚和约》被认为是现代国家确立的转折点,合约确立了国家主权的概念,但真正为国家、国际关系和秩序确立具有法律性质的原则的是《联合国宪章》。关于《威斯特伐利亚和约》的分析,参见[美]亨利·基辛格:《世界秩序》,胡利平、林华、曹爱菊译,中信出版社2015年版,第19—25页。

会运动被动员起来，就会对国家政治的发展产生极大的影响。社会舆论和社会运动具有很强的扩散和传播性，国际区域往往是扩散与传播的主要方向，从而产生呼应，对区域政治造成很大的影响。

延伸阅读

2010 年 12 月 17 日，在突尼斯，一位年轻人抗议警察粗暴对待自焚身亡，引起了全国的抗议浪潮，总统被迫放弃权力。接着，在阿尔及利亚、埃及、也门、利比亚、叙利亚等国都发生了大规模示威活动，导致国内政治动荡，政府更迭，甚至发生内战。激发社会政治运动的主要原因是国内的政治矛盾，但是，也有非常复杂的因素，包括外部力量的介入。

（二）区域经济

经济是国际区域最重要的连接，资源、商品、服务、资本、技术、人员的流动构成各国间最直接的联系网络。国际区域是各国对外经济联系的首站，在一般情况下，区域内各国间会建立比其他国家更密切的经济联系。

区域经济的优势可以体现在：地缘、社会联系上的方便和互通，使得经济交往更为易行；形成区域性的规模优势，为各国发挥比较优势提供地缘空间；发展区域交通设施网络，实现互联互通；通过机制和制度构建，创造区域共享利益；等等。

经济全球化是以世界市场为框架所推动的商品、服务、人员和资本的跨国流动，得到多边体系机制与国家开放政策的支持。经济区域化是以区域市场为平台，通过生产与经营的分工，构建分工链、供应链网络，与全球化有着直接的联系，是在分享多边体系市场开放的基础上“做加法”。国际区域构建经济机制的目的，要么是推动更高程度的开放，要么是推动做多边体系不能做或者尚未做的事情，旨在为区域经济联系创建更好的环境，打造区域经济发展和竞争优势。

一般而言，在多边体系难以深化发展或者发展受阻的情况下，在区域范围内推动机制构建可能会更容易，因此，区域化可能会得到更大的发展。从这个角度来认识，各国可能会对国际区域的经济合作机制构建给予更大的支持。

延伸阅读

推动经济区域化的主要方式是建立区域经济合作组织，比如，建立经济共同体，打造市场开放、政策协调的一体化区域经济；构建自贸区(FTA)，签订基于规则的市场开放协议，促进区域内贸易、投资的发展；开展经济合作，构建区域基础设施、通信、电商网络等。经济区域化不是封闭式结构，区域之间、区域与世界市场之间都有着直接和密切的联系。因此，不能把区域化与全球化对立起来，也不能将其作为对全球化的替代。

区域经济发展的基础是利益共享，即各方都能从参与中获益，并且随着市场开放度的加深，规模经济的扩大，参与者，主要是企业、个人，能够分享到更多的利益。但是，在现实发展中，实现利益分享均衡并非易事，导致失衡的原因主要有：竞争力差别，强者分享更多的利益；市场、技术、交易垄断，利益向垄断者倾斜；区域制度构建缺少利益均衡调节机制，过度依赖市场调节机制；等等。在有的情况下，强权或者霸权国家可能会采取利己的单边主义政策，从而导致结构失衡，制度调节失灵。

受益均衡、发展均衡是区域经济合作可持续的关键。如果受益过度失衡，发展差距拉大，推动区域经济开放与一体化的动力就会降低，反对的声音和势力就会增强，有些国家甚至会退出区域组织或协议安排。特别是社会公众，一旦他们感到不能从中受益，甚至受到了伤害，就会要求政府采取保护措施，如果不能得到满足，就会激发社会运动。

从现实的发展看，以往区域经济构建的重点是推动市场开放，或者称之为“经济自由化”，而对获益和发展均衡的调节关注甚少，这种取向导致了许多问题，既包括经济发展本身的问题，也包括政治、社会、国家关系等问题。因此，国际区域经济机制构建中，必须把利益均衡与发展均衡放到突出的位置,并采取有效措施。各国政府在参与中需要制定相应的政策,对可能出现的利益失衡与发展不平衡进行纠正;同时,也需要加强区域经济机制中的调节功能,特别是要加强经济合作的议程,在改善发展环境、加强能力建设、促进资本和技术流动等方面制定切实有效的措施。

(三)区域文化

文化联系是国际区域构成的重要组成部分,对于国际区域的发展起着特殊的作用。文化的突出特征是:(1)多样性。不同的国家、不同的民族都会有独具特征的文化。(2)传播性。文化是流动的,以不同的形式进行传播与扩散,并以多样的形式被融合。(3)传承性。作为非物质的存在形式,文化的传承具有历史的连续性。在国际区域范围内,民族国家的文化是主体,不同文化之间有着各种形式的交流。

文化具有民族和国家属性,但又是开放的,不同文化之间的交流能够推动各国在文化上的互学互鉴。在国际区域内,长期的历史交往与传承容易形成具有"同质特征"的文化圈。这里所说的"同质"并非是同一,而是指不同文化间的交融,形成对先进文化的认同与吸收。

延伸阅读

世界主要有五大文化圈:东亚文化圈,连接的主要元素是儒学文化、佛教文化和汉字;拉丁文化圈,连接的主要元素是天主教及新教各派文化、基督教价值观等;伊斯兰文化圈,连接的主要元素是伊斯兰教文化,人们对伊斯兰教的信仰、阿拉伯文字的使用;印度文化圈,连接的主要元素是印度教和佛教文化;东正教文化圈,连接的主要元素是东正教文化。以宗教为连接元素的文化圈具有区域特点,但也不仅仅限于近地缘国际区域。

不同文化的竞争也会导致文化冲突。维护民族文化的主体地位是各国文化价值的取向,为此,各个国家都对自己的文化给予了特别支持和保护,以免受他国文化特别是强势文化的压制或者侵蚀。从历史和现实的发展看，强势文化往往借助国家的力量进行扩张，把战胜甚至消灭其他文化作为目标。同时，在一些情况下，文化扩张也被作为强国势力扩张的重要工具。因此，文化冲突在历史发展的长河中并不鲜见。

文化冲突是指不同文化之间的矛盾和由此引发的争斗。有的认为，文化冲突有两种：一种是不同的文化价值之间的冲突，另一种是不同文化准则对立而产生的法规冲突。文化冲突可以发生在国内不同种族、地区之间，在国际区域范围内，文化冲突更多地表现为文化价值、宗教、习俗等方面的排斥与诋毁。

国际区域发展离不开区域文化的构建。区域文化构建的目标是推动不同文化的互学互鉴，凝聚认同和共识，创建区域开放、包容、合作的共处环境，增加共享利益。在很多情况下，文化在促进沟通、增进理解等方面可以发挥特殊的作用。

三、制度研究

（一）区域制度

制度建设是国际区域构建的重要组成部分。制度建设有多种形式，功能各异，制度化的程度也很不相同，但有共同之处，即对区域关系、区域事务进行管理。按照研究分类，以区域主义理念推动和引领的被称为“制度化建设”，以功能性理念引领的被称为“机制化建设”。一般而言，制度化建设以参与各方对国际区域的高度认同为前提，参与国愿意让渡部分国家治权，交由区域组织来实施。

成立区域组织是国际区域制度化建设的重要形式。有的区域组织逐步构建起比较完善的区域制度，包括立法机构、决策机构和管理机构等，比如欧盟建立了比较完善的区域政治制度体系，包括欧洲理事会（决策机构）、欧洲议会（立法机构）、欧盟理事会（执行机构）、欧洲法院（仲裁机构）。有的则在区域组织基础上建立了包括领导人会议、部长会议与职能部门在内的合作机制框架，主要是进行对话协商，就重要事务达成共识，而具体实施主要依靠成员国进行。也有的在区域组织下建立了有选择的职能管理机构，行使部分管理权。功能性构建并不需要成立区域组织，而是通过签署相关协议来进行。有些近地缘小区域的构建，其形式更为灵活，主要是推动基于共同需要的项目合作，有的也与区域组织有直接的联系。

延伸阅读

澜湄合作属于近地缘小区域机制或制度构建，由中国倡议，有澜沧江—湄公河流域其他国家（老挝、柬埔寨、缅甸、泰国、越南）参加，并没有成立区域组织，但属于涵盖领导人会议、部长会议、高官会议的区域性合作机制，有实质性的合作项目。在世界范围内，类似这样的近地缘小区域机制或制度构建数量可观。

（二）区域治理

国际区域作为一个共处区，有着诸多超越国家范畴的公共资源、公共环境、发展空间、区域关系、社会文化等，因此，需要区域层次的管理与治理。区域管理和治理可以通过签订区域性协议或者建立区域组织进行。比如，由于资源的跨境特性（水资源、矿产资源等），在拥有、分配、开发和利用资源等方面，各国间往往存在分歧与争端；由于权力争夺、利益冲突或者其他原因，国家间往往出现矛盾和冲突，甚至会兵戎相见；等等。这些都需要通过区域治理来进行调节与管理，以维护区域共处的秩序。

在国际区域内，存在着国家之间的竞争或者争斗，包括利益争夺、权力争夺以及宗教、意识形态的争斗等。利益争夺主要体现在对疆土、资源、市场等领域的占有与利用。综观历史，国家间的战争大多是为了疆土、资源等利益的争夺。权力争夺，主要是大国对区域控制权的争斗，是影响区域关系的重要因素，是导致地区动荡、战祸的主要原因。在一些地区，宗教冲突对区域关系的影响很大。与其他方面的冲突不同，由于不同的教派难以实现和解，有的争斗延续上千年，从而使得区域长期处于不稳定与动荡之中。

有些区域治理是区域各方的主动行为，有些是受问题或者危机驱动使然。总的来看，推动国际区域治理的动机，主要是共同应对面临的问题和挑战，创建区域性共利空间，维护区域的和平与发展环境。主要的方式是构建区域治理的制度体系，包括成立区域组织，签订协议，制定治理法律、规则与行动议程；协调国家间关系和区域关系，创建区域公共产品和区域市场，实现区域互联互通；等等。

区域治理并不能替代或者弱化国家治理，而是“做加法”，做单个国家不能做或做不成的事情。总的来看，区域治理的方式主要有区域大国主导下的治理、功能性机制治理与区域综合制度治理。在不同的地区或不同的历史时期，治理的方式不同。历史上，大国主导下的治理曾是主要的形式，形成一个大国主导下的区域关系结构与秩序。如今，大国主导下的区域治理式微，功能性机制构建和组织制度建设成为国际区域治理的主流。

总的来看，大国主导下的治理的主要特征是：一国拥有很强的综合实力，在区域关系、区域利益等方面居主导地位，在区域规则和秩序制定、利益分配等方面拥有主导权。大国的主导地位并非是自然产生的，往往是通过武力征服取得的。作为胜者的大国，会以强制的方式推行区域关系与区域秩序。不过，没有一个国家是可以永久主导或者称霸的。基于国家实力对比的转变，大国主导下的区域治理往往是不稳定的，一旦其他国家的实力地位上升，就会形成对现行主导大国的挑战，从而引发严重的冲突甚至战争。

功能性治理主要是指针对存在的区域性问题，以解决问题为目标，签署相关合作协议，制定共同遵守的法规，或者各方达成共同参与和解决问题的行动方案；在有的情况下，也可以建立合作机制来加以解决。功能性治理有针对性，有明确的目标，目前成为解决区域性问题的重要方式。功能性治理目标具有明确的选择性和针对性：一则，在一些具有自然性争议的领域，如跨境河流的治理（特别是水资源），自然资源的利用与开发，海域资源、生态的管理、生态环境保护等方面，通过协商合作、签订协议、制定规则等方式，实现治理的目标。二则，在一些公共性强的领域，如市场开放、跨境公共安全（打击走私、毒品、极端势力等）、人员流动、资本流动等领域，通过签订合作协议，实现区域的有序安排与治理。在构建和参与方面，功能性治理并不要求区域内所有的成员都参加，在许多情况下，所签协议或者开展的项目，往往是由几个国家先行参与，其他国家后续参加。

制度治理的层次比较高，主要是通过构建区域组织对区域事务进行管理和治理。国际区域制度治理的主要特征是，构建具有治理功能的区域组织，通过区域组织对涉及的政治、安全、经济、社会、文化等方面进行综合治理。高水平的区域制度治理是依靠区域组织，构建一套制度体系，对区域事务进行治理。基于制度构建的区域治理的关键是，参与国家同意让渡治理权，赋予区域组织以超国家行使职能的合法性。

现实中，能实现高水平的国际区域制度构建的区域很少，因为这不仅要求各方达成区域观共识，拥有高度契合的政治环境，而且也要求有与其相适应或者说可以提供支持的国家治理基础。有些区域尽管成立了区域组织，设立了区域治理的明确目标，构建了区域治理的制度框架，但是并没有建立高水平的制度体系。有的区域出于各方对国家主权、自主性的维护，并不愿意把治权让渡给区域组织，因而根据当地政治、社会、文化等条件与环境，实行被称为“软制度”的治理方式。其主要特点是，制度建设主要是为了提供区域性合作的平台机制，汇聚共识、推动议程，而非进行超国家管理，议程落实主要依靠成员国的政治承诺与责任担当。在此情况下，区域治理制定的议程、通过的法规、签订的协议等主要靠成员国实施，而不是依靠区域组织的推行。有的国际区域尽管建立了区域组织，构建了一定的治理机制，但在实际运行上功能发挥很有限，甚至是基本失能的。

延伸阅读

东盟方式(ASEAN Way)被认为是“软制度”区域治理的代表。东盟方式的特征是，制定共同遵守的规章(条约、宪章)，设定合作的目标(政治安全，经济、社会文化共同体)，维护成员国的自主权利(承诺、落实)。东盟方式的基本原则是维护成员国家治理权的独立性，最小限度的区域组织职能(秘书处只负责议程组织和协调)，渐进和照顾差别的治理方式。

总的来看，国际区域治理是建立在国家对区域认同的基础上的，同时，区域治理机制能够发挥作用，也需要有各方较强的认同做基础。只有这样，才可以制定和遵守区域治理规则，开展治理行动。国家对区域的认同意味着作为区域的国家，不仅有参与治理的意愿，而且有承担相应责任的意识。当然，从区域治理方面来说，若想得到各国的支持，必须能够为各国带来可见的利益，并且能够让社会公众真正受益，得到国内社会的支持。

推荐阅读：

1.［英］詹姆斯·费尔格里夫：《地理与世界霸权》，胡坚译，浙江人民出版社 2016 年版。

2.王逸舟等主编：《区域国别研究：历史、理论与方法》，上海人民出版社 2021 年版。

3.Mark Beeson and Richard Stubbs，*Routledge Handbook of Asia Regionalism*，London and New York：Routledge，2012.

第二章　国际区域观的形成与发展

国际区域以地缘为基本定位，在不同时期也有着不同的认知和战略认定，特别是次区域，在很大程度上具有鲜明的战略特征。国际区域观是国家以己为中心对所处区域的认知和定位，受到不同因素的影响，每个国家都有不同于他国的区域观，并且是在实际的发展中发生变化。

地理环境对一国的区域观形成具有重要的影响，也往往成为各国之间国际区域观差别的一个重要原因。[①]由于国际区域观所体现的是国家对外部世界的综合认知，因而与国家的对外关系、利益和战略定位密切相关。同时，国家的国际区域观也会受到外部因素的影响，如族群、宗教、文化以及强势力量的驱动等等。

第一节　国际区域观认知的演变

一、国际区域观的形成

国际区域观的形成是渐进的，在长期的历史进程中，国际区域观的含义

---

① 1970年，美国地理学家沃尔多·托布勒(Waldo Tobler)提出了地理学第一定理："任何事物都与其他事物相联系，但邻近的事物比较远事物联系更为紧密。"这一表述实际上蕴含了两个方面的含义：一个是地理现象在空间分布上的相关性，即空间上越近的地方属性越相似；二是空间联系的强度，距离越近的两个地方，空间联系和交互相对越强。因而，我们在讨论一个国际区域这样一个更加接近政治学的概念时，事实上也离不开地理区域的自然属性。参见 W. R. Tobler, "A Computer Movie Simulating Urban Growth in the Detroit Region", *Economic Geography*, Vol. 46, 1970, pp.234-240; Harvey J. Miller, "Tobler's First Law and Spatial Analysis", *Annals of the Association of American Geographers*, Vol. 94, No.2, 2004, pp.284-289; Waldo Tobler, "On the First Law of Geography: A Reply", *Annals of the Association of American Geographers*, Vol.94, No.2, 2004, pp.304-310.

和定位不断发生变化。在历史的演变进程中，各国的国际区域观也形成了具有核心价值的基本信条，或者称为基本理念。

国际区域观是由多元素构成的，地缘认知是基础，国家利益是核心，诸如对外关系、文化价值、族群、宗教等是在国际区域观形成中起重要作用的因素。国际区域观具有很强的开放性。国家对所处区域的认知，受到区域性利益、文化、宗教、族群等联系的影响，因此，在一些方面具有很强的超国家认知特征。

国家的存在非常久远。基于对外联系的限制，古代国家对外部世界的认识主要是近地缘区域，且缺乏对外部区域的整体了解和认识。从这个意义上说，国家区域观是随着国家能力提升和对外关系拓展而不断加以调整和完善的。

从原则上说，每个国家都有自己对外部世界的认识，都在不断发展中逐步形成自己的国际区域观。一个国家的区域观形成大体由多个因素决定，主要包括：国家所处的地缘位置；国家与区域的联系，包括对外关系、民族、宗教、文化等；国家与区域的利益；国家的综合实力以及区内外的综合力量、关系变化等。一国国际区域观的基本理念体现在对区域关系、利益的定位和对区域的认同上，后者对于参与区域制度构建和对合作的投入起着重要的作用。

二、中国的区域观特点

中国是一个区域大国。在古代，中国有着以己为中心的天下观，曾经把自己与外部的关系定位为“华夷秩序”，形成了一套处理对外关系和维护秩序的原则。不过，随着自身的发展和对外联系的不断扩大，与外部的利益交汇不断增强，中国对于外部的认识也不断提升，其“天下”的认定范围和处理关系的方式也不断得到调整。

汉朝时期，汉武帝派张骞打通汉朝通往西域的道路，地理视野已经远及中亚甚至地中海地区。在中国典籍中反复出现的“西域”，主要指中国以西地区，包括中亚、伊朗和阿拉伯国家。唐代玄奘所著《大唐西域记》，包括了天竺（今印度）、波斯、大食（阿拉伯帝国）等国。《新唐书》中就记载了西部突厥、吐蕃、回鹘、沙陀，北狄的契丹、渤海，东夷的高丽、百济、新罗、日本，西域诸国，以及南部的南诏、施浪诏等国，并将上述诸国视为“八蕃”。“八蕃”以外的国家和地区被称为“绝域”。[①] 明朝时期，郑和率领当时世界上最大的舰队，七次下西洋（主要指今天的印度洋及其沿海国家），经过东南亚、印度洋到红海，并远航至非洲沿岸国家，大大拓展了中国的区域观和国际区域观认知。

延伸阅读

华夏民族起源于黄河流域，古代社会生产力低下，人们将自己生活的区域视作世界的中心，明确自称“宅兹中国”（今洛阳附近），“惠此中国，以绥四方”，而“中国”周边的其他民族被称为“夷”。汉朝初期，“华夷”两分、中国居中的“天下观”形成，中央王朝的使节前往“蛮夷”之地，“蛮夷”之国则遣使来华。中华与“蛮夷”诸国之间逐步发展起“华夷秩序”。唐朝时期，“华夷秩序”推进到中亚以至南亚地区，宋朝时期海上丝路开始繁荣，明清时期“华夷秩序”达到全盛与顶峰。随着欧洲殖民主义和条约体系的扩张，华夷秩序瓦解。

近代意义上的世界地图及相关知识，包括地球的自然概貌、国家的地理分布和地图测绘方法等逐步完善，改变了中国对外部世界的认知。[②] 由于欧洲殖民帝国利用工业化的优势大力向外扩张，原来基本稳定的以中国为中心的地区秩序逐步瓦解，中国原有的区域观发生了重大的变化，周边地区成为动乱之源，成为对中国利益和生存造成威胁的来源之地。在此情况下，中

① 参见[宋]欧阳修、宋祁撰：《新唐书》，中华书局 1975 年版，第 6264—6265 页。原文为：“赞曰：西方之戎，古未尝通中国，至汉始载乌孙诸国。后以名字见者浸多。唐兴，以次修贡，盖百馀，皆冒万里而至，亦已勤矣！然中国有报赠、册吊、程粮、传驿之费，东至高丽，南至真腊，西至波斯、吐蕃、坚昆，北至突厥、契丹、靺鞨，谓之‘八蕃’，其外谓之‘绝域’，视地远近而给费。开元盛时，税西域商胡以供四镇，出北道者纳赋轮台。地广则费倍，此盛王之鉴也。”

② 比如，明代旅居中国的利玛窦先后绘制了比较完备的世界地图，《舆地山海全图》《坤舆万国全图》给明代中国带来了有关“地球”及区域的概念，极大地冲击了封建王朝长久存在的“天下观”。

国对外部区域的认知从积极转为消极，传统的国际区域观破碎。直到20世纪70年代中国实施改革开放，伴随自身的发展，中国的国际区域观才逐步向积极的方向转变。

三、西方崛起下的国际区域观

大航海开启了欧洲国家开辟区域的征程，欧洲国家开始对域外大举扩张。哥伦布1492年发现新大陆，达·伽马1497年绕过非洲好望角进入印度洋，麦哲伦1519—1522年完成环球航行，使得欧洲人对世界的认知得到大大拓展，逐步推动了欧洲国家对世界其他区域的占领，构建了以殖民为主要手段的区域战略。

17世纪中叶，欧洲诸国通过签署《威斯特伐利亚和约》，初步建立了现代民族国家体系。从性质上讲，基于民族国家的国际区域观与以往有着重要的差别，其中最为重要的差别是国家间的关系性质发生变化。地缘区域是各独立民族国家的共处之地，民族国家逐渐发展为国际区域的基本单位，国际区域成为多个独立民族国家的共同载体。不过，在欧洲，现代意义上的民族确定并没有真正终止国家间的争夺，起于区域争夺的战争不断，两次世界规模的大战都起源于欧洲。

欧洲的殖民扩张把世界其他地区的大部分国家变为殖民地。欧洲列强，特别是英国通过直接兼并或政治上的控制，瓜分了亚洲、非洲的许多地区以及在太平洋上的许多岛屿。欧洲国家通过海外殖民，形成了英国统领的“日不落帝国”，使得英国的统治扩及世界，同时也助推形成了欧洲中心主义的区域观。值得注意的是，由于欧洲率先进入工业化阶段，对外扩张遍及世界，因而在不少国际区域的认定中都带有欧洲中心主义的历史烙印。

四、现代国际区域观的转变

第二次世界大战后，民族独立运动兴起，殖民制度瓦解，现代民族国家制度在世界范围内得到确立。在此情况下，国家的国际区域认知发生了重大改变。实现独立的国家开始重构基于自己本源的和新生的国际区域观，并且在发展中逐步加以明晰和完善，与此同时，尽力摆脱欧洲殖民主义留下的传统区域观影响，构建符合本区域利益的区域机制和制度构建。

在新的形势下，具有现代特征的新型国际区域观逐步形成。总的来看，现代国际区域观构成的基本要素是：基于地缘相处的国际区域范畴得到明确认定；把所处区域作为对外关系和利益实现的重点；各国对国际区域机制构成有着基本的认知；在全球化背景下，各国都与其他区域保持联系。

两次世界大战使欧洲国家的区域观发生重大变化，导向性的变化是回归欧洲，重建欧洲，通过区域治理实现和平。正是这种区域观共识推动了欧洲区域合作的发展。

美国作为一个后起独立的国家，有着把北美作为近地缘特殊区域、把拉美作为“后院”的地缘区域观认知和定位。但是，随着美国作为世界超级大国的崛起，其区域观具有了世界性，主要是基于全球战略利益的定位来看待世界其他地区，并为此进行投入。而美洲其他国家的区域观则不同，主要是基于利益集中的近地缘区域来认定，从而形成多样性的次区域导向的国际区域观认知。

延伸阅读

1823 年，门罗在美国国会发表相当于现在的国情咨文时强调，美洲是美洲人的事务，美国反对欧洲国家干预刚从西班牙殖民帝国中独立出来的拉美国家。同时，美国也不干涉欧洲诸国之间的争端，意即保持中立，被称为“门罗主义”。19 世纪末，西方殖民体系建立，欧洲帝国主义武力介入拉丁美洲地区以解决债务问题，美国反对欧洲的这种做法。1904 年，西奥多·罗斯福总统发表声明，认为美国有权干预拉丁美洲以确保不被欧洲干预，这被认为是把拉美当作美国的“后院”。

非洲长期被欧洲国家控制，民族独立为非洲国家的国际区域观构建提供了基础。因此，非洲国家的国际区域观与其民族国家构建的过程密切相联系。总的来看，非洲国家既有对整体非洲的区域认知，也有着对近地缘国际区域的特殊认知，这体现在具有非洲特色的整体非洲治理机制构建和次区域合作机制构建的发展上。

亚洲地域辽阔，差别也大，国家对于国际区域的认知表现在近地缘区域以及联系比较紧密的区域，这种认知对于各国国际区域观的构建产生重要影响。同时，由于民族、宗教、文化存在很强的跨国家特征，在分布上有着多样性的区域分布，因此次区域特征突出，它们在各国国际区域观构成上发挥着重要的影响。

第二节　地缘战略下的国际区域定位

国际区域以地理空间为基础，地缘是构成国际区域差异的重要因素，有着很丰富的内涵要素与历史积淀。特别是，地缘战略的不同使得国际区域观的形成和表现有着明显不同的特征。

一、地缘战略认定下的中东

中东地区是人类文明最早的发源地之一，因而最早的世界区域划分留下了中东区域认定的痕迹。① 对东方财富的向往是欧洲人进行大航海的重要推动力，欧洲在科技水平上领先，构建了现代民族国家体系，出现了以欧洲为中心划分世界的新态势。②

欧洲人看待世界，强化了以欧洲为中心的世界观和“欧洲中心主义”的国际区域观。例如，法国在西班牙和葡萄牙之后，于19世纪初确立经过巴黎的子午线。1884年，在美国举行的国际本初子午线大会上，与会国家投票选出经过伦敦的格林尼治子午线为本初子午线，以此作为测算地理经度的

① 以“欧洲”和“亚洲”这两个名词的语言学来源为例。根据《大英百科全书》的论述，在古代西亚的两河流域，公元前24世纪即出现了阿卡德人建立的帝国，阿卡德语中的“erebu”指“日落”，“asu”指“日出”。以中东为中心看待外部世界，以西就是“日落”区域，以东即为“日出”区域，由此形成了指代方向的“Europa”和“Asia”两个词。因而，我们当今流行的“欧洲”和“亚洲”的说法，最早来自公元前2500年，以中东为中心看待世界的划分。

② 例如，1493年罗马教皇所确立的划分西班牙和葡萄牙殖民地的“教皇子午线”，位于大西洋中部，南北为极地。线西属于西班牙人的势力范围，线东则属于葡萄牙人的势力范围。16世纪晚期到17世纪中叶，在欧洲实施大航海约100年后，欧洲的制图学发生了革命性变化，先后出现了荷兰人墨卡托创造的投影法、比利时人奥特里乌斯绘制的地图等。

起始点。当时，英国国力最为强盛，殖民地也多，最终迫使国际社会于1911年后将格林尼治子午线作为授时和航海导航标准。在此过程中，欧洲人创造了今天仍在使用的区域划分。其中，最为人所熟知的是关于"近东""远东"和"中东"的不同区域的说法。多数教科书都认为，欧洲人对亚洲不同区域的分类，是随着欧洲人所达到的地域范围，特别是殖民活动的深入而变化的。在这三个词语中，"远东"一词出现得最早，而"近东"和"中东"则出现于20世纪初。

1884年柏林会议分割非洲之后，帝国主义各国之间的竞争使得"东方问题"再度成为焦点，再加上1895年中日甲午战争促使大国在亚洲东部的竞争白热化，各方都迫切需要重新界定东方各个地区的范围。英国考古学家大卫·霍加斯(David Hogarth)在1902年出版的地理学著作《更近的东方》中，首次比较清楚地划分了"近东"的地理范围，包括阿尔巴尼亚、黑山、塞尔维亚南部、保加利亚、希腊、埃及、阿拉伯半岛以及伊朗。

西方学术界通常认为，"海权论"的提出者阿尔弗雷德·马汉(Alfred Mahan)最早构造了"中东"一词。1902年，马汉在英国出版的《国家评论》杂志上发表了一篇题为《波斯湾与国际关系》的文章。该文的核心思想是建议英国与德国建立合作，英国有必要在波斯湾地区保持强大的海军，以对抗俄国在近东地区的扩张。马汉认为："中东——如果我可以采用一个我没有见过的术语，那么中东有朝一日将需要它的马耳他，需要它的直布罗陀。如果有必要，英国海军应该有能力集中力量在亚丁湾、印度和海湾地区作战。"①

在马汉提出英国应驻防"中东"的建议之后，伦敦《泰晤士报》驻德黑兰记者瓦伦丁·希拉尔(Valentine Chirol)在该报发表了基于马汉思想的近20篇评论，该系列评论都以"中东"为名。最终，希拉尔将这系列评论集结成《中东问题或印度国防的一些政治问题》一书出版。希拉尔对这个词的使用使它为广大公众所熟悉。"中东"成为英语词汇中的一个固定用法，亚洲由

① 马汉之所以作出这一重要论断，有两个主要因素：一是他本人曾在30多年前实地考察过阿拉伯半岛南端的亚丁港，而该港也是500年前郑和第四次下西洋时探察过的"阿丹国"。二是马汉已经形成了海权的思想，因而在看待英国与俄国的竞争时非常重视港口的地位。具体可参见 Roderic H. Davison, "Where is the Middle East?" *Foreign Affairs*, Vol. 38, No. 4, 1960, p. 667.

过去的两部分拓展至三部分。其中,近东以土耳其为中心,中东以印度为中心,远东以中国为中心。

尽管如此,在第一次世界大战之前,各方对“中东”这一术语的运用仍不一致。例如,美国历史学家诺曼·哈里斯(Norman D. Harris)1918 年在《美国国际法》杂志上撰文指出,最近出版与“近东”有关的作品的特点是“术语松散”。但欧洲政治家认识到了亚洲大陆上的三个主要地区:近东、中东和远东。塞尔维亚裔美国学者米利沃伊·斯坦诺耶维奇(Milivoy Stanoyevich)1916 年给出了从海洋定义亚洲各个区域的新视角,他认为爱琴海是“近东”的中心,其范围覆盖巴尔干半岛和土耳其;“中东”的中心是阿拉伯海,其范围包括美索不达米亚、波斯湾和阿富汗;“远东”的中心是黄海。

第一次世界大战结束后,英国国内围绕“中东”的争论也一直持续着,核心问题是由哪一个部门主管该地区的殖民业务。在解决掉奥斯曼土耳其问题之后,英国最关心的问题是维持对印度的殖民统治,印度是其帝国的“皇冠上的宝石”。英国还想防止俄国入侵“中东”的边境地区,特别是波斯湾和阿富汗。1920 年,英国皇家地理学会宣布“近东”只适用于巴尔干半岛,而“中东”则是指从博斯普鲁斯海峡到印度东部的领土。1921 年,英国在殖民地办公室内设立中东部,以管理英帝国的新成员——巴勒斯坦、约旦河沿岸和伊拉克。在设立“中东部”之前,亚丁港和波斯湾的领土由印度事务部管辖。“中东部”的成立,反映出英国内部的权力竞争。时任殖民地事务部大臣温斯顿·丘吉尔说服了时任外交大臣、印度总督乔治·寇松。随着“中东部”的成立,“中东”一词最终被附加在一个政府组织和官僚机构上,不再是一个抽象的通用术语,而是代表特定地理位置的特定国家。

第二次世界大战期间,各方再次试图改变“中东”的地理范围。1939 年,英国政府决定,中东空军司令部不仅应控制其非洲枢纽,而且还应控制巴勒斯坦、约旦、伊拉克、亚丁和马耳他。在与德国和意大利的作战中,英国军队不断改变中东辖区的防御范围,一度包括伊朗和埃塞俄比亚。显然,“二战”时期的“中东”概念,是英国从军事防御角度设定的战略概念,其中心已经从“一战”时期的印度向西转移至开罗。“二战”结束后,丘吉尔在其《二战回忆录》第 4 卷中还曾表示:“埃及、黎凡特、叙利亚和土耳其的‘中东’这个名字选择不当。这应该是近东。波斯和伊拉克是中东;东方是印度、缅甸和马来亚;而中国和日本则是远东。”[①]随着战事的推进,英国的胜利近在眼前,丘吉尔将亚洲划分为四部分的构想最终让位于战争的结果,即对一个大体上统一的中东的认定。“二战”结束后,英国由艾德礼出任首相,英国政府开始使用“中东”一词指代阿拉伯世界及其周边地区。此后虽然还有不少怀旧的人试图找回“近东”这个词,但“中东”越来越频繁地出现在官方、学界和媒体人士的文本中,历史的潮流不可阻挡。

1948年2月,黎巴嫩学者、外交家查尔斯·马利克(Charles Malik)向联合国经社理事会建议,同意埃及关于设立中东经济委员会的提案,但该委员会的永久成员必须是地区内国家,而域外国家参与该委员会则需要经社理事会的选举。该方案显示出有抗衡能力的大国在该地区争霸的意图。研究这一问题的特设委员会任命了一个小组委员会来界定这一区域的范围。经过努力,最终出现了一份被认为是中东的成员国名单,包括阿富汗、伊朗、伊拉克、叙利亚、黎巴嫩、土耳其、沙特阿拉伯、也门、埃及、埃塞俄比亚和希腊。这是官方发明的最广阔的中东,横跨三大洲,从阿尔巴尼亚延伸到中国边境。阿拉伯人自己从来没有把他们所在的地区称为“中东”。1952年,查尔斯·马利克表示:“从本质上讲,近东既不是一个政治概念,不是一个地缘政治概念,不是一个地理概念,也不是一个战略概念;它是文化遗传的。”他认为,近东既不是东方也不是西方,也不是东方和西方的综合体。从文化哲学角度看,近东是沟通东西方的“中间人”的最佳范例。[②]

二、地缘政治下的东欧

东欧曾被崛起的德国定位为地缘政治中心。第二次世界大战结束后,东欧成为美苏对抗的前沿;冷战结束后,“中东欧”成为经常使用的概念。欧盟东扩以及中国推动的“17+1”机制,使“中东欧”具有新的地缘政治含义。

从历史上看,1871年统一的德意志帝国成为位于欧洲中心的大国。

---

① Winston S. Churchill, *The Hinge of Fate*, Boston: Houghton Mifflin, 1950, p. 460.

② Charles Malik, “The Meaning of the Near East”, *Journal of International Affairs*, Vol.6, No. 1, 1952, p.32.

1890 年，号称“铁血宰相”的俾斯麦被德皇威廉二世解职，德国开始放弃俾斯麦的欧洲大陆政策，提出有关地缘政治的论述，着眼点是采取何种政策摆脱数个世纪以来被周围敌国包围的命运。德国地理学者弗里德里希·拉采尔在 1897 年出版的《政治地理学》一书中，提出了“生存空间”概念。他认为空间是一种政治力量，应该从权力角度而不是从自然地理意义上加以评估，国家的规模随着不断征服变得越来越大，领土越大的国家越安全。①在当时的德国人看来，领土空间是确保国家生存和发展的首要问题。

1899 年，在皇家地理学会的支持下，牛津大学成立了世界首个地理学系，麦金德担任第一任系主任。与传统的西方地理学用于地球调查以进行“地理大发现”不同，麦金德一贯倡导的是将地理应用于军事战略和拓展英帝国的影响。1904 年 1 月，麦金德在英国皇家地理学会发表了《历史的地理枢纽》的演讲，提出了将亚欧大陆视作“心脏地带”的概念。②在 1919 年年初完成的《民主的理想与现实》一书中，麦金德进一步将 15 年前提出的“心脏地带”拓展为包括亚欧和非洲的“世界岛”概念，并发展出著名的三段论公式，即“谁统治了东欧，谁就统治了大陆腹地；谁统治了大陆腹地，谁就统治了世界岛；谁统治了世界岛，谁就统治世界”。③

1919 年 1 月 18 日召开的巴黎和会，最终确立以凡尔赛体系命名的新国际秩序，最核心的内容是欧洲各国领土边界划分。从地理上看，东欧指由波罗的海东岸至黑海东岸一线向东达乌拉尔山脉的欧洲东部。经过凡尔赛体系的领土划分，在东欧国家中形成了这样一种局面：一方面，每个国家都存在一个数量上占优势并居于统治地位的主体民族；另一方面，每个新成立的

---

① Friedrich Ratzel, “Studies in Political Areas. The Political Territory in Relation to Earth and Continent”, *American Journal of Sociology*, Vol. 3, No. 3, 1897, pp. 297-313; Friedrich Ratzel, “Studies in Political Areas. II. Intellectual, Political, and Economic Effects of Large Areas”, *American Journal of Sociology*, Vol. 3, No. 4, 1898, pp. 449-463.

② 参见[英]哈·麦金德：《历史的地理枢纽》，林尔蔚、陈江译，商务印书馆 1985 年版，第 54、56、59 页。吉尔伯特在该书的“引言”中则认为，麦金德在该书中用有中间连接号的“心脏—地带”(heart-land)表示，在 1919 年的《民主的理想与现实》一书中，则用“心脏地带”(heartland)表示。中文译者没有就此作出区分。查英文原文，除了 3 次使用“heart-land”之外，麦金德在文中还多次使用了“heart”这个词。参见 H. J. Mackinder, “The Geographical Pivot of History”, *The Geographical Journal*, Vol. 23, No. 4, 1904, pp. 421-437.

③ 参见[英]哈·麦金德：《民主的理想与现实》，武原译，商务印书馆 1965 年版，第 134 页。

国家都发现在其国土上居住着一些少数民族，而一些本民族的人则居住在邻国接受外族的统治。

德国地缘政治学家、麦金德的信奉者卡尔·豪斯霍弗(Karl Haushofer)在第一次世界大战结束后撰写了大量文章，讲述德国占据“心脏地带”的必要性。[①] 1939 年 8 月 23 日，苏联与纳粹德国在莫斯科签订《苏德互不侵犯条约》。1939 年 9 月，当德国攻击波兰、英国和法国对德宣战支持波兰时，各国争先恐后地宣布中立。只有加拿大、澳大利亚、新西兰和南非联盟加入英国，向德国宣战。这实际上是麦金德倡导的英国为首的民主联盟，其共同防御和外交政策目标是反对一个希望控制“心脏地带”的德国。

在希特勒发起对东欧的攻击之前，德国已准备了十多年的地缘政治和地缘经济战略，逐渐将东欧这一区域纳入德国的经济体系中。德国在希特勒统治的时代，相当重视东欧这个区域，并且也较为成功地将其统合起来。

第二次世界大战结束后，东欧成为东西方冷战的前沿地带。在冷战时期，“东欧”一词常用来指所有属于社会主义阵营(东欧集团)的欧洲国家。因为在整个冷战期间，西欧和苏联控制的东欧都由“铁幕”分隔开来。在德国统一之前，东德经常被描述为“东欧国家”。因而，在整个冷战时期，主要是从地缘政治意义上讲东欧这个国际区域。

冷战结束后，“东欧”作为一个概念逐渐衰落。1989 年东欧国家政局发生剧变，出现了“回归欧洲”的进程；以前被称为“东欧”的国家(除苏联之外)纷纷抛弃这一称谓，自称“中东欧”。自那时以来，在国际政治学文献中，人们更多地使用“中东欧”或“东中欧”来称谓原“东欧”国家。而“东欧”一词现在则指乌克兰、白俄罗斯和摩尔多瓦，有时也包括俄罗斯。甚至可以说，地缘意义的“东欧”不复存在，取而代之的是地理位置上的“中东欧”。[②]

“东欧”被认为是一个西方概念，或称之为“西方意识”。西方学者从自身的角度来描绘这部分欧洲，有关东欧的各种术语反映的是这些人的感知，而不是客观的地理现实特征。其实，单纯的地理因素也无助于更清晰地界

---

① 参见[美]多尔帕伦：《地缘政治学的世界——行动中的地缘政治学》，方旭、张培均译，华东师范大学出版社 2021 年版，第 165 页。

② 参见朱晓中：《中国中东欧研究的几个问题》，《国际政治研究》2016 年第 5 期。

定“(中)东欧”。例如,东欧位于欧洲东部的论点就经常受到争议。希腊和芬兰地处欧洲东部,却从来没有人认为它们是东欧国家。布拉格虽然位于维也纳以西,但它属于东欧,而维也纳绝对不是东欧的一部分。这些争议说明,东欧不是一个地理名词,而是一个政治和文化概念。[①]

“中东欧”作为一个区域,也被认为内涵复杂、内容常变、内聚性弱。国际政治研究中的区域都有很强的内聚性,也就是那里的民族、国家有一定甚至较强的区域认同感。但是,中东欧相反,这里的民族、国家对把他们描述在一起的“中东欧”的认同度很低,在实践上也缺乏有机的整体联系。[②] 2004年,8个中东欧国家加入欧盟,这意味着中东欧国家已经回归欧洲。学术界据此认为,中东欧作为一个区域将不复存在。

2012年,中国宣布同中东欧国家发展全面合作关系,中国外交部将波罗的海三国(爱沙尼亚、拉脱维亚和立陶宛)纳入“中东欧”概念之中,一定程度上复兴了“中东欧”这个概念。至此,“中东欧”概念扩大到16国。“中东欧16国”是一个大概念,其中按地理概念划分又可以分为4个次地区:中欧(波兰、匈牙利、捷克、斯洛伐克)、波罗的海三国(拉脱维亚、爱沙尼亚和立陶宛)、东南欧(斯洛文尼亚、克罗地亚、北马其顿、阿尔巴尼亚、黑山、波黑、塞尔维亚),以及处于中欧和东南欧之间的保加利亚和罗马尼亚。如果从政治地理划分,中东欧16国可以划分为3个地区:中欧(波兰、捷克、斯洛伐克、匈牙利、斯洛文尼亚)、西巴尔干(阿尔巴尼亚、塞尔维亚、北马其顿、波黑、黑山),以及加入了欧盟但尚未加入申根协定的保加利亚和罗马尼亚。

曾任加拿大麦吉尔大学历史学教授的菲利普·朗沃斯(Philip Longworth)在《缔造东欧》一书中认为,随着东欧剧变,“东欧”作为一个有用的政治地理术语可能已经失去了意义,但是东欧和西欧的差异不会很快消失。自查理曼大帝时期(742—814年)开始,东欧和西欧两个区域的特点就已经显现出不同:这两个欧洲的人口结构截然不同,语言历史也大不相同;东欧

① 参见朱晓中:《“东欧”概念的嬗变及其界定困境》,《区域与全球发展》2019年第6期。

② 参见孔寒冰:《对当前中东欧研究的几点学术辨析》,《俄罗斯东欧中亚研究》2019年第1期;孔寒冰、韦冲霄:《中东欧研究的历史演变、特征及发展趋势——孔寒冰教授访谈》,《国际政治研究》2019年第3期。

长期以来一直处于世界经济的边缘。东欧人民对民主并不依恋，制度比西欧弱，法律也不发达。东欧具有比西欧更突出的官僚主义和集体主义倾向。东欧对民族自我实现的欲望要大于对个人自治的欲望，东欧也更加重视意识形态。与此同时，东欧在重视诗歌、理想主义和犬儒主义方面却要比西欧表现得更为明显。①

对原东欧国家身份认同的历史研究表明，地理、文化和意识形态等因素的影响是十分巨大的。例如，罗马尼亚学者认为，自19世纪中叶开始，罗马尼亚便发展出了一种可以称为"十字路口的欧洲主义"的身份认同。这种身份认同源于罗马尼亚特殊的地理位置。它身处西欧大国（主要是法国和德国）、俄罗斯帝国以及奥斯曼土耳其帝国三大势力之间，导致罗马尼亚的文化心态具有浓厚的"帝国综合征"色彩，罗马尼亚人心中始终笼罩着被周边大国吞并的忧虑。在冷战时期，罗马尼亚被置于苏联集团内，与西欧的联系被隔绝；但是，即使在社会主义阵营内部，国家之间的边界也几乎是封闭的。总的来看，东欧这个区域的国家身份认同，呈现出不断被区域外的国家所建构的特色。②

另外一个突出的例子是波兰。冷战结束以来，波兰几乎是原东欧国家中最为坚定地融入欧盟的成员。1997年，波兰加入北约，2004年成为欧盟成员国。波兰经济与德国、西欧其他国家的紧密性要远远大于与俄罗斯的联系。波兰人一直不喜欢被称为"东欧人"。其深层次的原因在于：启蒙运动以来，在波兰人的话语中，欧洲被当作先进的化身；西欧是"老师"，波兰是"学生"。波兰的国家发展道路，被描绘成从居住在欧洲外围的国家向成为欧洲的一部分迈进的历程。③

也有研究指出，多数欧洲国家的经济和文化活动其实是在欧洲的次区域展开的，这些次区域构成了国家的身份认同来源。例如，北欧国家以波罗

---

① Philip Longworth, *The Making of Eastern Europe: From Prehistory to Postcommunism*, UK: Palgrave Macmillan, 1997, pp.5-6.

② Monica Spiridon, "Identity Discourses on Borders in Eastern Europe", *Comparative Literature*, Vol. 58, No. 4, 2006, pp. 376-386.

③ Hege Haaland, *Bulwark, Bridge, or Periphery? — Polish Discourse on Poland and Europe*, Norwegian Institute of International Affairs (NUPI), 2001.

的海为主要活动区域，欧洲南部的国家则主要以地中海区域展开活动。所谓的“欧洲协定”，则主要是欧盟及其成员国与中东欧国家的关系。“欧洲经济区”(EEA)则是瑞士和地中海区域国家的一种特殊安排。尽管欧洲国家有一个超越主权的欧盟，但是次区域内的国家更具亲缘性。[①]

三、地缘战略变迁下的东亚

历史上，东亚地区是中国传统“华夷秩序”的中心。随着近代中国的衰落，东亚的区域结构和秩序发生了根本性的转变。一则，西方列强入侵这个地区；二则，日本综合力量快速崛起，并且加入帝国争夺行列。

19 世纪末期，随着综合实力的崛起，日本兴起了“亚洲主义”的热潮，尽管冠以“亚洲”，其地缘范围主要是东亚。1880 年 2 月在东京创立的兴亚会提出，当时欧美在进行战争和竞争，维护西方人的“同族、同文、同教”的团结，而亚洲诸国也是“人种相同文教不相殊”，所以全亚洲志士应该联合起来，振兴因为欧美而衰退的“亚细亚全州之大势”。[②]

1895 年爆发的甲午战争改变了中国和日本在东亚地区的权势地位，因而也影响到日本人对亚洲的认识。1898 年 11 月 2 日东亚同文会成立，得到了日本政府的巨额资金支持，主要目的是统合甲午战争后日本国内诸多对外关系团体，以推进东亚问题的解决。

甲午海战之后，中国失去了海洋方向上的拓展机会，而日本加速向海外扩张。甲午战争后，日本占领台湾。1900 年 6 月，日本派出 2 万多陆海军参加八国联军镇压义和团，意味着日本完全成为帝国主义阵营的一员。

1904 年 2 月 8 日，日俄战争爆发。日俄战争是以日本海军偷袭驻扎在中国旅顺港的俄国远东舰队开始的，日本海军在偷袭旅顺港的同时，也突袭了仁川，占领了汉城(现为首尔)，穿过鸭绿江，从陆上包围俄国军队。至 1904 年 8 月，日俄双方在黄海展开决战，俄海军损失惨重，不得不退回到旅顺港内，日本海军控制了黄海的制海权。1905 年 8 月，第二次英日同盟签

---

① Katarina Koivumaa, “Europe: Several Identities, or One Single Identity?” *Perspectives*, No. 10, 1998, pp. 21-37.

② 参见[日]狭间直树：《日本早期的亚洲主义》，张雯译，北京大学出版社 2017 年版，第 32—38 页。

署。1905 年 9 月，在美国的调停下，日俄签署《朴茨茅斯条约》，俄国割让萨哈林半岛给日本，将旅顺、大连的控制权移交给日本，撤离满洲，并承认朝鲜为日本的势力范围。从国际政治格局看，在东亚地区形成了日英海上联盟对抗俄国的局面。

从国际区域的角度看，这一格局为日本开始形成海陆兼备的独特的东亚区域观奠定了地缘政治基础。第一次世界大战的爆发，为日本拓展国际空间进一步创造了机会，老牌帝国主义在亚洲的殖民地在战后多数被日本继承和占有。“一战”结束后，德国在太平洋地区赤道以北的岛礁划归日本托管，主要包括马绍尔群岛、加罗林群岛、马里亚纳群岛和帕劳群岛等。

1938 年 11 月 3 日，日本首相近卫文麿宣布了一项“亚洲新秩序”的《帝国政府声明》，提出确立东亚的永久和平。从战略上，与日本自 17 世纪初脱离朝贡秩序后的设想相比，此时日本的国际区域构想已经发生了极大的变化：不再只是脱离中国主导的朝贡秩序，而是要把中国变作日本的附庸国，在地域范围上也急速扩大。日本所谓“东亚新秩序”的范围，不仅包括东北亚地区的中国，已经被日本占据的朝鲜半岛、中国台湾，也包括东南亚的越南、菲律宾、泰国、马来亚，甚至还包括印度乃至太平洋上的夏威夷。1941 年 7 月 6 日，日本政府成立了大日本兴亚同盟。7 月 18 日，近卫第三次组阁。日本出台一系列政策构想，试图预备在日、德、意三国同盟胜利后的新秩序安排，将世界分为四个大圈，分别是日本主导的大东亚圈、包括非洲在内的欧洲圈、美洲圈以及包括印度、伊朗在内的苏联圈。

珍珠港事件后，日本开始全速突破和占领西方在太平洋地区的殖民地、属地以及其他独立主权国家。1941 年 12 月 8 日，日本入侵中国香港，并于 12 月 25 日迫使港督签署投降书，此后，日本继续南下占领英国和荷兰所属的国家和地区。1942 年 2 月 15 日，新加坡落入日军手中，这被认为是在数百年的东西方大航海贸易中霸权转移的标志。此后，日本夺取印度尼西亚群岛、新几内亚、萨摩亚、斐济和新喀里多尼亚，试图孤立澳大利亚，以切断美国和澳大利亚东海岸之间的补给线。1945 年 8 月，日本战败投降。在日本投降前夕，苏联、美国、英国三国首脑于 7 月 17 日在柏林近郊波茨坦举行会议。7 月 26 日，中、美、英三国发表《波茨坦公告》。其中载明，日本的领土主权只限于本州、北海道、九州、四国及由盟国指定的岛屿。

第二次世界大战结束后，美国开始加强对东亚地区的主导，东亚地区的地缘战略格局发生重大变化。美国在日本驻军，推动建立了韩国，扩大并强化对东南亚的战略控制。随着冷战的开始，由美国盟军司令部构建的“东南亚”开始出现在世界地图、国际区域的研究项目以及知识构建中。美国一方面构建与东南亚国家的同盟关系，另一方面推动建立基于地缘战略布局的区域组织。[①]

一个重大的转变是，东南亚地区国家成立了自己的区域合作组织，逐步把该地区所有国家纳入区域组织的框架之内。1967 年，作为一个区域组织的东盟出现在世界政治经济舞台上。经过几十年的发展，东盟已经成为东亚地区特色鲜明的区域组织。重要的是，东盟不仅是联合东南亚国家的中心，也是东亚地区重要的链接中心。通过“东盟＋”方式和推动由东盟牵头的区域全面经济伙伴关系协定（RCEP）、东盟地区论坛、亚欧会议等，把东亚其他国家连接起来，邀请其他国家就东亚事务进行对话、协商与合作，促进了本区和世界其他国家对东亚的承认与重视。重要的是，无论是大国还是小国，都是以平等的身份加入。2001 年，受东亚领导人会议的委托，东亚展望小组发布建立东亚共同体的研究报告。由此，东亚作为一个地缘区域获得了认同，各国基于地缘、利益、文化认知的东亚区域观逐步形成，东亚地缘区域走出了以往的东亚地缘战略定位的阴影。[②] 不过，出于复杂的原因，东亚共同体的建设并不顺利，东亚区域构建在区域认同差异、战略利益分歧、大国竞争加剧、东盟中心原则等因素交织影响下，止步不前。

---

① 美国先后推动《东南亚集体防务条约》（又称《马尼拉条约》），成立了东南亚条约组织（SEATO），试图使其成为类似于北约的地区安全机构。此组织于 1977 年解散。

② 出于复杂的原因，东亚共同体的建设并不顺利，但是，2020 年基于东亚区域的《区域全面经济伙伴关系协定》（RCEP）完成谈判，2021 年生效。不过，美日大力推动基于新的地缘战略定位的印太战略。

延伸阅读

在 1998 年的“东盟+3”的领导人会议上，韩国总统金大中提议成立一个专家组，研究东亚地区的未来发展。该提议得到各国的认同，成立了由 13 个国家推荐的、专家组成的“东亚展望小组”。在提交给领导人的报告中，明确提出了东亚合作的长期目标是“走向东亚共同体”，“把东亚从一个由各个国家组成的地区，发展成一个共同应对挑战、具有共同志向和目标的相互信任的共同体”。该报告把东亚作为一个整体对待，提出了推进东亚区域合作的制度化建设的方案。展望小组的报告得到了领导人的肯定，指示成立由“10+3”各国官员参加的“东亚研究小组”，研究落实展望报告的行动议程。由此，东亚区域构建由愿景转为行动。

四、门罗主义与拉丁美洲

欧洲人“发现”了美洲新大陆，这个“新世界”对于欧洲经济崛起十分重要，但到达美洲的欧洲人却花费了两个世纪才逐步接受新世界理念。18 世纪后期，从英国独立出来的美国人建立了美利坚合众国，建国后产生了向南部和西部扩张的动力。1813 年，美国总统托马斯·杰斐逊在给德国地理学家亚历山大·冯·洪堡的一封信中，首次完整地表达了“美国有一个自己的半球”这一观点。[①]而在美洲的南部，此刻正在兴起的是脱离西班牙统治的独立战争，开始了去殖民化的进程。重大事件是在法国大革命之后崛起的拿破仑攻占西班牙。19 世纪 20 年代，绝大部分南美洲国家实现了独立，建立起拥有主权的民族国家。此时，美洲新独立国家面临的重大考验是，法国及其统治之下的西班牙是否会实施干预。

正是在上述背景下，美洲“门罗主义”出笼。拿破仑法国在欧洲大陆称

① Arthur P. Whitaker, “The Origin of the Western Hemisphere Idea”, *Proceedings of the American Philosophical Society*, Vol. 98, No. 5, 1954, pp. 323-326.

雄失败后，欧洲国家已通过维也纳和会建立起协调机制，因而英国建议美国发表声明以干预危机。在欧洲担任外交官多年的美国国务卿亨利·亚当斯向总统詹姆斯·门罗强烈建议，美国应当单独发表一份强有力的声明，警告所有国家，美国反对其他国家侵犯美洲任何地区。亚当斯的理由是，美国不仅应当关注美洲大陆南部，而且也应防范已经抵达美洲大陆北部的俄国。1823 年 12 月 2 日，美国总统詹姆斯·门罗在国会发表其国情咨文时表示：我们应该对美国和这些大国之间的友好关系作出声明，宣称我们应该考虑他们的任何企图，将他们的制度扩展到这个半球的任何部分，对我们的和平与安全是危险的。对于任何欧洲国家的现有殖民地或属地，我们没有干涉，也不应该干涉，但是对于那些宣布独立并维持独立的政府，我们在充分考虑和公正原则的基础上，承认他们的独立，我们不能接受任何欧洲大国为了压迫他们，或以任何其他方式控制他们的命运而进行的任何干预。门罗进一步强调，美国对欧洲的政策将维持不变，即不干涉任何大国的内部关切，但是反对欧洲大国干预美洲南方的兄弟国家。美国的真正政策仍然是让各方自行其是，希望其他大国也能走同样的道路。①

由于英法均忙于在欧洲争夺霸权，美国在美洲的扩张一日千里。1845 年 7 月，以疯狂扩张著称的美国总统詹姆斯·波尔克正式宣布把原本属于墨西哥的得克萨斯并入美国的版图。1846 年 5 月，美国向墨西哥宣战，最终攫取了加利福尼亚州，美墨两国最终确立以格兰德河为国界。美国替代欧洲国家，成了美洲南部新独立国家的“心头之患”。1856 年，美国总统富兰克林·皮尔斯决定承认美国海盗威廉·沃克(William Walker)在尼加拉瓜建立的伪政权。美国此举震惊了其他各国政府，最终导致拉美历史上最大的反美联盟。为了抗议美国南半球的扩张，格兰德河以南的美洲地区国家形成了“拉丁美洲”的地区和身份认同。

按照美国匹兹堡大学历史系教授米歇尔·戈巴特(Michel Gobat)在《拉丁美洲的发明》一文中的研究，1856 年之后之所以出现强有力的“拉丁美洲”的共同体声音，主要有四个原因：(1)美国海外扩张的兴起；(2)拉丁美洲各

① 门罗总统演讲中有关“门罗主义”(Monroe Doctrine)的摘要可参考 www.ourdocuments.gov。

国民主开放导致非精英参与选举政治的增加;(3)1848 年欧洲自由革命的挤压;(4)跨大西洋种族意识形态的传播。[1] 这些变化共同导致墨西哥、中美洲和南美洲的精英们想象一个根植于欧洲“拉丁民族”理念的大陆共同体,这个概念更多地借鉴文化标准。尤其值得注意的是,与 19 世纪“亚洲”概念的兴起有所不同,“拉丁美洲”这个概念在 19 世纪中叶崛起之后,仍然归属于白人精英捍卫独立国家、防止外部干预的民主力量,而不是像亚洲国家那样单纯是为了反对帝国主义。

经过三个世纪的经营,西班牙在南美地区留下了丰厚的历史遗产。拉美地区多数国家有着相似的法律、语言和宗教习惯,对于当地的政治精英而言,为了对抗欧洲国家和美国可能的干涉,从文化入手、形成共同的声音,不失为一种有效的战略。西班牙裔美国精英们更喜欢“拉丁种族”这个词而不是“西班牙裔美洲人种族”(Hispanic American Race)。之所以如此,不是因为他们支持法国帝国主义,而是出于对 1848 年后美国对南半球扩张主义转向的担忧。尤其在加勒比海地区,美国扩张和干预的危险是显而易见的。当时,美国正在形成所谓的“天定命运”观,认为美国人要主宰这片大陆,统治“劣等”民族。因此,身处拉丁美洲的西班牙人后裔越来越多地将他们与美国的关系视为种族战争。一个明显的变化是巴西开始逐步接受“拉丁美洲”一员的身份定位。这是因为巴西担心美国海军远征队在南美开放河道航行,进而殖民统治亚马孙盆地,巴西人也需要借助外部力量抗衡美国。

西班牙—美洲独立战争不仅仅是西班牙和原殖民地双方之间的博弈,其实也是拉美各国之间的战争。这种战争牵涉到复杂的族群和种族战争。

美国内战结束后不久,法国从墨西哥撤离。在政治层面上的反美联盟势头减缓,但拉美白人知识精英仍在继续强化“拉丁美洲”的认同。这种关于拉丁美洲的想法首先在那些感受到美国扩张威胁最大的国家,即太平洋国家和加勒比海沿岸国家的知识分子和政治家中传播,然后逐步扩散到南美洲大西洋沿岸的国家,再进一步蔓延至南美内陆国家。据巴西学者莱斯利·贝瑟尔(Leslie Bethell)的研究,巴西独立以来,无论是西班牙裔美国知

---

① Michel Gobat, “The Invention of Latin America: A Transnational History of Anti-Imperialism, Democracy, and Race”, *The American Historical Review*, Vol. 118, No. 5, 2013, pp. 1345-1375.

识分子还是西班牙裔美国人政府官员，都没有将巴西视为“拉丁美洲”的一部分。就巴西知识分子和巴西政府而言，其只关注欧洲，而且在1889年巴西发生革命建立共和国之后，越来越关注美国。在冷战期间，美国和世界其他地区开始将巴西视为“拉丁美洲”的一部分。但是，除了一些左翼知识分子外，巴西政府和巴西知识分子仍然不认为巴西是该区域不可分割的一部分。不过，冷战结束以后，巴西开始在南美洲推行与邻国接触的政策。[①] 贝瑟尔也指出，美国大学里的“拉丁美洲研究”通常指的是墨西哥和中美洲研究，多数研究人员不会说或者读葡萄牙语，对巴西的历史和文化知之甚少，而且很少访问巴西。

出于对欧洲帝国和美国统治的恐惧，一些拉美精英将“拉丁美洲”视为一个经济单位，需要保卫其自然资源和手工业联合会，以保卫拉丁美洲民主，抵御美国和欧洲的扩张。1898年美国赢得对西班牙的战争之后，开始逐步控制加勒比海地区，海军开支大幅度上升。而此时欧洲国家也加大了对拉丁美洲的军事干预，要求其偿还债务。1902年，委内瑞拉再也无法安抚欧洲银行家的要求，因此英国、意大利和德国的海军封锁委内瑞拉，并向其沿海防御工事开火。在此背景下，1904年，美国总统西奥多·罗斯福发表有关门罗主义的演说。该演说强调，如果一个国家知道如何管理本地政治和社会事务，并且可以维持秩序进而履行国内和国际义务，那么就不必担心美国的干涉。如果当地政府无法进行治理，导致对西方文明社会的冲击，那么就需要文明国家进行干预。这一演说标志着美国试图在美洲地区扮演“世界警察”的角色，也被称为“罗斯福推论”。

1923年，美国国会成立门罗主义百周年纪念委员会，以庆祝门罗主义诞生一百周年。此时，围绕门罗主义的讨论出现了两种特别明显的对立思想，一种沿着罗斯福推论强调美国的干预合法性，一种则继续强调门罗主义原本对美洲国家合作的重视。随着美国国力越来越强大，强调国家间合作的泛美主义则逐渐成为拉丁美洲国家联合抗美的思想武器。1929年“大萧条”

① Leslie Bethell, “Brazil and Latin America”, *Journal of Latin American Studies*, Vol.42, No. 3, 2010, pp. 457-485.

之后，罗斯福政府再度调整门罗主义，转而强调睦邻政策，寻求与拉丁美洲国家谈判互利的贸易协定。第二次世界大战爆发后，拉丁美洲国家和美国出现了短暂的和谐时期。不过，为了对抗纳粹德国，美国对外关系协会的战略家为美国设计了立足于更为宏大的国际区域的大战略，把美国的地缘政治利益边界扩大到整个西半球。但随着德国势力的扩张，美国精英很快发现，西半球这一势力范围无法为美国提供一个真正独立运转的经济基地。如果纳粹德国赢得战争、主导欧洲，那么美国就必须把世界上其他几乎所有地区都纳入自己的势力范围才行。为了在扮演“世界警察”时避免被贴上“帝国主义”标签，美国才开始构想联合国的框架，但在《联合国宪章》中也规定，安全问题首先可以由区域机构加以解决。①

冷战开始后，美国又恢复了对拉丁美洲国家的干预，如 1954 年中央情报局组织的危地马拉政变以及 1953—1959 年的古巴革命。因而，对抗美国霸权的思想观念也成为 20 世纪 50—60 年代拉美产生“依附论”思想的源头。不过，拉丁美洲很难像塞缪尔·亨廷顿和其他人所想的那样“反西方”，因为就其赞同民主、反对暴政的源头而言，它其实与西方也拥有共同的文化基因。英国华威大学副教授汤姆·朗（Tom Long）在其 2015 年出版的《拉丁美洲与美国对抗：不对称性和影响力》一书中认为，拉丁美洲国家确实成功地采取了与美国合作的战略，努力促进其利益。他在书中还强调，很多国际关系学者习惯于把整个拉丁美洲归为一个实体。事实上，美国历史上主要在加勒比海地区展示其军事优势，该地区体现了大国影响力的地缘政治效应。美国对加勒比海地区进行干预，代价很低。但是，如果将美国近在咫尺的干预行为推到更遥远的南美洲，这是一个严重的错误。②

事实上，地理学家或地缘政治学者没有一贯使用“拉丁美洲”一词。尽管一些国际发展机构和多边组织将拉丁美洲和加勒比海地区视作同质地区，但是这种分类过于简单化，误用了地理和文化的含义。从语言上讲，拉

---

① Stephen Wertheim, *Tomorrow, the World: The Birth of U.S. Global Supremacy*, Cambridge, MA: Harvard University Press, 2020.

② Tom Long, *Latin America Confronts the United States: Asymmetry and Influence*, New York: Cambridge University Press, 2015.

丁美洲主要以拉丁语系作为官方语，如西班牙语和葡萄牙语，而加勒比地区是欧洲殖民化历史最多样化的次区域，西班牙语、法语、英语、荷兰语和克里奥尔语都讲。古巴是最后一个获得独立的西班牙殖民地，是加勒比地区最大、人口最多的国家。与多米尼加共和国和波多黎各一样，古巴的土著人口在古巴几乎灭绝，主要种族是非洲人和欧洲人之间的混合类型。从整个美洲来看，在文化认同上，不同族群所使用的词汇也有较大差别，不少人并不希望一个统一的称谓。例如，在美国，20 世纪 70 年代左右开始使用“Hispanic”指代西班牙后裔，1980 年这一词语首次出现在美国人口普查中。到 2000 年时，“Latino”被添加到人口普查中。最近一些年，则出现了性别上属中性色彩的“Latinx”。从使用率上看，三个词分别为 60%、30%和 4%。但即便是“Latinx”这个词，有时也被视为以美国为中心，是美国对拉丁美洲施加影响的另一种方式。因此，“拉丁种族”的概念具有较强的可塑性，同时也表明，这一概念所塑造的“拉丁美洲地区”是文化意义上的，而不完全是地理因素所致或者由霸权构建。

五、现代国际区域观的构成

国际区域观是不断变化与更新的。古代的国际区域观建立在国家有限的对外部了解和认知的基础之上，因此，有着比较狭义的以己为中心的区域观认知。近代，西方崛起后的国际区域观有着很强的地缘战略认定的烙印。在现实发展中，基于国家形态变化与力量对比转换的影响，以强势为中心的区域结构往往不断变换，国家基于区域定位、利益构建和关系结构所形成的区域观也会发生大的转变。

近代，国家对外部的了解增加，特别是对世界国际区域的了解增加，大大推动了新区域观的构建，形成了近地缘认知、政治和战略为基点的新国际区域观定位。第二次世界大战后，联合国成立，确立了基于独立民族国家本位的现代国际关系准则，推动了现代国际区域观的形成与发展。现代国际区域观与古代、近代国际区域观有着很大的不同。尽管在有的国家，特别是作为超级大国的美国，还存留很强的近代区域观与战略操作，但就大多数国家而言，已经进入现代国际区域观构建与形成的时期。

（一）现代国际区域观的特点

现代国际区域观主要是第二次世界大战以后，在国家、地区和世界发展的新形势下逐步形成的。新形势的主要特点是：欧洲基于阻止战争、构建和平区域的努力取得成功，提供了可资借鉴的实践经验；殖民制度瓦解，所有的国家获得了民族独立，基于自主认知的区域意识增强；区域联系越来越紧密，现实利益推动各国参与和支持区域合作。

以欧洲为例，欧洲曾是列强互斗的场地，是殖民扩张的始作俑者和两次世界大战的策源地。第二次世界大战激发欧洲国家通过区域合作建立区域合作组织阻止战争再发、实现区域和平与发展的强烈意识。这推动了欧洲合作运动的发展，从煤钢联营到欧洲联盟，不仅使区域组织得到发展，也使欧洲国家的现代区域观逐步形成。

现代欧洲区域观的主要特征是：其一，各国拥有自主与平等的参与权；其二，支持区域组织具有合法的超国家管理职能，区域规则和法律高于国家规则和法律；其三，大国不谋求主导权，通过合作在推动区域制度构建上发挥引领作用；其四，欧洲的区域合作组织不能用于对外扩张。在新的欧洲区域观指导下，欧洲构建了统一大市场和单一货币，实现了欧洲区域内的和平与发展，实现了欧盟的扩大，吸纳了大多数欧洲国家参加。① 欧洲的新区域观终结了以往以争夺、扩张、殖民为导向的区域观，推动了欧洲区域的和平，同时，欧洲区域合作的经验也为世界其他地区的区域治理提供了可资借鉴的经验。

再如东南亚，各国的现代区域观在实现区域的合作进程中逐步深入和完善。实现民族国家独立是东南亚现代国际区域观形成的基础，摆脱美国霸权性战略区域观导向是前提。自 20 世纪 60 年代开始，东南亚国家由抵御外部威胁推动区域合作，转变为通过合作改善区域发展环境（区内特惠贸易安排和自贸区），由主要推动区域经济发展到构建经济、政治、安全、社会文化共同体，实现了三个凸显的成效：其一，实现了东南亚区域联合，把所有

① 英国脱欧并没有改变欧洲合作的大进程。英国曾是“日不落帝国”，与大陆欧洲有着区域观上的差别，从不加入到加入，再到退出，体现了英国接受大陆欧洲联合的困难。特别是，英国与欧洲大陆在接受区域组织的超国家治理权上具有不同认知。

的国家纳入一个统一的区域合作框架；其二，在区域合作机制下制定了一系列区域规则，包括有法律基础的条约，如《东南亚友好合作条约》（TAC）、《东盟宪章》等；其三，实现了东南亚的区域和平与发展。

在区域合作中，东南亚国家逐步形成了现代国际区域观，其突出的特征是：其一，各国对东南亚作为一个地缘为基础、共享利益为驱动的国际区域有着高度的认同；其二，达成区域合作共识和协力实施；其三，对内坚持符合区域特点的东盟方式，对外维护东盟的主体地位和以东盟为中心。[①]

东南亚是一个多样性的地区，区域内各国家大小、实力、制度不同，曾经充满矛盾和争斗，曾被域外大国长久控制。国家对于区域的认同要么很弱，要么受到外部因素的影响。推动区域合作机制建设，形成了清晰的基于地缘的区域认同和区域观。东盟不像欧盟那样具备高度的超国家管理功能，但是在区域认同上甚至比欧洲国家更鲜明。这也不难理解，因为欧洲国家多，涵盖区域范围广，在区域认同上各国有着诸多的差别；而东南亚国家少，区域性共同利益的相互依赖更强，因此，区域认同更容易推进。再则，实际上，东南亚是东亚区域的一个小区域，更能形成紧凑的区域认同观念。

拉美、非洲区域国家也在发展进程中逐步形成基于本区域地缘共处和区域利益的现代国际区域观，从以争取民族独立，联合反帝、反殖民为目标，转变到以合作发展、合作安全为目标，以不同方式推动构建区域性合作机制或者组织。俄罗斯转向现代区域观经历了复杂的过程。苏联的解体，让俄罗斯回归传统地缘认知，但是，苏联留下的“遗产”也继续在一些方面发挥作用。俄罗斯的“双头鹰”是其基于地缘认知的区域观定位，同时通过构建“独联体”“欧亚联盟”等也彰显其地缘与利益的基本区域定位，不过出于复杂的原因，作为成员的其他国家在区域认同上，与俄罗斯也有着明显的差别。中亚地区国家从苏联独立出来，有着紧密的次区域地缘链接和共享的利益基础，因此，有着越来越明显的基于地缘区域的认知，但是，各国对于推动区域机制构建的认知尚有差别，因而参与了基于更大地缘基础的上合组织构建。

美国作为超级大国，仍然维护基于地缘战略定位的近代国际区域观，并

---

① 参见张蕴岭：《东盟 50 年——在行进中探索和进步》，《世界经济与政治》2017 年第 7 期。

且利用自身的实力、影响力等维护传统的地缘战略定位、布局与行动。在一些情况下,美国的区域观定位对于一些国家仍然产生重要影响。出于多方面的考虑,一些国家也会对美国的地缘战略布局进行协同。因此,可以说基于平等参与和合作共赢的现代国际区域观构建与形成仍处于进行时。

(二)中国的现代国际区域观特征

中国的现代国际区域观的构建与形成经历了复杂的过程。中华人民共和国成立,结束了外强侵略和内乱的局面,开启了国家现代化建设进程,同时,也推动基于地缘认知的新关系和秩序构建。[①] 但是在这个过程中,对外部的认知变得复杂,有的国际区域认知受到地缘政治、地缘战略谋划的复合影响。

改革开放推动了中国对外部世界的重新认识,在此基础上所提出的战略主要是基于发展的考虑。改革开放推动了中国的快速发展,使得中国的综合实力大大提升,与外部关系发生重大转变:一则,中国与外部利益连接越来越紧密,与一些地区,特别是与周边地区的交流越来越深化;二则,中国成为所在地缘区域综合实力最强的国家。在此情况下,中国的现代区域观认知开始增强,并且逐步得到完善。作为一个地缘大国,中国把开展与周边区域的合作作为首要目标,提出了一系列基于现代区域观的理念、原则,并为之行动。

当然,作为一个大国,其国际区域观具有两层构架:所处地缘国际区域和开放世界下的国际区域。新时期的中国誓做新型大国,不走传统大国扩张、争霸、称霸的老路;尽管基于不同的情况、不同的利益,对不同的区域有着不同的相处方式,但有关现代国际区域观的基本理念和原则是相通的。比如,中国与非洲保持密切联系,但是,中国并不像欧美大国那样对当地国家的内部事务进行干预,极力构建和维护其主导地位,而是着眼于当地发展,以参与与合作的方式实现双方共赢。

总的来看,中国特色的现代区域观有几个突出的特征:其一,坚守国家独立、主权和平等的原则,反对强权、霸权;其二,积极参与和推动区域合作、

---

① 应该说,中国与印度、缅甸一起提出和平共处五项原则,是一个标志性的理念与行动。它表明,中国以新的定位来思考和发展国家间关系与地缘区域秩序。

区域治理,支持构建灵活多样的区域机制;其三,坚持"友邻、睦邻、安邻、富邻"的周边区域观,把构建命运共同体作为目标和行动导向。和谐世界、命运共同体构建融合了中国"和合共生"的传统思想文化元素,与现代独立、平等的国家观相融合,构成了中国现代国际区域观的突出特色。

推荐阅读:

1.[美]斯塔夫里阿诺斯:《全球通史:从史前史到21世纪》(下),吴象婴等译,北京大学出版社2005年版。

2.[美]彼得·卡赞斯坦:《地区构成的世界:美国帝权中的亚洲和欧洲》,秦亚青、魏玲译,北京大学出版社2007年版。

3.石源华主编:《中国周边学研究文集》,世界知识出版社2019年版。

第三章 国别与区域

作为世界与国家之间的中间层次，国际区域的形塑与发展离不开国家这一重要基础。正如第一章所言，不懂得国际区域中的国家，就无法真正懂得区域。国际区域的连接性和开放性使得国别的概念内涵和存在意义更加复杂多元，国别与区域的关系也愈加紧密。因此，将国家置于国际区域之中，即视国家为国际区域中的国家，能够为理解国家和区域提供一种新的视角和新的分析路径，同时能够在内容上深入探究国家—区域—世界的联动关系。正是这种联动关系，突显出区域的特殊地位以及区域构建对于国家与世界的重要性。

第一节 作为本位的国家

国家是人类社会组织和治理的基本单位，现代国家的主权与治理具有法定的地位。因此，研究国际区域，首先需要全面而深入地认识国家。国家在人类历史上已有数千年的历史。国家的职能是随着历史的发展逐步建立和完善的，因此，对国家的理解需进一步探究国家发展的历程及其构成特征。

一、国家发展的沿革

在人类社会的不同发展阶段，国家这一政治联合体相继呈现出众多形态。古希腊的城邦国家、众多政治联合体组成的神圣罗马帝国等，是近代以前西欧世界典型的国家形态；中国从夏商周时代开始就已建立起较为复杂，且相对于同时代其他文明而言更加规范和先进的国家组织。[①] 这些国家形态是从古代、近现代到现代，基于不同的历史条件和社会基础逐渐发展而来的，并经多种变体而日趋成熟。

早期国家主要以奴隶制国家、封建制国家为主。世界上第一个奴隶制国家当属公元前40世纪形成的古埃及王国，公元前30世纪的苏美尔王国、巴比伦王国、亚述王国以及公元前20世纪形成的印度和中国，也均为古老的奴隶制国家。世界上最早发展封建制度的国家为中国周朝，即秦始皇建立中央集权制度之前的时期。西欧的封建制度起源于中世纪时期，欧洲的贵族相应拥有法律地位及军事责任，基本特征是领主、封臣及土地，最早由法兰克帝国建立并发展。领主、封臣和采邑之间的关系与责任构成了西欧封建制度的基础。

就发展历程而言，近代国家先于现代国家而兴起，近代国家的一个主要发展趋势是从分散走向整体。在此过程中，民族作为国家主体的意识逐渐发展起来，从而形成了一种国家的集体意识，即民族认同——民族国家（Nation State）的认同。由此，民族国家也就有了现代意义。[②]

民族国家制度的确立可以追溯到1648年《威斯特伐利亚和约》的签订。主权观念的不断发展使得近代国家在国际事务中拥有了独立主权，并逐渐迈向现代时期。从整体看，近代社会与古代社会的本质不同主要体现在：其一，商品经济取代自然经济。古代社会主要采取自给自足的自然经济，而商品经济则是一种外向的、互动的、开放的经济形态。其二，以法律为标志的国家权力取代以君主为代表的贵族特权。近代社会建立法治社会，以国家取代王朝。其三，公民取代了臣民。公民观念强调人的价值和尊严，表明近代国家由臣民社会跨入公民社会。

近代民族国家是从传统的封建割据、王权专制以及外来权威的对立中产生的，强调国家政权、民族以及国家和民族利益的统一。近代国家与法律

---

① 参见李晓鹏：《迈向后现代国家：现代国家建构及其未来》，华中师范大学博士学位论文，2014年。

② 参见常士訚等：《现代国家及其政治制度：东亚与西方》，中国社会科学出版社2008年版，第2页。

有着密切的关系，成文法律是国家自身在实施主权过程中根据其意志制定并赋予合法性的制度文件。这种基于民族主权理念和法律治理的组织形态得以不断发展，为现代国家的形成奠定了基本的政治运作模式。

经19世纪后半叶到20世纪上半叶的建构，现代国家首先在西方世界中确立和巩固，并在第二次世界大战后伴随着快速传播的民族独立和解放运动的发展而被其他新独立国家所效仿。作为一种新的国家形态，现代国家区别于传统国家的主要特点有四，即确定的领土边界（领土国家）、以民族想象为基础（民族国家）、依靠理性官僚系统进行统治（主权国家）以及依赖民主寻求合法性。① 其中，最核心的区别在于，现代国家对领土内主权的独享和直接统治，确立了国家的自主性和独立性。这种组织形态具有深刻的双重性：国家是一个组织、一套体系、一系列的实践，同时国家也是一个主观构建，是一种想象。

现代国家经历了不同的发展阶段，即民族国家、官僚国家和民主国家。民族国家和官僚国家是在14、15世纪兴起并在19世纪终结的西欧的近代国家建构的产物，而民主国家则是20世纪西欧的现代国家建构的新特征，构成了现代国家区别于近代国家的核心标志。民族国家是西欧近代国家建构的直接产物，近代国家建构的成果首先表现为民族国家，它也构成了现代国家的核心支柱。② 官僚国家作为行政管理体制的一种类型，是特定政治统治方式的反映，体现了现代国家的理性化、法治化、规范化的政治统治特性，并彰显了现代政治的平等原则与现代国家中作为政治共同体的个体公民的法律和身份平等。③ 起源于西欧国家并为世界各国所广泛接受和学习的现代民主政治发端于西欧近代的国家建构，其不仅仅是在对国家信用的忧虑和对监控国家的要求中产生的，也是社会运动和民众争取的结果。④ 无论是

---

① 参见王匡夫、殷冬水：《何为现代国家——基于与传统国家对比的规范政治分析》，《江汉论坛》2018年第5期。

② 参见李晓鹏：《迈向后现代国家：现代国家建构及其未来》，华中师范大学博士学位论文，2014年。

③ 参见李晓鹏：《迈向后现代国家：现代国家建构及其未来》，华中师范大学博士学位论文，2014年。

④ 参见李晓鹏：《迈向后现代国家：现代国家建构及其未来》，华中师范大学博士学位论文，2014年。

哪种国家结构，现代国家都拥有一个强有力的中央政府或联邦政府，并能够通过专业化、职业化、常设的官僚机构和公务员所组成的官僚体系实现对基层社会的深度渗透和直接统治。现代国家以“法治”为国家治理的核心架构，同时遵行现代政治的核心价值和基本原则，如自由、平等、人权、民主、法治等。

现代国家的建构需要在部落、区域、宗教、族群等传统社会共同体逐渐弱化的基础上建立新的政治共同体。这一建立过程赋予国家不同的权力，主要包括基础性权力（infrastructural power）和专制性权力（despotic power）。前者指国家向公民社会渗透的实际能力以及在公民社会中合理推行政治决定的能力；后者指无须与公民社会中的群体进行任何形式的制度化协商，国家便有能力采取行动。① 这些权力的行使增强了现代国家的独立性和自主性，促使国家向更加成熟的组织阶段发展。

二、现代国家的构成特征

在国际法中，现代国家主要分为两种类型：一类是单一国家，如中国，即若干行政区域组成的统一的主权国家。单一国家拥有单一宪法，人民拥有单一国籍。中央政府行使最高的行政、立法和司法权力，统一处理国家内外事务。另一类是复合国家，即两个或两个以上的成员国组成的国家或国家联合体，主要有联邦国家和邦联国家两种形式。联邦国家指两个或两个以上成员国根据联邦宪法组成的国家，设立统一的联邦宪法和立法、司法、行政机构。邦联国家则指两个或两个以上成员国依据条约组成的国家联合体。邦联国家没有统一的立法、行政和司法机构，通常设立一个机构，负责协调各成员国。

不论何种类型，现当代国家作为一种主权国家，其构成必须具备四个要素。

第一个构成要素是主权。不仅是在过去，更是在当前，主权一直是人类

---

① 参见［美］约翰·坎贝尔（John L. Campbell）、［加］约翰·霍尔（John A. Hall）：《国家的世界》，闫健译，中央编译出版社 2018 年版，第 9 页。

思想史上最为重要的概念之一。[①] 主权是一国独立自主地处理内外事务的最高权力，是构成国家的本质属性，也是区别国家与其他团体组织的最核心要素。主权具有至高无上的排他性，不可分割，不可让与。作为现当代国家的固有权力，主权表现为三个方面，即对内的最高权、对外的独立权以及防止侵略的自卫权。

第二个构成要素是领土。领土是国家主权管辖的地域范围，包括陆地、水域及其底土和领空，是国家赖以生存的物质基础，也是国家行使主权的范围和空间。国际法中的领土概念与国家和主权的概念密不可分，领土主权通常就是“国家主权”的同义词，意指一国在其领土上行使国家职能所需的充分权力，换言之，国家在其领土上行使排他的管辖权。一般而言，除先占、割让、添附、征服等传统的领土取得模式外，现代国家还发展出了一些新的独立获取领土权力的来源，如条约、新国家的建立、有权机构或国际组织的处置和一国放弃/默认的国家单方行为等。[②] 对于一个国家来说，领土是最重要和最根本的存在基础和发展基础，因此在领土问题上不作任何妥协。

第三个构成要素是政权组织。政权组织即广义的政府，是国家在政治上和组织上的体现，是具体代表国家执行政治统治和社会管理的组织机关。主要包括立法机关、行政机关、司法机关、军队、监狱等机关部门。政权组织特别是组织中央政权机关的原则与方式，体现着国家统治集团的意志和利益要求，是一国存在的重要组织基础。现代国家的政权组织具有不同的运作机制，主要包括：(1)君主立宪制。此种组织形式以君主或国王为国家元首，君主在实际上或名义上掌握政权。君主具有终身性和世袭性，其拥有的权力在一定程度上受到宪法的限制。(2)民主共和制。该形式强调国家权力属于人民，由人民选举组成国家机关，并具有一定的任期限制。在民主共和制中，议会、政府和司法对权力进行一定的分配。(3)社会主义民主共和制。该形式强调国家的一切权力属于人民，人民通过选举代表组成各级国家机关，采取民主集中制原则行使管理权力。采取这一类政权组织形式的

---

① 参见陈序经：《现代主权论》，张世保译，清华大学出版社 2010 年版，第 3 页。

② 参见罗欢欣：《国际法上的领土权利来源：理论内涵与基本类型》，《环球法律评论》2015 年第 4 期。

国家主要有中国(人民代表大会制度)、朝鲜(人民会议制)等。

第四个构成要素即为定居居民。居民是形成国家的基本要素之一,也是国家行使权力的对象。主权国家在国际法中的权力不受居民人口规模和族群构成的影响。

以上四个要素是紧密相连的,因此根据国际法的界定,国家是具有一定的主权、领土、政权组织和居民的社会实体。基于这些要素,国家行使特定的政治权力。其中,最高权力或最终权力是国家主权,是一切国家权力的源泉。具体执行政务的权力即为治权,或称"管制权"或"治理权"。

三、国家的主权与治权

现代国家的对内最高权力和对外独立权力,是主权构成的两个核心要素。主权是构成国家合法性的关键基础,是国家的固有权力,国家主权原则是国际法不可逾越的基本准则。法国思想家让·布丹(Jean Bodin)首先提出了"主权"概念,认为主权是一国享有的绝对的、永恒的、不容分割并凌驾于法律之上的最高权力。① 作为一国存在的基本价值体现,从具体意义看,国家主权的独立自主性主要体现为外交权、缔结国际条约的权力、维护国家安全的权力等。最高权威性体现在政治上,具体表现为颁布国家制度和政治体制权、立法权、司法权,制定政策权等;经济上,具体表现为维护经济安全、自然资源和天然财富的主权、财政权、宏观经济决策权等。② 作为独立的核心标志,主权赋予国家不受他国干预的最高权力,要求国家独立自主地处理国内外事务。继《威斯特伐利亚和约》接受了"主权"概念以来,国家主权普遍得到确认和巩固,截至目前,世界上共有 197 个主权国家。主权国家以主体民族建构国家权力机制,构成对内保护、对外御敌的国家功能体系。

这种民族国家的主权机制持续发展了数百年,并使得主权在不同领域被赋予了相应的内涵。但在全球化和全球治理影响愈加显著的当代社会,主权国家的中心地位同样面临一定的挑战,具体表现在政治主权、经济主

① Jean Bodin and Julian H. Franklin, *On Sovereignty: Four Chapters from the Six Books of the Commonwealth*, Cambridge: Cambridge University Press, 2003.

② 参见黄仁伟、刘杰:《国家主权新论》,时事出版社 2003 年版,第 138 页。

权、文化主权等各个领域。

一是国家的政治主权在人道主义干预政策的影响下，受到明显挑战。在《威斯特伐利亚和约》的框架中，内政主权不受干预，这是主权的标志性指标。但在人道主义干预政策下，国家的内政权力明显受到挑战。这种干预常常是大国尤其是超级大国对其他国家尤其是相对弱小的国家进行的强行干预，尽管不乏人道主义关怀，但也不排除本国利益的考量。一旦主权国家的内政事务受到外部强力干预，主权的受损就无可避免。与此同时，当国际社会越来越诉诸国际条约解决问题的时候，尽管加入条约是出于国家自愿，但国家处理内政事务时也多受到国际条约的约束与制衡，主权的传统结构因而无法继续维系。

二是国家的经济主权在全球经济资源流动的背景下受到明显冲击。发达国家获益较多，发展中国家获益较少，欠发展国家几乎是纯粹付出，经济全球化造成一种收益的不平等。这会使一些国家认为自己的经济主权受到侵害。

三是在西方文化模式的冲击下，传统国家的文化底线面临一定的挑战。全球化使得全球文化趋于同质性甚至一致性，曾经依托于不同国家历史传统的多彩而独特的世界文化不断呈现一体化的可能。[①]

主权所面临的上述挑战表明，随着国际社会的不断演变，主权的形态和内涵也在一定程度上有所调整。然而这并非意味着主权作为民族国家的核心权力的性质发生变化，主权仍是一国最关键的基础性权力，是国家立身的根本。主权在政治、经济和文化等领域的表现不是孤立的，而是基于主权整体内涵的不同分支而同时存在，相互嵌套成为一个主权有机体。因此可以说，面对全球治理的挑战，主权在不同领域作出相应调整，但其核心要素并未改变。这也表明，基于主权的民族国家仍是全球化和全球治理体系中至关重要的本位，是治理的关键力量。

治权即治理权，是对主权的发展，指一国政府对国家进行治理的权力。该权力由主权所有者赋予，是主权的一种派生性权力。孙中山曾界定，“治”

---

① 参见任剑涛：《找回国家：全球治理中的国家凯旋》，《探索与争鸣》2020年第3期。

是管理众人之事,集合管理众人之事的大力量,便叫作“治权”。治权即为政府权,相对于政权这一管理政府的力量,治权是政府自身的力量。[①] 治权属于政府,因此具有合法性,这是治权所不可违背的和不可废除的基础。[②] 作为一种源于主权的操作性权力,治权的内容范畴较为广泛,具体包括行政权、立法权、司法权、考试权、监察权五种。作为治权的主体,政府——中央政府及地方政府——根据不同的治权依法治理国家。政府以合法性为必要条件,其中中央政府与地方政府之间主要是一种自上而下的权力秩序关系,地方政府行使治权需经掌握主权的中央政府的授权。

就民族国家而言,治权与主权之间是一种辩证关系。其中主权在上,治权在下,二者相互统一。民族国家的治权建立在主权的基础之上,并由主权赋予合法性,同时主权也在治权的有效行使过程中不断得到巩固。通常情况下,一个主权国家有且只有一个施行治理权的机关即政府,治权由主权衍生而来,也是主权的具体行使方式。主权是内核,治权是保护带,二者互为表里。没有主权者的授权,治权则沦为“非法统治”;没有治权,则主权会出现虚化。[③] 尽管在特殊情况下,主权与治权之间在理论上是可分离的,治权的行使者并不必然是合法的主权所有者,但在实际的民族国家体系中,治权与主权更多具有不可分割性。

以上诸特征和要素构成了作为国际社会的主体和中心的国家,后者经历了长期的历史演变,在前国家形式的基础上逐渐向后期国家过渡,最终发展为民族国家这一现代国家的基本形式,也成为当今世界治理中最重要的单元。

国家为本位的主权与治权是保证国家独立性的基础。但是,国家本位也存在诸多缺陷。其一,国家的地理划分会导致资源分配的不均衡和国家间的矛盾。限定地理范围的国家会存在资源拥有上的不平衡,有的国家资源丰足,有的资源稀缺。而且,自然资源的分布具有跨界性,基于国家主权

---

① 参见孙中山:《孙中山选集》,人民出版社 1956 年版,第 767—791 页。

② 参见[德]马克斯·韦伯:《论经济与社会中的法律》,[英]埃德华·希尔斯、马克斯·莱因斯坦英译,张乃根中译,中国大百科全书出版社 1998 年版,第 261 页。

③ 参见张笑天:《试论主权治权分离的理论基础与现实可能》,《台海研究》2015 年第 4 期。

与治权的定位，存在跨界分割的矛盾。因此，需要国家之间进行协调与合作。其二，国家实力的差异会引起国家间不同程度的冲突。国家大小不一，存在实力上的差别。实力强大者往往进行扩张，以武力侵犯其他国家，或者对其他国家实施霸权，也会因其他原因导致国家之间的冲突，这些冲突主要发生在近地缘区域国家之间。在现实发展中，国家的重要性与主体地位不断得到巩固，同时，近地缘成为各个国家对外联系的首要因素，由此构成了基于国家本位的国际区域。从这一点来看，区域可被视为由作为本位的各个国家连接、拓展而成的国家组合体，因而具有国际性，这是理解国际区域的重要一点。

第二节　国际区域的构成

就含义而言，“区域”不仅可用于指相对于全球和国家而言的地理意义上的概念，也可作为一种非国家的社会历史单元或一种世界地缘政治和经济结构变动的产物，指政治、经济、历史和地理相结合的过程。[①] 从国家的视角看，区域具有跨国的性质，因此可称为“国际区域”，以区别于目前存在于国家范围内的“地区”。国际区域视域下的“区域”是一个多国共处的整体空间，其间包括诸多超国家的共同领域，即共域链。[②] 这些共域链是构成国际区域的内在连接机制，涉及区域内各国的共同利益，因此，需要以共同参与的方式实现分享与共治。

一、区域连接：地缘、人文、利益

区域连接是指国际区域基于不同的共同领域所进行的超越国家边界的连接，具有较强的共域性。此类连接包括地缘连接、环境连接、经济连接、安

---

① 参见王正毅：《边缘地带发展论——世界体系与东南亚的发展》，上海人民出版社2018年版，序言，第2—3页。

② 布罗代尔认为区域应有三个特征：(1)有明确的界线，并且能够被认同；(2)有中心，包括城市和一种资本主义（无论采取何种形式），这个中心可以相互取代；(3)有等级，这个地区通常是单个经济之总和，有些贫穷，有些富裕，由此出现不平等。参见 Fernand Braudel, *Civilization and Capitalism: The Perspective of the World*, Glasgow: William Collins Sons and Co. Ltd., 1984, p. 25.

全连接、人文连接等，其中地缘连接、人文连接和利益连接是主要的连接形式。这些区域连接构成了多国家共同存在的空间，并影响着区域内关系和区域间关系的发展。

（一）地缘连接

地缘连接即地理连接，是一种由地理位置关系形成的连接，多具有独特的内在联系和利益基础。这种地缘要素所构成的共同域首先形成了国家，所以具有鲜明的国家特征。但地缘连接仍存在资源的共域、共享问题。如河流因属地的不同具有不同的国家属性，河水具有公共资源的性质，海域具有天然的连接属性，许多存在形态甚至是不可分割的。

地缘连接主要的表现形式以地理区位为基础，将相邻或相近的国家相互连接起来，由此构成一个以特定区域范畴为依托的国家域。这种连接主要有以下几点特征：一是地理区位是核心连接要素，由此相连接的国家具有区位上的相近性或相邻性。这是地缘连接最主要的特征，也是决定区域连接形式的最直观因素。二是地缘连接所构成的国家共域即为特定区域，区域内各个国家之间的关系构成国家对外关系的主要内容，即周边国家关系。改善与加强周边国家关系是一国和平发展的根本保障，也直接关系到特定区域的安全和稳定。三是地缘连接越紧密，区域特性就越强。较高的地缘连接度有助于区域内的国家间互动，也利于形成以地缘为基础的合作性区域。

从地缘角度来看，区域是一种自然属性，但区域的自然属性也具有政治与社会要素连接的内涵。地缘连接构成的区域具有一定的国际性质，因此这种共同域中不仅涉及区域内关系，也包括区域间关系。区域内关系多种多样，但区域内的国家间关系是最主要的关系；区域间关系则是两个或两个以上的不同区域之间在共同域的基础上进行连接，由此在连接域中形成的不同关系。这些不同的关系发展表明了地理自然属性与国家属性之间的关系，特别是二者之间的平衡与矛盾，这也是国际区域学中所强调的地缘的独特性。

（二）人文连接

人文连接指区域通过民族、宗教、思想、文化、历史等相对显性的共同人文元素相连接。例如同属一个民族的族民往往分布在较广泛的区域，并按照地理区域被划分到不同的国家。这些同一民族的民众之间通过相互联系为其所属国家之间和区域内的人际交往提供了重要渠道，并构成了以民族为主要特征的区域。世界上许多民族是分散在不同国家的，这些居民除了国家身份的认同，还有区域性的民族身份认同和跨国的联系。宗教作为群体共同的信仰，通常具有特定的区域范围，以内在的方式渗透到不同国家的社会生活中，并对国家政治产生重要影响。同时，宗教往往进行跨区域传播，从而形成多个区域间的连接。譬如中东有诸多国家，但从伊斯兰教的宗教连接而言，中东作为一个区域依然有实际的存在意义。

延伸阅读

犹太教、基督教、伊斯兰教是中东地区的三大主要宗教，也是连接中东各个国家的重要因素。通常，具有相同宗教信仰的国家和民众易形成特定的宗教亲缘，而不同宗教信仰的国家和民众则易滋生宗教矛盾和冲突。因此，宗教因素既是促成中东地区相连接的一项重要因素，也是引发中东问题的关键所在。

在思想观念方面，一种思想或观念得以传播，最直接的方式是通过近地缘区域这一要素，由此形成的思想或观念的跨国传播经不断积累形成了具有区域特色的共同思想或观念圈。我们经常用"西方国家"指代英、美和其他欧洲国家，尽管不是很准确，但这些国家均受到古希腊罗马的影响，还是存在一定的共同思想观念的认同与联系。文化是区域连接的一种重要元素，具有相似或相同文化特征的不同国家之间的交流与互动使得文化在跨国、跨区域过程中得以发展，经长期积累形成带有区域特征的文化圈。基于地缘上的便利，一种文化得以沉淀和发展的重心通常是在一定的区域范围内，因此文化连接具有较强的区域性。历史也是一种重要的区域连接要素，不同的国家或区域因共同经历某一特定历史而拥有"共有的历史感"，并基于此进行跨国或跨区域连接。共有历史基础上的区域连接体现了国家或区域的共同发展经历和相互间的关系，也体现了国家、民族、文化的不同以及相互间的矛盾冲突。

人文连接多是长期历史积淀的结果，对于国际区域的建构具有重要作用。人文的多样性、开放性、传播性和传承性等特征使得不同区域、不同国家之间产生各种形式的跨界交流，从而增强了区域连接性。这种交流也会出现文化竞争，维护民族文化的主体地位是各国文化价值的导向。整体来看，在国际区域中，不同文化间的交流互动在促进国家之间或区域之间的沟通、理解等方面能够发挥特殊的作用。

（三）利益连接

利益连接指通过共同的利益所进行的连接，国际区域的利益是区域主体从事区域活动的根本动力与目的。从广义上看，区域利益是区域在国家经济、政治、文化等方面的发展中，由自己的贡献和地位所确定的各方面的总体权益。[①] 利益连接正是不同国家或区域基于经济利益、政治利益、文化利益、社会利益等进行的跨国或跨域连接，因此，利益连接又可具体分为经济利益连接、政治利益连接、文化利益连接以及社会利益连接等。其中经济是国际区域最直接和重要的连接，区域经济发展的基础是利益共享，即各方都能从参与中获益。区域内和区域间可通过多种方式进行经济连接并推进区域经济化发展，如建立区域经济合作组织或经济共同体，打造市场开放、政策协调的一体化区域经济；构建自贸区，签订基于规则的市场开放协议，促进区域内贸易、投资的发展；开展经济合作，构建区域基础设施、通信和电商网络等。

区域内部以及区域之间不同领域的利益连接形成了一种重要的表现形式，即区域性机制的建构。此类区域机制实为区域相关行为体为协调相互之间在特定领域的关系，以更好地实现利益最大化的具体运行方式。通过建立区域性机制，区域内和区域间行为体能够就特定领域的利益达成协商共识，形成有效的合作方式，从而有助于推动区域合作以及区域一体化的发展。可以说，区域机制既是利益连接基础上区域各行为体共同获利的重要保障方式，也是区域稳定发展和区域合作共赢的一种主要路径。这种区域性机制的建立主要基于几个要点：一是以协调、协商、共赢、合作为基本原

① 参见程必定主编:《区域经济学》,安徽人民出版社 1989 年版,第 189 页。

则，基于多方共识形成特定的行为指导；二是以制度保障为基石，以优化合作、扩大共识、深化区域合作广度及深度为宗旨；三是最大限度地共享区域利益是建构区域性机制的关键。

区域政治建立在国家政治的基础上，政治利益连接侧重于共同的政治制度、政治认同和共同区域安全等利益要素。第二次世界大战后经《联合国宪章》的明确规定，国际区域政治有了基本的规范和原则，其中最重要的几点为：认同国家主权独立和政治多样性；和平与合作共处；开放、包容，互学、互鉴，开展平等参与的政治对话；建立区域对话与合作机制等。在共同的政治制度、政治认同基础上，不同国家、区域相互连接。另外，区域安全也是政治利益连接的一个重要元素，具体包括与国家间关系相联系的安全问题，或跨国安全威胁扩散问题以及共同安全等问题。就安全的性质而言，区域安全也同样有传统安全与非传统安全之分。这些安全问题大多具有共同安全的性质，其威胁与损害不仅仅限于单个国家，往往具有较强的区域性特征，因此需要区域内各国或各区域通过连接共同应对。

文化利益连接是国际区域连接重要的组成部分，也是各国或不同区域为维护主体文化，避免或抵制文化冲突、文化霸权而进行的连接。这种文化利益连接多出现在具有"同质特征"的文化圈中，同一个文化圈中的各种文化之间进行交融，形成对先进文化的吸收与认同。世界主要的文化圈都有很强的区域性。① 东亚文化圈连接的主要元素是儒学文化、佛教文化和汉字；拉丁文化圈连接的主要元素是天主教及新教各派文化、基督教价值观等；伊斯兰文化圈连接的主要元素是伊斯兰教文化，包括人们对伊斯兰教的信仰、阿拉伯文字的使用；印度文化圈连接的主要元素是印度教和佛教文化；东正文化圈连接的主要元素是东正教文化。这些历史积淀持续影响着现代区域文化的发展，不同的文化元素构成了区域独特的文化利益，使得各个国家或区域在相同文化的基础上形成同一种文化观念，进而生成一定的"共同体感"。

经济利益连接、政治利益连接和文化利益连接等均表明，在跨区域的交

---

① 比如，儒家文化圈、伊斯兰文化圈、东正教文化圈、基督教文化圈都有区域性分布的特征。不过，在一个区域内也存在不同的文化圈的扩延，在一些地区存在对"非主流"文化的排斥，或者同一文化系列内不同派属之间的矛盾和冲突；在有的地区，比如东亚，就具有多元文化并存、友好共处的特征。

流交往中，各地区和各国为实现利益最大化，需要妥善处理区域与区域之间、国家与国家之间的利益关系。因此，利益连接是发展良性国家间关系、区域间关系的重要内容。

二、区域的共域性资源

在区域范围内，国家之间存在诸多共有的领域，通常被称为国际区域的“共域”或“同域”。在很大程度上，也正是这些同域的存在，才更突出国际区域的特征与意义。最为突出的自然性共域，主要包括水、自然资源、气候、海域和空域等空间和领域。这些共域性领域相对独立于其他类型的领域，尽管大多在归属上可能被不同国家拥有，但是，它们的存在是跨国家的，往往贯穿于整个区域或多个区域之间。区域的共域性资源具有专属性与开放性的双重特征，也具有一定的独立性和多元性。共域中的行为体不仅包括各个国家，也包括多元的非国家行为体，这些行为体之间进行复杂的动态互动。

就不同的共域而言，一个共同领域作为一个独立的问题或者议题得以确立的前提是，各国意识到该问题需要共同应对和解决的迫切性，并将该问题从其他领域中分离出来，使该问题成为一个共同参与应对和解决的领域，这就可以推动形成基于共域的共识。从这一点来看，共域是区域各方的共同利益领域。① 在很大程度上，也正是因为存在这些基于共域的共同利益，才奠定了区域治理的基础。

事实上，共域不仅为国际区域各方提供共同的利益，同时也赋予各方共同的责任，即在维护共同利益、参与区域治理方面承担责任。共域治理是区域治理的重要组成部分。国家作为治理主体，以合作的方式制定相应的共域治理机制和规则，开展治理行动，承担相应的责任，为治理提供多方面的支持。

共域治理可以作为独立的问题，通过建立合作机制进行，也可以置于综合性与合作性组织之下进行。比较有效的方式是基于目标导向性的功能性治理，即针对具体的问题制定治理规划并实施具体的行动。功能性治理指

① 参见管治国：《日本参与国际环境制度的绩效研究——基于共域模型的分析》，外交学院博士学位论文，2011年。

参与方通过共同参与的合作方式，制定共同遵守的法规、签订相关协议。功能性治理具有较强的选择性和针对性。一方面，在一些具有自然性争议的领域，如跨境河流的治理（特别是水资源），自然资源的利用与开发，海域资源、生态的管理，生态环境的保护等，参与方通过制定规则、签订协议等方式，实现区域治理的目标；另一方面，在一些公共性强的领域，如市场开放、跨境公共安全（抵制走私、毒品、极端势力等）、人员流动、资本流动等领域，各治理行为体通过签订合作协议实现区域的有序安排与治理。在构建合作框架和参与上，功能性治理不要求区域内所有成员都参加，在许多情况下，所签协议或实施的项目往往是由几个国家先行参与，其他国家后续参加。

延伸阅读

澜沧江—湄公河水资源治理问题，已成为相关国家共同关注的重要议题之一。老挝、缅甸、泰国、越南、柬埔寨、中国是湄公河流域的共域国家，基于对水资源安全问题的关注，六国确立了大湄公河次区域合作机制。此外，泰国、柬埔寨、越南、老挝等四国成立了湄公河委员会，作为区域性水资源合作法律机制。这些治理机制是典型的跨区域的共域治理方式，旨在在符合各国利益的同时维护水资源开发秩序。

三、区域与国家

尽管国家是构成国际区域的基础和主体，国家对国际区域的认同和参与是国际区域构建的关键，但基于各方面的原因，国家的存在与发展也绕不开区域。从这个角度来认识，国家是国际区域中的国家；从国际区域学的角度来认识，“区域中的国家”这个认定是具有实际意义的。

区域中国家的认定使得国家对于区域有归属感。国家的地缘归属是永久性的，不可移动，也不可能改换，因此，国家对于区域的认同是出于一种内在的感知，区域是所有所在国的共同家园，国家有着爱护区域和维护区域的责任感。当然，出于多种原因，区域并非总是为国家带来福祉，也会因自然原因或人为因素使国家遭受损害，这也成为区域合作的驱动力。各国通过合作使区域走向良治。在很多情况下，区域合作都是危机、灾难逼迫与驱动的结果。

区域中国家的认定使得国家对区域特别重视。国家认识到，区域中的国家是与区域紧密相连的，并且可以从区域中获得利益。基于对区域重要性的认知，国家愿意赋予区域统筹治理的权力，即让渡部分国家的治理权。这是开展区域合作的基础，也是各国积极主动参与区域合作的前提。

区域中国家的认定使得国家对区域利益有着直接的认知与期盼，特别是对于共域性的领域有着直接的感知与认同。区域共同利益是区域各国紧密关联的黏合剂，也是推动各国开展合作的动力，特别是在开放与相互依赖的时代，区域往往能够提供更为直接和更多的利益。为此，国家愿意对区域合作给予更多的支持和投入。

区域中国家的认定可以让国家对于区域负有更大的责任感。作为区域的成员，国家对于维护良好的区域关系、保护区域的资源和环境承担更大的责任。事实上，在许多方面，问题往往首先或者主要出于区域范围，且区域国家承担主要的责任，因此，国家对区域的责任感与确保负责任的行为，是至关重要的。

显然，将国家与区域紧密联系起来，从国家与区域两个层次理清并深入探究二者之间的关联性，对于从学理角度理解二者之间的内在关系具有重要意义。[①] 对国际区域中的国家之研究，重点研究国家的政治、政策和对外关系，特别是国家与区域的关系，国家参与区域治理的政策、作用等。具体而言，在研究制度、政党、政局的同时，更注重国家对区域认同、区域构建的研究；在国家政策研究中，注重国家在区域构建与治理中的参与和对区域发展进程的影响；关于国家对外关系，更注重国家与区域国家的关系及国家间关系对于国际区域的构建与发展的影响。

区域与国家的关系表现在不同领域，并受到诸多因素的影响，其中主要包括区域制度、区域关系、国家政策、国家对外关系等。区域制度建设是区

---

① 参见任晓、孙志强：《区域国别研究的发展历程、趋势和方向——任晓教授访谈》，《国际政治研究》2020年第1期。

域构建的重要内容，可分为以区域主义理念推动和引领的制度化建设以及以功能性理念引领的机制化建设。前者多由各区域国家组织建立的区域组织负责，后者则不需要特定的区域组织，而是通过区域国家签署的协议、条约、原则等方式。不论是区域组织形式还是协议等形式，它们对于区域成员国具有不同程度的约束性，成员国有责任和义务遵守共同制定的法规和原则等。这些互动一方面建构了国际区域的独特性，另一方面也影响了各个区域中国家的成长与变化。一般情况下，制度建设程度越高，区域秩序越趋于稳定，区域内国家的发展环境越有利，国家间关系的发展也越紧密。这种制度建设会深化区域各国的区域观和区域身份认同，也有助于国家赋予区域以更大的治理权，更有意愿参与到区域事务中。从认知和定位的角度看，具有相容性区域身份认同的国家能够在区域构建上形成共识，并在此基础上采取合作行动。因此，区域的制度建设对于国家区域观的塑造以及国家间互动关系的发展具有重要作用。

区域关系也是影响区域与国家关系的一个重要领域，从关系结构上看主要包括区域内关系和区域间关系。区域内关系即在一个特定区域内部形成的国家间与非国家行为体间的关系，良好的区域关系建立在区域内各行为体利益共享和秩序共建的基础上。这种关系既有益于区域内各国的发展，也能够为国家间和平共处提供良好的环境。同时，要实现良好的区域内关系，也需要区域内各国的自觉共建行动。因此，区域内国家的发展以及区域国家间关系的发展对于区域内关系的走向同样具有重要影响。区域间关系是不同区域间国家和非国家行为体之间形成的跨区域关系，其中国家是实践的主体。[①] 良好的区域间关系一方面由国家和非国家行为体通过协调互动构成，另一方面也为区域内国家的发展拓展了域外活动空间，对改善不同区域的国家间关系具有重要意义。

区域关系涉及许多因素，并呈现出复杂多变的特征。就区域内关系而言，结构与秩序会随着各种构成要素的变化而不断调整，有些调整是稳定渐进的，有些是激烈剧变的，后者往往导致区域关系的矛盾冲突，甚至战争。

---

① 参见郑先武：《区域间主义治理模式》，社会科学文献出版社2014年版，第50页。

在一些情况下，强国治下的地区关系和秩序能够维持一时的稳定，但难以维持长久。随着强国衰落，会出现原有区域关系结构与秩序的崩塌。良好的区域关系需要建立在基于合作的区域规则与法律基础之上。

> **延伸阅读**
>
> 区域秩序的形成是多种力量相互作用的结果，直接影响区域关系的发展。权力转移理论通常认为，地区大国的兴衰与区域秩序变迁之间有着密切联系，即大国兴起意味着新的区域秩序的建立，而大国衰落则会导致由其建立的区域秩序趋向瓦解。进攻性现实主义理论认为，区域内新崛起的大国通常寻求建立以自身为中心的区域秩序，从而与既有秩序产生冲突。自由制度主义理论则认为，大国兴衰或新兴大国的崛起并非必然导致区域秩序的转变，相关大国更多地会基于现有区域制度框架进行竞争并对其修正。

区域国家出于政治、经济、安全、利益、文化、宗教或战略等多种考虑，制定和实施有关区域政策。各国的区域政策有着很大的差别，同时会在不同时期随着国家政策的调整而适时变化。一般地，对于能够带来直接利益的区域事务或区域制度，国家多选择直接参与和合作，而当受到的制度性约束较强或与国家特定时期的发展战略相冲突时，国家会选择消极地参与政策或直接退出已经参与的组织及合作议程。[①] 国家政策对一国参与区域建构的路径机制和程度方向具有决定性影响，同时，区域建构的发展也密切影响着国家政策的制定和实施。总的来说，与区域国家诸利益相契合的区域机制和制度更易于吸引区域国家的参与，区域观强的区域也有助于促使区域

---

① 比如，1965 年欧洲经济共同体因法国不参加会议而发生“空椅子”危机。原因是欧洲经济共同体委员会主席试图将欧共体部长理事会的表决机制从全体通过制改为多数通过制，以扩大欧共体委员会的权力。法国总统戴高乐对此采取了消极抵制的政策，法国驻欧共体代表连续 6 个月缺席欧共体会议。再比如，2013 年 1 月 23 日英国首相卡梅伦提出英国通过公投退出欧盟。经过多年努力，2017 年 3 月 10 日，英国“脱欧”进程正式启动。2020 年 1 月 30 日欧盟正式批准英国脱欧。

国家选择积极的区域参与政策。

在国家对外关系中，区域关系占据非常重要的地位，大多数国家都会把所在区域的国家列为最为重要的关系，从而形成有别于其他区域的对外关系。国家间关系受到多种复杂因素的影响，由此呈现出良性或紧张的关系状态。这种国家间关系是动态性的，随着国家在不同时期的互动而有所变化。通常来看，良性的国家间关系有助于国际区域的和谐，而紧张的国家间关系则会影响国际区域的构建与发展。反之，国际区域的建构也能够在较大程度上改善国家间关系，如国际区域的制度化和机制化建设能够为国家间互动提供更多协调协商的平台，并通过共同的规范和程序促进国家间关系的改善。

区域是一个客观存在，并非只是一个“想象的共同体”。作为一个具有国际性特征的整体，区域通过多种方式进行连接，并形成一定的共域。这些空间领域的存在和发展，需要区域层面的管理和治理。国家仍是区域的主体和本位，在区域管理和治理过程中发挥核心作用。在参与区域建构的过程中，国家与区域形成紧密的互动关系，具体表现在不同领域，并受到诸多因素的影响。

第三节　国际区域定位

区域定位包含两个要素：一是客观存在，即基于多重连接的实际存在。区域存在的客观性是不可改变的，从这个意义上说，区域的客观存在是区域定位的基础。二是主观认定，即所在国家对所处区域的认知与态度。尽管不同国家对区域有着不同的认知和态度，但区域客观存在的基础使得各国在基本认同上有着共同性，或者说是共识，而区域共识则为区域定位提供了基本保证。

如何基于国家这一主体和本位正确认知区域的角色属性和特征，是区域定位的重要内容。一般来看，区域定位与区域连接相类似，主要从地理空间、功能和理念等角度考虑三种因素，即地缘、利益和文化。这些不同维度的区域定位对于理解什么是区域、区域是如何划分的以及区域划分出于何种意识等问题具有重要意义。

一、基于地缘的区域定位

地缘指两个国家或区域由于地理位置上接近而产生的关系，是区域定位的基础。一个区域的形成首先基于特定的地理范围或空间，在此意义上区域主要分为大区域、次区域和小区域三个层次。由不同的洲组成的为大区域，而在洲域内进行的不同划分则为次区域，在各个次区域内由几个国家构成的相邻区域为小区域。从连接紧密度看，越邻近的区域互动越多，连接紧密度也越高。因此，小区域的紧密度通常强于次区域，后者又强于大区域。这些基于地缘的区域定位并非仅仅是一个地理范畴，大多具有特殊的内在联系与利益基础。

以地缘为基础的区域定位首先明确了区域作为特定地理范畴的存在，区域的形成通常基于一定的范围，这是区域在一般意义上的属性。基于地缘形成和发展的区域具有基本而独特的功能：一是区域作为一定范围内具有某种意义上的边界的空间，对民族国家的地理属性进行划分和巩固。尽管区域主要由国家构成，但区域的地缘性反过来又能够使国家边界得到进一步明确，并促使区域内国家形成特定的区域意识和观念。二是地缘为同一区域内的国家或相邻区域提供了互动条件，通常地缘越近，国家或区域间的互动相对越紧密，由此促成的政治、经济、安全、文化等领域地缘合作的可能性就越大。三是地缘对国家间关系和区域间关系的发展具有重要影响，多样性的联系会产生不同的关系模式。相邻性既可以使国家间守望相助，和谐相处，也会发生由权力争夺、霸占、吞并等驱动的冲突和战争。四是地缘使区域各国或不同区域共享公共的自然资源和生态环境，后者被赋予了国家间关系的性质。这些共域使得各国都有控制和利用资源和环境的权利，同时也需要各国都对资源和环境进行综合调配、管理和治理，由此强化了区域内或区域间各国的互动关系发展。

基于地缘的合作是由地缘相近的国家和地区进行的，方式和层次多，主要是基于区域共同利益的现实需要，可以建立区域合作机制与组织，也可以开展问题导向的功能性合作机制、议程与项目。无论是在大区域层次，还是在次区域层次，都已经发展起了各类合作。在大区域层次，合作的目标具有综合性，以构建区域的和平为重心，已经建立起了许多区域组织，比如欧盟，已经具备很高层次的区域综合管理功能。在次区域层次，比如东盟，已经开启了建立区域共同体的进程；也有的建立了功能性的合作机制，如自贸区等。在小区域层次，基于共同关注的利益，各个国家开展了更加务实与成效显著的各种合作，有的已经建立起常设性合作机制，有的则通过制定合作规划共同推动合作议程，如围绕河流、海域的合作，旨在推动经济合作增长区的合作。①

由于地缘的因素，相邻国家之间存在各种联系与相互利益，同时也存在诸多矛盾。事实上，邻国之间往往存在诸多的恩恩怨怨，在一些情况下，甚至发生冲突和战争，解决这些矛盾首先需要当事方的直接参与，通过协商与谈判的方式化解矛盾，制止冲突。基于长期的考虑，需要建立合作机制或者组织，构建共同遵守的规则与秩序，使得相互间关系、经济交往、资源开发、环境保护、人员来往等得到协调管理与治理。

二、基于利益的区域定位

国际区域是一个体现着混杂、跨界和多重认同特点的空间概念，在结构上是多层的。② 区域利益是一种基于现实的空间定位，体现在政治、经济、文化、安全等各个领域，从国家层面到机构层面和个人层面，都有着利益驱动的动机与动能。

基于国家利益的定位，既有综合意义上的区域构建，也有针对某一领域需求的功能性构建，在一些情况下，功能性构建不受近地缘的限制。利益定位展现了区域内各国或区域间国家为实现某一共同目标而参与区域事务，有的区域性机制构建实行"开放的区域主义"，邀请其他区域的国家参加。实际上，出于现实利益的考虑，国家的区域定位可以同时有多个选择，不一定仅参与一个区域。

① 参见宋涛、李功、胡志丁：《地缘合作的理论框架探讨——以东南亚为例》，《世界地理研究》2016年第1期。

② 参见汪晖、王中忱主编：《区域》，社会科学文献出版社2014年版，卷首语。

基于利益的区域定位主要突显区域的功能性角色。利益基础上的定位意在明确区域在政治、经济、文化、宗教、安全、战略等领域的功能，区域内或区域间主体国家在诸领域中共享直接或间接利益。其一，这种定位明确了区域的功能属性，由此可将区域分为政治利益区域、经济利益区域、文化利益区域、安全利益区域、宗教利益区域等。其二，同一利益空间的国家之间具有相对更强的利益关联性，利益的分配性对国家间关系以及区域关系具有重要影响，利益分配不均或利益霸权等会导致国家间的竞争或冲突。其三，基于利益的区域定位使各国生成一种以利益为导向的区域身份认同，使各国按照功能性明确区域属性。这种利益认同使国家在区域构建上形成共识，明确在此区域中如何定位自身的利益，并在此基础上采取合作行动。其四，利益定位需要各国或各区域在秩序共建基础上，通过机制和制度构建来创造区域共享利益。因此，利益定位为各国或区域加强合作提供动力。从根本上说，利益共享是区域发展的基础，受益均衡、发展均衡离不开相关国家就利益分配等问题进行协调、管理与治理。

明确不同区域的利益定位就是要根据区域资源环境特征，对不同区域进行主体功能区划，以进一步明确区域的功能、发展方向和秩序规范。实现利益均衡并非易事，围绕疆土、资源、市场等领域的利益争夺是利益型区域发展面临的一个突出问题。因此，区域利益需要协调，而国家作为区域的主体在协调中起到关键作用。在区域关系等方面居主导地位的国家通常在区域规则和秩序制定、利益分配等方面拥有主导权。然而由于国家实力对比的转变，大国主导下的区域利益协调有时是不稳定的。一旦其他国家的实力地位上升，就会形成对现行主导大国的挑战和利益争夺，从而可能引发冲突甚至战争。由此，区域机制或规范等制度建设在约束国家霸权、稳定区域利益分配的秩序等方面起到重要作用。这些制度为区域的发展提供相对稳定的环境，以使区域的功能角色得到充分发展。

延伸阅读

以欧盟的建立为例，欧洲作为两次世界大战的发源地，历史上冲突战争不断。为协调区域内稳定与发展、实现欧洲统一，最先建立了欧洲煤钢共同体，后经一系列条约如《罗马条约》《布鲁塞尔条约》《欧洲联盟条约》《里斯本条约》的协商和签订，最终发展为欧盟。自建立欧盟后，欧洲基本实现了区域内和平，同时促进了区域内各国之间的合作关系发展。东盟的建立也是基于和平、发展与繁荣的宗旨，通过达成区域共识和区域合作的目标，将区域内十国相联合。东盟同样依据一系列制度框架来实现其区域合作的目标，如《曼谷宣言》《新加坡宣言》《东盟宪章》等。区域合作框架的建立，对稳定区域秩序、改善区域内国家间关系具有重要作用。

三、基于文化的区域定位

文化主要包括民族、宗教、思想等元素，具有显性的区域特征，因此，基于文化的区域定位是一种文化范畴的界定，是从文化角度认知区域的角色身份。具有相似文化因素的国家或区域在长期积累中，通常形成具有区域特色的文化圈或文化区，如族群圈、宗教圈、文明圈等。这些文化圈即是一种基于文化的特定区域。这种区域同样不完全受地缘的限制，主要以文化同质性为划分依据。文化的开放性、多样性、传播性和传承性等特征使得以文化为基础的区域定位相比以地缘和利益为基础的区域定位而言，具有更稳定和恒久的战略意义。

基于文化的区域定位是区域定位的重要内容，因为文化是区域构成的重要因素。区域文化具有一定的同质性，也具有主体性，由区域内国家共同拥有。但同质性并非意味着文化的单一性，而是在文化差异的基础上形成一种共享文化，这种共享文化凸显了该区域的特征。在现实发展中，区域内也存在文化的竞争，良性的文化竞争多元并存，互学互鉴，从而使得区域文化得到很好的发展；反之，如果不同文化间发生恶性竞争，甚至出现强权推行自身文化，削弱或者毁灭其他文化，则会导致文化排斥，甚至文化战争。

在区域关系中，文化也可以作为一种重要的战略资源，成为区域各国合作或竞争的重要考量因素。当文化认同和归属感一致时，国家间合作相对更顺畅；而当文化意识或价值相排斥时，国家间竞争就会加剧。因此，在文化区域定位中，各国存在不同的利益与价值观，需要寻求区域文化的共处与共享方式。文化在一定程度上塑造区域形象，各国对区域的文化定位的导向是推动区域文化的包容理念和认同。

区域文化构建旨在推动不同文化的互学互鉴，凝聚认同和共识，创建区域开放、包容、合作的共处环境，增加共享利益。在很多情况下，文化在促进沟通、增进理解等方面可以发挥独特作用，推动各国增进对区域的认知与利益定位。文化作为区域发展的一种机制或动力，对区域综合构建具有重要的作用。区域作为文化的空间载体，可以得到更好的发展。在区域内外关系中，文化作为纽带能够以更为容易的方式实现相关方的对接与沟通，缓解或者化解矛盾和冲突。

但各区域存在差别，文化也有着很大的不同，难以确认一种标准来衡量区域文化的强与弱。同时，在全球化时代，文化的传播与吸收是超国家和超地区的，由此也生成具有全球化特征的普适性文化。尽管如此，推动区域文化的融合、认同还是非常有意义的。

总体来看，区域定位是区域基于不同的元素对自身身份、角色或功能的认知和界定，明确的区域定位对于区域发展走向和区域一体化发展进程具有重要影响。基于地缘、利益和文化的区域定位赋予区域不同的核心关切和内涵意义，使国际区域的建构具有多元视域。在国际区域的多元定位中，国家作为本位主体而存在，因此，它是构成国际区域的基础和中坚。但是，国家本位并非国家独尊，什么都要本国优先，因此，需要区域内国家有一个正确和清晰的认知与定位，这样才能有利于国家和本区域的健康发展。

推荐阅读：

1.Fredrik Söderbaum, *Rethinking Regionalism*, New York: Palgrave Macmillan, 2015.

2.[英]安德鲁·赫里尔:《全球秩序与全球治理》,林曦译,中国人民大学出版社 2018 年版。

3.郑先武:《区域间主义治理模式》,社会科学文献出版社 2014 年版。

第四章　国际区域政治

国际区域政治不是地理邻近国家间政治的简单集合，而是以国家为主体形成的区域政治关联与制度构建。国际区域政治的核心是政治，但也涉及经济、地理、历史、人文等诸多因素。区域是一个多维度、多层次的概念。国际区域政治大致分为国家政治和区域政治两个层次：国家政治是基础，主要涉及区域内国家的政治体制、国家治理、国家政治比较等；区域政治主要涉及区域内的国家间关系与区域治理机制等。国际区域不是封闭的，有着复杂的对外联系，因此，区域政治具有国家—区域—世界的多层结构。

国际区域政治作为一个范畴，一方面是基于国家政治的区域，即区域政治建立在国家政治的基础之上；另一方面是基于区域政治的国家，即国家置身于区域政治的框架之内，是区域治理机制构建和运行的有机组成部分。国际区域政治既具有国家政治和国家间政治的特征，也具有超国家及区域政治的特征。国际区域政治学既要研究区域内国家的政治体制、国家治理和国家间的关系，也要研究区域政治的制度构建、区域治理和域外关系。各个国家在政治体制、政治治理方面各具特色，具有多样性特征，彼此既有相似性及相同性，也有差异及矛盾。

国际区域政治研究既重视国家的政治独立性、联系性与利益的协调性，也重视国际区域政治的矛盾性、对抗性和利益的冲突性。事实上，国际区域政治的协同性与竞争性并存，既有区域政治的和谐，也有争斗，甚至可能引发战争。在许多情况下，战争一直是区域政治的伴生物。

国家利益和区域共同利益的聚合是国际区域机制构建的重要动力。区域政治具有很大的灵活性与扩张性，这既体现为加强区域内的联系与合作机制建设，也表现为推动超越近邻地缘区域的跨区域联系与合作机制构建。因此，研究国际区域政治，既需要把国家、区域与世界联系起来考虑，也需要把政治、经济、民族、宗教、社会文化等多种因素综合起来进行分析。

第一节 国家政治是国际区域政治的基础

国际区域政治建立在国家政治的基础之上。在人类历史上，国家作为一种政治实体，以部落、城邦、王朝、自治联盟、帝国、民族国家等形式存续了数千年。现代世界围绕“国家”概念组织起来的民族国家形式出现于17世纪的欧洲，最初是一种欧洲的区域政治现象，而非今天的全球现象。民族国家由欧洲区域政治现象转变为全球现象的历史与实践，是民族意识觉醒、民族主义兴起、地理大发现、海外殖民、市场开拓和制度“移植”等因素共同作用的结果，其实质是欧洲的“现代性”在时空维度上支配世界的单向历程，同时也是全球化在政治领域的重要表现形式，即民族国家体系的全球化。换言之，以民族国家为基石的现代国际体系生成的历史，既是国家、区域和全球政治、经济、文化博弈互动的结果，也是国家政治体制、国家治理方式、区域政治秩序和世界秩序渐变的过程。因而，厘清国家政治、区域政治和全球政治的复杂关系，既是理解现代世界和国际关系运转的关键，也是开展区域政治研究的前提。

一、民族、民族主义和国家政治

民族和民族主义是构成现代国家的两个基本要素。“民族”(nation)源于拉丁语“natio”，原意为“出生物”(a born creature)，特指以血缘或种族为基础的社会共同体。民族国家是近代以来欧洲通过资产阶级革命或民族独立运动建立起来的，是以一个或几个民族为国民主体的国家形式。同欧洲18—19世纪的帝国或王国不同的是，民族国家成员效忠的对象是有共同认同感的“同胞”及其形成的政治体制。认同感的来源可以是共有的历史、文化、语言或政治体制。单一民族构成的国家或者多个民族以同一政治体制为基础构成的国家，都是民族国家的存在形式。①

"民族主义"一词则是包括爱国主义、民族、民族性在内的混合概念。卡尔顿·海恩斯(Carlton Haynes)认为，民族主义出现在欧洲之后，大致的含义是，作为一种历史进程，民族主义是创建民族国家政治联合体的支持力量；民族主义是一种政治行动，如特定的政治党派的行动；民族主义也是一种认知，体现成员对本民族国家的政治忠诚感。② 显然，民族主义主要是指在共同地域性、文化相似性和外部威胁基础上产生的，以本民族为中心的思想信条和以本民族为忠诚对象的政治情感，是民族独立、民族统一和捍卫民族国家权力和利益的政治核心。

欧洲早期民族意识觉醒和民族主义的兴起起到了凝聚民心、整合社会、建立国家的作用。1648 年《威斯特伐利亚和约》签订之后，欧洲民族主义有了大规模发展，标志着民族国家作为政治实体的兴起。此后，以 1848 年欧洲革命为转折点，民族主义成为欧洲政治的主流价值观，民族国家取代王国成为欧洲主要的国家形态。同时，欧洲国家在世界其他地区的征服与扩张，唤醒了当地民众的民族意识，客观上推动了民族主义在世界范围的广泛传播。第二次世界大战结束后，亚非拉地区的民族解放运动和非殖民化运动使得现代民族国家形态实现了全球范围的普及，民族国家由此成为世界舞台上的主要行为主体。总之，现代意义上的民族、民族主义和民族国家几乎同时出现，互为因果。民族意识和民族主义为民族国家奠定了理论基础，民族国家的诞生又促进了民族意识和民族主义的进一步发展。

民族国家是现代世界各国国内政治和国际政治运行的基本政治单元，这源自欧洲的"现代性"及其在世界范围的扩散。所谓"现代性"，最初是 17 世纪中叶欧洲基于理性和科学逻辑认知世界的一种思维方式。欧洲思想家

---

① 16—17 世纪，欧洲"民族"概念的内涵发生了变化，成为一国之内人民的统称，后来又作为"国家"(country、state)的同义词出现。至此，欧洲的"民族"概念具备了政治意义，意指一种政治组织或国家。

② 《布莱克维尔政治学百科全书》对民族主义的解释是："如果意识形态对于政治来说是一种具有规范内涵的、用以认识世界的一般方法，那么民族主义便是一种意识形态，而且是迄今为止世界上最强有力的意识形态。作为思考世界的一种方法，它强调民族在解释历史发展和分析当代政治中的重要性，并且明确宣称民族特性是人类划分的主要因素。"参见[英]戴维·米勒、韦农·波格丹诺：《布莱克维尔政治学百科全书》，邓正来等译，中国政法大学出版社 2002 年版，第 530 页。

结合区域的历史文化传统,利用这种思维方式推演出了个体主义、(市场)工具理性和民族认同三个现代社会的基本构成要素。从尼可罗·马基雅维利到托马斯·霍布斯再到约翰·洛克,随着现代国家概念和实践的发展,欧洲中世纪政治的神学基础逐渐消解,伴随着欧洲国家上百年的殖民扩张运动,尤其是第二次世界大战结束后的民族独立运动和非殖民化运动,民族国家制度逐渐从一个欧洲的区域政治现象转变为全球现象,也有人称其为政治全球化的表现形态。

现代民族国家首先是一个政治实体,是国家政治构建和实现国家治理合法性的基础。因此,国家政治主要是指政府、政党等治理国家的行为,是以国家权力为核心展开的各种政治、经济、法律与社会活动。国家政治通过政治体制构建与国家治理来体现,不同的政治体制会有不同的治理方式。不同的国家和区域,不同的历史时期,有着不同的政治体制与治理方式。

从民族国家和国家政治的历史发展角度看,国际区域是基于国家政治的区域,区域政治建立在国家政治的基础之上,国家间政治关系的基本原则构成了国际区域政治关系的主要原则。

二、国家政治体制与区域政治研究

国际区域政治以国家政治为基础,国家政治体制比较是区域政治研究的起点。一般而言,国家政治体制是指国家政府的组织结构和管理体制,在不同的历史时期,不同国家和区域的政治体制都不尽相同。一个国家采取何种政体,与社会各阶层在国家政治经济中的地位有关,也受到国家的地理环境、历史文化传统、宗教信仰和民族构成的影响。此外,国家政治体制还受到所在国际区域因素的影响。国际区域的影响因素大致可以分为物质性因素、观念性因素和现代化程度三种。其中,物质性因素包括国际区域的地理位置、自然资源和人口特征等,观念性因素包括历史文化、语言、宗教信仰等,现代化程度主要通过工业化水平、经济发展方式、国家能力、法治水平和价值观等因素衡量。

国际区域的物质性和观念性因素是相对长期和稳定的结构性因素,而现代化程度则是近代以来现代社会转型带来的新影响因素。在国际区域政治中，国家政治体制受国家所在区域的构成要素、现代化转型顺序和程度的共同影响，呈现出差异性和相似性交织的特点。国家政治体制差异性和相似性共存的特点，既是区域政治竞争与对立的原因，又是开展区域政治合作、区域治理乃至区域共治的条件。因而，比较研究是开展国际区域政治研究的主要方法论，以国家政治体制为核心的比较分析是国际区域政治研究的基础和重点。

比较研究是人类认识世界的基本方法，当这种方法被系统地用于分析政治现象时，就形成了政治学中的比较政治研究。早在 2000 多年前，政治学的先驱、古希腊哲学家亚里士多德（Aristotle，前 384—前 322 年）就为政治体制比较研究提供了典范。亚里士多德认为，“最高统治权”是区分政体类型的根本，“政体为城邦一切政治组织的依据，其中尤其着重于政治所由以决定的‘最高治权’的组织”。因而，他以城邦最高统治权执掌者的数量和性质为标准来确定政体的种类；同时，他把公共利益当作区分政体优劣的标准，以是否增进城邦公共利益为依归来确定政体的优劣和变异。①

政治体制是国家政治的核心，是国家政治、统治形态，即国家政治体系组织与运作的形式。事实上，在不同的历史时期，不同国家和地域的政治体制都不尽相同。自古以来，人们一直试图对纷繁复杂的政体类型进行概括和分类，但由于视角和研究方法上各不相同，也一直无法达成一致的结论。由于国家政治的多样性，很难制定一个适用于所有国家的政治比较标准和分类系统。比较研究常用的方法是二分法，比如民主与专制，但这过于简单。被归类为民主国家的情况也存在很大的差别，比如，印度的民主制度与日本的民主制度就很不相同。用选举制度来进行比较，也是政治比较的一种方法，通过比较不同选举制度对政权的影响来对民主政治作出比较与评价，但不同国家的政治权力架构与社会结构不同，选举方式也不尽相同，对政治的作用也不一样。比如，美国与英国的选举制度不同，新加坡与印度尼西亚的选举制度有着很大的差别。被归类为专制国家的情况更为复杂，许多实行选举制的国家也被列入专制国家，分类的标准往往是基于对该国政

① 参见俞可平：《最好政体与最坏政体——亚里士多德的〈政治学〉及其政体观再评》，《北京大学学报》（哲学社会科学版）2020 年第 1 期。

治的认同度，这样的制定标准缺乏合理性。

总之，政治分类的比较是相当复杂的，每个国家都有独具特色的政治体制与治理方式，都在不同的权力架构和社会结构下运作。

延伸阅读

亚里士多德把政治体制视为城邦的本质，政体便成为政治学分析的重点。他详尽考察了古希腊城邦的各种政体形式，包括各城邦的历史、法律制度、统治方式等，撰写了关于158个城邦国家政治制度的专著。基于城邦国家历史文献和实证材料观察，亚里士多德在政治思想史上首次确立了政体划分的基本标准，建立了完备的古典政体类型学。[①]

比较政治分析是国际区域政治研究中经常使用的方法，重要的是如何进行比较，从不同角度进行比较往往得出不同的结论。比如，从微观的角度看，中东地区因现代化转型和程度不同，各国政治体制的差异性十分明显；而从宏观跨区域的角度看，中东地区各国的政治体制又受区域构成要素的影响，表现出部分的相似性。在国际区域范围内，国家间的政治比较是一个自然的过程。政治比较通常具有两种功能：一是相互了解与借鉴，好的政治构建理论与实践得到传播；二是相互比较与竞争，那些具有政治制度构建优势的国家具有更大的影响力与话语权。从历史和现实的发展看，政治竞争也往往成为政治争斗的工具，恶性竞争引发国家间的矛盾和冲突；同时，强权国家也往往会把自己的政治价值、政治制度强加给其他国家，甚至利用暴力的方式改变其他国家的政治体制。

三、国家治理与区域治理

治理包括诸多领域，如政治、经济、社会、文化、对外关系等等，可以说是无所不包。根据全球治理委员会(Commission on Global Governance)的定

① 参见张小劲、景跃进：《比较政治学导论》，中国人民大学出版社2008年版，第22页。

义："治理是各种公共的或私人的个人和机构管理其共同事务诸多方式的总和，是使相互冲突的或不同的利益得以调和并且采取联合行动的持续性过程。"[①]全球治理委员会的这个定义至少具有两个含义：其一，治理是复杂的，是由多种管理方法和治理结构组成的。治理并非只是政府的责任与职能，而是公共和私营部门众多行为者基于共同的利益开展的共同行动。其二，治理是一种持续的动态过程，是多元行为主体为了实现利益协调和应对挑战，不断实施的共同措施。事实上，由于治理的综合性和持续性，因此治理需要建立在制度和体系的基础之上。

国家治理主要是指通过政府的职责和作为，对国内政治、经济、社会等事务的综合管理，并协调社会多元行为主体参与。良好的国家治理，体现在好的制度设计、好的政府管理、好的政策制定与有效的实施上，经济和社会也由此得到比较好的发展，因此，被称为"良治"，反之，则被称为"劣治"或被称为"失败国家"。当然，国家治理是一个复杂的过程，各国有不同的国情，治理的方式和不同阶段的治理也会不同，不能轻易把一个国家认定为"劣治"，更不能以自我认定的标准来对一个国家的治理进行简单认定。在有的情况下，"失败国家"往往会被强权国家用来作为对其国家内政进行干预的根据。

尽管一个国家的治理是内部事务，但国家治理并不是封闭的。国内治理也可引入外来的理论与实践经验，各国间可以进行相互交流和相互借鉴，国际与区域组织也积极推进国家治理方式与经验的传播。各国的国情不同，所采取的方式也不尽相同，但相互学习与借鉴在推动国家治理进步方面有着重要的作用。当然，世界上不存在国家治理的万能良药，治理方式必须适合国情，因此，把自己国家的治理方式强制性移植到他国难以成功，其效果往往适得其反。

---

① Commission on Global Governance, *Our Global Neighborhood: The Report of the Commission on Global Governance*, Oxford University Press, 1995, p.23.

延伸阅读

2001 年 10 月，美国伙同一些国家以“反恐”的名义入侵阿富汗，推翻塔利班政权，培植基于美国价值观的政权，北约亦直接介入。但是，经过 20 年的军事行动，仍没有清灭塔利班势力，阿富汗国内动乱持续。2021 年 5 月美国军队开始撤出阿富汗，宣布了美国军事介入的失败。

此前，1979—1989 年苏联入侵阿富汗，历经 10 年战争，最后以失败告终。其间美苏在阿富汗角力，美国培植反苏势力，使得阿富汗国内政治格局发生变化，内乱加剧。历史上，1839—1919 年，英国三次入侵阿富汗，旨在培植亲英势力，建立亲英政权，最后均失败。

国际区域治理是指国际区域内的主权国家、国际组织、区域实体以及其他国际行为主体，在利益协调合作原则的指导下，利用制度创建、政策协调、机制与议程设置等诸多方式对国际区域实施共同的管理。区域治理的基础是相关国家间的合作，就参与者而言，政府是主要的角色，在机制构建、法规制定、行动实施等方面承担主要的职能。在项目规划与行动实施上，政府会邀请政府管理部门、公司企业和个人以及社会团体参与。在许多领域，社会团体（非政府组织）在区域治理方面发挥着非常重要的作用。非政府组织的参与形式和方式是多样的，有些是基于某个组织，有些是多个团体的合作实施。弗雷德里克·索德伯姆认为，应从制度创建和治理机制设计的角度来认识区域治理，是当局在各领域形成正式或非正式、公共或私人的规则体系的过程。[①] 加里·戈茨、凯斯·鲍尔斯更强调区域治理的制度含义，认为区域治理是由具有法律约束力的文件构成的，这些文件包括了规则、规范和原则等，其组织性在于有特定的管理机构、决策机构和争端解决机制。[②]陈志敏认为，全球治理（或区域治理）就是国际体系中以主权国家为核心的各个行

① Fredrik Söderbaum, *Rethinking Regionalism*, New York: Palgrave Macmillan, 2015, pp.1-10.

② Gary Goertz, Kathy Powers, *Regional Governance: The Evolution of a New Institutional Form*, WZB Discussion Paper, 2014, p.106.

为主体的共同合作，通过正式的制度和非正式的安排，协调各自利益和政策，以应对全球化时代人类社会面对的各种跨国和国际挑战，并支持各个国家实现国家治理水平提升的活动。[①]

根据上述讨论，在国际关系的意义上，国际区域治理至少包括以下三层内涵：

第一，国际区域作为一种治理单元，是指在国际关系中对国际区域事务日常管理发挥实际作用的政治实体，例如东南亚联盟、非洲联盟等。有一些一体化程度较高的国际区域治理单元，甚至通过立法方式共享国家主权和对外专属权限，从而获得独立的国际法人资格，例如欧洲联盟。[②] 在这种情况下，国际区域可以作为等同于国家的国际行为主体，独立地参与到区域和全球治理进程之中。

第二，国际区域作为一种组织单位，是抽象的共同体观念的表达，是以"区域共同体"为定位的社会实践。一般而言，"区域共同体"观念是以区域为核心的身份认同感和政治效忠感，通常以国家认同为基础，是国家间在区域合作时，由功能领域向政治领域"外溢"的过程中逐渐形成的。"区域共同体"的形成取决于国家对待区域合作的态度、区域合作的领域和深入程度。因此，与国家相比其主体意识和社会属性要弱得多。

第三，作为区别于国际体系、国家和个人的分析单元和层次，国际区域有其存在的本体论和功能性结构。国际区域通常具有较为完备的制度机构设置，不仅能够保证区域内各行为主体合作的顺利进行，而且，各种行为主体在国际区域的政治关系可以反过来影响国家间政治关系和国际体系权力结构的变化。

---

① 参见陈志敏：《国家治理、全球治理与世界秩序建构》，《中国社会科学》2016 年第 6 期。

② 国际法人资格是指参加国际法律关系并承担国际法上的权利和义务的实体。国际法人资格必须具备三个要件：(1)独立参加国际关系的资格。(2)直接享受国际法权利的能力，主要表现为建立外交关系、缔结国际条约等。(3)具有直接承担国际法上义务的能力。上述三个要件密切联系，缺一不可。当前国际社会中具有国际法人资格的主要是国家，部分国际组织和区域组织具备了国际法人资格。随着欧洲一体化的深入，不断修改的《欧共体条约》赋予了欧洲共同体独立的国际法人资格。同时，条约的第 302 条规定了共同体参与联合国的方式：由欧洲委员会作为欧共体的代表同联合国及其各个专门机构保持一切恰当的关系。据此，欧共体在联合国中就自己所涵盖的领域拥有了能够完全代表各个欧共体成员国的专属权限。

简而言之，国际区域治理是人类以区域为基本场域的政治实践，这种区域性的政治实践取决于区域地理环境、文明传承、族群分布和国家制度，是存在、观念和实践在国际区域范围内的三维整合。

第二节 国际区域政治与区域制度建构

国际区域政治不同于一般意义上的国际政治和国际关系，它既包括区域内国家政治，又包括区域内国家间关系，还包括区域关系或区域内国家与区域组织间的关系。

一、国际区域政治的三重属性

国际区域政治具有国家政治、国家间政治和超国家政治的三重属性。首先，国家政治是区域政治的基础，每一个区域内的国家都有各自的政治制度和治理模式，各个不同国家的政治共同奠定了国际区域政治的基础。因此，国际区域是基于国家政治的区域，区域政治具有国家政治的基本特征。其次，国际区域政治又具有国家间政治的特征，区域内的国家因各自的制度特性、经济发展水平和实力地位以及历史上的关系状态而形成不同的国家间双边关系。最后，区域政治因共同的利益需求和国家间彼此合作和共同治理的需要，又具有超国家或泛国家政治的特征，即区域层次上的机制构建与对超国家的区域事务进行治理，解决区域层次上的诸多问题。

在国际政治中，国家的利益和权力是理解国家间关系和区域政治的核心。国际关系的古典现实主义理论认为，“以权力界定的利益”(interest defined by power)概念是理解国际政治的出发点，也是处理国家间政治关系的基本原则之一。

延伸阅读

古典现实主义理论的缔造者汉斯·摩根索(Hans Morgenthau)等在《国家间政治:权力斗争与和平》中把现实主义确立为理解国际政治的基本途径,并提出了著名的现实主义六原则。第一,政治受根植于人性的客观法则的支配。第二,"以权力界定的利益"概念为国际政治的理论分析提供了理性框架。第三,"以权力界定的利益"概念是普遍适用的客观范畴,其内涵取决于特定的历史、政治和文化环境。第四,政治现实主义明白政治行动的道德意义,但抽象的普遍道德原则无法指导国家行为。第五,政治现实主义拒绝把特定国家的道德愿望等同于普世适用的道德法则。第六,国际政治是一种自主的领域,跟一切政治一样,是追逐权力的斗争。[①]

国家利益和权力是硬币的一体两面。一方面,利益是永恒的,具有一致性特点,即尊重彼此的利益是国家一致的目标,这使得国家间基于利益的合作成为可能。另一方面,权力又是排他的,在国际政治领域中,利益是由权力界定的。国家围绕权力开展竞争,从而会产生国家间的冲突。因而,作为国际政治一部分的区域政治,同时具有围绕国家利益和权力竞争、对立和协同的复杂关系。

然而,基于共同利益的区域合作政治并非完全是权力博弈,存在基于共同利益前提下的权力让渡与权力共享。因而,区域政治的内涵主要取决于国家间政治共处的原则和共同利益的分享机制。

二、国家间政治共处

国际区域政治是以国家间政治为基础,把国家置于地理相近的国际区

---

① Hans Morgenthau and Kenneth Thompson, *Politics among Nations: The Struggle for Power and Peace*, New York: McGraw-Hill, 1985, pp. 4-17.中译本参见[美]汉斯·摩根索:《国家间政治:权力斗争与和平》,徐昕等译,北京大学出版社 2006 年版,第 27—42 页。

域框架之内，围绕国家利益、区域机制建构与运行开展的一系列政治活动。区域政治是国际关系的一个组成部分。同时，区域政治又具有一定的特殊性，跟一般的国际关系具有不同的地缘、利益、文化连接。这些连接既可以推动国家间守望相助，和谐相处，也会导致由权力争夺、霸占、吞并等驱动的冲突和战争。从历史上看，各个国际区域都不乏动荡与战争的记录。

联合国赋予了区域组织和区域治理充分的合法性，区域政治的政治共处原则需要以联合国规定的国际法原则为基础和依据。① 同时，区域框架内的国家还要遵守区域性的具体协定和具体安排。现代区域政治的共处以联合国宪章为原则，在保障国家和人民根本权利的前提下，处理发展国家间关系，处理区域事务。

（一）主权平等原则

国际体系总体上处于无政府状态，国家间的政治行为及其关系又表现出一定的有序性，其主要原因在于：因国家利益协调的需要，产生了规范国家间政治共处的国际法和基本行为准则。国际法是国家间政治共处的基本准则，是国际社会公认的、适用于国家间关系的、具有法律性质的普遍原则。现代国际关系的基本原则体现在《联合国宪章》《关于各国依联合国宪章建立友好关系及合作之国际法原则之宣言》中。其中，主权平等原则是国际法基本原则中最主要、最核心的内容。主权平等原则规定国家可以平等行使各项基本权利，要求尊重国家基本权利的行使。主权平等原则的要点有六：各国在法律上一律平等；各国均享有主权的固有权利；各国均有义务尊重他国的国际人格；各国的领土完整以及政治独立不受侵犯；各国均有权利选择其政治、社会、经济和文化制度；各国均有责任履行其国际义务，并与他国和平相处。

（二）互不侵犯原则

互不侵犯也是现代国际法一项公认的基本原则，是指在国际关系中任

① 《联合国宪章》第八章“区域安排”规定，只要符合联合国之宗旨及原则，区域安排或区域机构可以用来应付有关国际和平及安全之维持而宜于区域行动的问题；应鼓励各国在将区域性争端提交安理会之前利用区域办法或通过区域机关将其解决；安理会对于职权内之执行行动可以在适当情形下利用区域办法或区域机关解决区域性争端等。

何国家不得以武力或武力胁迫以及以任何借口侵犯他国的原则。互不侵犯原则是20世纪形成的一项基本原则。从现代国际法的观点来看,国家主权和领土完整不容许侵犯,侵犯他国在国际法上是非法行为。为了维护主权平等原则,必然要确认互不侵犯原则,在国际关系中所有国家都负有互不侵犯的义务。

(三)互不干涉内政原则

互不干涉内政是现代国际法公认的基本原则,从历史上的不干涉原则到当代的互不干涉原则,是这一原则的重大发展。互不干涉内政是主权平等原则的引申;互相尊重主权,真正实行主权平等,就必须执行互不干涉内政原则。互不干涉内政原则对当今建立公正合理的国际秩序具有极其重要的现实意义。在多样性的世界上,各国不仅政治社会制度不同,价值观念和意识形态各异,历史传统、宗教信仰和文化背景也存在较大差别。只有承认这些不同,相互尊重,才能扩大合作,发展交流,和睦相处。

(四)平等互利原则

主权国家不论大小一律平等,是实现国家间互利的前提。平等权历来是国家主权的重要表现之一,与互利相结合,成为一项新的基本原则,是国际法平等原则的发展。平等互利原则的真实意义,在于强调国家间的关系不仅形式上平等,更重要的是实现实质上的平等。平等互利主要是主权平等原则在国家经济关系方面的体现。

(五)和平共处原则

尊重主权平等原则,就必须和平共处,承认各种社会制度的共同存在,相互尊重,彼此友好、和平相处,以和平方式解决相互间的一切争端。这既是主权国家正常交往的需要,也是维护国际和平、促进世界发展的需要。不尊重别国主权和领土完整、侵犯别国、干涉别国内政的行动破坏了和平共处的国际关系基本准则。

(六)和平解决国际争端

和平解决国际争端也是国际法的基本准则。它是指国家间发生纠纷或争端时,争议各方均负有用和平方法予以解决的义务,不应该诉诸武力和战争。

（七）反对霸权主义

所谓霸权主义，就是大国或强国凭借其经济、军事实力，使用暴力或非暴力手段，以强凌弱，干涉别国内政，操纵国际关系，以达到控制、支配其他国家、地区乃至世界的目的。从国际法的观点来看，霸权主义是对国家主权及其基本权利的严重践踏，是对国际法的国家主权原则和其他基本原则的严重破坏，是对世界地区和平、各国安全与稳定的重要威胁，是建立国际政治、经济新秩序的主要障碍。

延伸阅读

1953 年 12 月 31 日，中国国务院总理周恩来在同印度代表团谈话时，第一次正式提出“互相尊重领土主权、互不侵犯、互不干涉内政、平等互惠、和平共处”五项原则，后来修改为“互相尊重主权和领土完整、互不侵犯、互不干涉内政、平等互利、和平共处”五项原则。和平共处五项原则不仅成为中国奉行独立自主和平外交政策的基础，而且也成为规范国际关系的重要准则，对维护世界和平与发展具有重要的指导意义。

三、区域政治共处

在区域政治和区域治理过程中，区域大国、区域联通性和区域建制是影响区域政治共处方式的三个重要变量。[①] 这三个变量可以帮助我们理解区域政治中的霸权主导与扩张、平等参与合作等不同的政治共处方式。

区域大国是决定区域权力结构的关键变量。区域大国在区域中拥有单边和多边的地理和资源优势，能保证区域治理的政治领导力，培育稳定的区域合作机制。区域大国通常在区域中处于权力顶端，其对区域政治共处方式和治理进程有决定作用。例如，美国在北美处于霸权地位，在北美自由贸

① 参见张云：《国际关系中的区域治理：理论建构与比较分析》，《中国社会科学》2019 年第 7 期。

易协定中实施“美国优先”政策，是一种霸权主导的区域合作方式。[①] 当区域内有两个或者两个以上的大国时，出于权力和利益的竞争或者争夺，大国之间容易发生矛盾、冲突甚至战争。如果大国之间实现和解与合作，便可以推动区域政治的友好共处。法国与德国历史上长期陷入战争，第二次世界大战后两国实现和解与合作，共同推动欧洲联合，不仅实现了两国的长期友好共处，也实现了欧洲的和平与发展。

区域联通性（regional connectivity）是一种衡量区域联系紧密程度的重要指标，包括物理性连接（如地缘连接、生态环境连接、经济连接等）、规制性连接（法规、标准、管理等的协调、对接与一致）和社会性连接（如人员流通、共同安全感、社会文化交流等）三个方面。在国际区域中，国家间的物质性、规制性和社会联通性越强，国家间的共同利益、区域政治的权力分配与制度建构更容易达成共识。

区域建制是指区域组织的系统、机构等制度形式，通过构建区域合作机制或建立区域组织，塑造区域身份认同，创建共同利益，制定交往与合作规则。在世界范围内，区域建制的形式与实施方式在不同区域是不同的，呈多样性的特征。如欧盟是以欧洲国家的民主政治制度、市场经济、价值观为基础，通过法律制定与实施进行的，具有超国家的法律地位、管理职能性质，成员具有高度的欧洲区域身份认同。亚洲、非洲、美洲也都在大区域或者次区域建立了各种形式的区域合作机制与组织，推动区域政治共处与关系发展。

四、国际区域制度建构

制度建设是国际区域建构的重要组成部分，成立区域组织是国际区域制度建设的基础。区域制度建设实质上是通过界定国家共同的区域身份和利益，塑造和确立正式和非正式约束和彼此交往规则的过程。区域制度建设的效果取决于社会化（socialization）和制度化（institutionalization）两个过

---

① 美国、加拿大和墨西哥三国于 1992 年签署、1994 年生效的《北美自由贸易协定》曾催生了世界上最大的区域经济一体化组织——北美自由贸易区。2020 年，在特朗普政府“美国优先”政策的主导下，被美国标榜为“21 世纪最高标准贸易协定”的《美国—墨西哥—加拿大协定》(《美墨加协定》)正式生效，取代已经实施 20 多年之久的《北美自由贸易协定》。

程。其中，社会化是指国家对新的区域身份和利益的一种认知过程，是国家在观念上对区域身份和利益的承认和达成共识的过程。制度化则是国家把新的区域身份和利益内化(internalization)至本国原有利益结构的过程和一系列条约化(法律化)、机构化的过程。

延伸阅读

组织(organization)、制度(institution)、机制(regime)和惯例(convention)是四个意思相近又存在细微差异的概念。按照道格拉斯·诺斯的定义：制度是社会博弈的规则(rules)，是人所创造用以限制人们相互交往的行为框架。如果说制度是社会博弈的规则，那么组织就是参与博弈的玩家(player)，机制是维持博弈规则运转的正式和非正式的程序和过程，而惯例通常是指非正式的习俗和行为准则。[①]

当区域身份和利益与本国利益相一致时，区域制度能够积极地推动区域合作的发展；当区域身份和利益与本国利益相冲突时，则容易导致国家间的纷争、对立和冲突，甚至引发战争。国际区域制度构建的出发点，首要的是制定区域成员共同遵守的规则，创建区域政治和平共处的环境，实现区域的稳定，防止发生战争，推动区域国家的经济发展。尽管世界各区域的制度构建方式和水平很不相同，但是出发点是基本相同的。当今，所有的国际区域制度构建都是以实现区内稳定、和平、合作与发展为动机，这不仅对于本区域有利，而且也对世界有积极的贡献。鉴于此，国际区域的制度构建为世界公正的政治制度建设奠定了基础，是推动世界走向和平发展的中坚力量。

制度建设是国际区域的重要发展。政府与公民对国际区域制度建设的认同和支持是一个重要的转变，这使得区域组织的建立、规则制定和行使职能具有了合法性。国际区域制度构建是基于区域成员自愿、平等地合作，共

① 参见[美]道格拉斯·诺斯：《制度、制度变迁与经济绩效》，刘守英译，三联书店1994年版，第3页。

识是通过开展合作、制定共同遵守的规则、行使管理职能来创建一个良好的政治共处与社会经济发展的区域环境。因此，国际区域制度构建可以为区域国家提供良性公共产品。

在区域政治的制度构建过程中，法律化和制度化的核心，就是进行某种权力让渡和共享的制度性安排。这种权力的让渡和共享依据区域政治的制度安排程度而各有不同，可区分为部分国家权力的让渡和共享，或者部分主权的让渡和共享。权力让渡和共享的程度不同，决定了区域一体化程度的不同。例如，自由贸易区或关税联盟式的制度安排，是成员国关税权力的部分或全部的让渡和共享；货币联盟式的制度安排则是成员国货币主权的让渡和共享。在这些制度安排中，权力的让渡和共享是相辅相成的，国家的权力只让渡而不共享是很难完全被接受的。欧洲一体化进程中的区域制度安排，就更多体现为一体化的不断深入和超国家性的不断强化，而不仅仅是一般意义上的区域合作。

第三节　区域安全与安全合作

冷战的结束释放了长期受两极结构压制的国际区域自主性，区域安全合作成为国际社会的明显特征。大多数国家主要关注区域层次上的安全问题，这一方面是因为绝大多数国家不具备在全球层次进行安全互动的实力和利益关切；另一方面是因为区域层次的安全与各国的安全联系更为直接，因此，区域安全合作成为国际安全机制构建的主要内容。

一、区域安全的构成

区域安全包括区域内国家的安全与区域性安全，二者既有区别，也有联系，相互影响。国家的安全有输出性安全也有输入性安全，区域内的国家间的安全往往相互联系、相互影响，特别是那些重大安全问题，输出性和输入性都很强烈，可能会涉及多个国家。区域性安全涉及区域内各个国家，可能来自战争、自然灾害、传染性疾病、气候变化以及经济危机、大规模安全事故等。

区域安全具有综合安全的性质，不仅包括传统的军事、政治领域的安全，也包括经济、社会、环境、公民等领域的安全。导致区域安全问题的因素有很多。在传统安全领域，主要包括国家间争端、对抗、武力冲突与战争，还有国内动乱等；在非传统安全领域，主要包括对经济运行安全、发展安全、社会安定的威胁，对个人生活、工作的威胁等等。就安全所及范围，有的可能只涉及少数国家、少数地区，有的涉及整个区域，成为区域性安全问题。[①]

区域安全不能仅仅从国家的视角来考虑，因为国家（政府）不是唯一起重要作用的安全行为体，特别是在非传统安全领域，区域组织、各种非政府组织和机构，包括企业、社会团体以及个人等，都在不同层次上发挥着重要的作用。特别是在应对区域性安全威胁上，区域组织和非政府组织及机构往往扮演着不可替代的角色。

应该以开放的态度看待与应对区域安全，因为区域安全并不是封闭的，与外部也有着直接的和复杂的联系。区域之间，特别是相邻区域间有着多向、多样、多层的安全互联互动，有些是在几个国家之间发生的，有些则涉及整个的区域。区域安全也与全球安全有着密切的联系，特别是涉及全球性的安全威胁，如气候变化、传染病毒扩散、大规模杀伤武器、世界大战等等，殃及所有的国家和区域。同时，区域安全机制的构建也与全球安全体系的构建有着不可分割的联系，在很大程度上，区域安全机制的构建是全球安全机制的基础。

从综合安全的角度看，区域安全关系涉及军事、政治、经济、社会和环境等领域的安全互动。尽管各安全领域都有独特性，但它们之间有着紧密的联系，在很多情况下难以分开。冷战结束后，非传统安全的重要性上升，经

---

① 理查德·乌尔曼（Richard Ullman）认为安全威胁主要有两种类型：一是恶化一国居民生活质量的威胁，包括从外部战争到内部叛乱、从封锁和抵制到原材料短缺及破坏性的“自然”灾害（如流行病、洪水或干旱）等一系列动荡和冲突。二是压缩国家、政府或国家内部私人、非政府实体（个人、团体、公司）政策选择空间的威胁，主要是战争等军事因素引起的死亡和物质破坏。巴里·布赞也认为，人类集体安全主要受到五个领域的影响，即军事、政治、经济、社会和环境，它们并非孤立地起作用，而是紧密地交织在一起。聚焦于军事技术、武力运用和威胁战略的研究只是安全研究的一个分支。参见 Richard H. Ullman, “Redefining Security”, *International Security*, Vol.8, No.1, 1983, pp.133-134; Barry Buzan, *People, States and Fear: An Agenda for International Security Studies in the Post-Cold War Era*, New York: Harvester Wheatsheaf, 1991, pp.26-27.

济、社会、环境等领域的问题则迅速安全化，并且带有显著的区域化特征。值得重视的是，在新技术支撑的网络化快速发展与扩张的形势下，网络安全几乎涉及政治、军事、经济、社会各个领域，成为“牵一发而动全身”的综合安全问题，这是现代安全构成结构的重要变化，把国家、区域和全球安全统合在一起。

二、区域安全治理

区域安全威胁的多发性、扩散性、综合性与复杂性，对安全应对与治理提出了新的要求，安全治理被提上议事日程。区域安全治理具有特定的含义，有学者认为区域安全治理指的是“一组公共和私人行为体在没有中央权威的情况下通过制定和执行具有约束力的安全政策来协调其需要和利益”①。也有学者强调，区域安全治理是指通过在安全领域共享认知、规则和实践的区域和区域组织，使得特定区域的安全安排制度化的动态过程。② 总体而言，区域安全治理主要是指通过合作，共同治理危及区域安全的问题。由于区域安全问题错综复杂、涉及面广，而且会不断出现新的问题，因此，治理的方式是多样性的，并且是一个不断运行的进程。总体而言，基于制度与规则的治理会带来更好的效果，而制度与规则的制定则需要通过区域组织来进行。不过，在很多情况下，非政府行为主体以多种方式参与区域安全的治理，在有的领域甚至扮演着重要的角色。

区域安全治理的驱动因素来源于内部与外部对安全的威胁，安全威胁促使区域成员凝聚共识，并且主动采取合作行动加以应对。因此，区域安全治理是基于共同安全和合作安全的理念和共识的。共同安全是推动区域安全合作的共识基础，而只有通过共同参与的安全合作才可以导向合作安全，合作安全是区域安全治理的主要形式。不过，由于安全领域涉及主权、政治与其他敏感因素，因此，安全治理需要建立在各成员国的认同与支持的基础

---

① Elke Krahmann, “Conceptualizing Security Governance”, *Cooperation and Conflict*, Vol.38, No.1, 2003, p.11.

② Arie M. Kacowicz and Galia Press-Barnathan, “Regional Security Governance”, in Tanja A. Börzel and Thomas Risse (eds.), *The Oxford Handbook of Comparative Regionalism*, Oxford: Oxford University Press, 2016, p.299.

上，所采取的行动需要得到当事方的理解与支持，在很多情况下，需要进行对话、协商与谈判。特别是在采取干预行动上，如果进行强制性干预，会遭到当事方的反对或者抵制，并且可能导致新的矛盾，甚至发生冲突。良好的区域安全治理需要有法律依据，有行使规则，有共同商定的行动议程、实施方案。当然，区域安全治理中，涉及国内安全的治理，主要还是要依靠本国来实施。互不干涉内政是国家间关系的基本原则，因此，如何处理好区域安全与国内安全之间的关系，是区域安全治理的一个重要内容。

区域和国际组织是区域安全治理的重要依托，区域组织对安全的治理是基于集体参与合作进行的，区域组织负责统筹规划、安排，按照协商一致的安排，采取基于规则的集体行动。值得注意的是，集体行动并不意味着都由区域组织来实施，在大多数情况下，是由各国来实施，动员国家职能部门、公司机构、社会团体和个人共同参与。

区域安全治理是重要的公共产品，区域大国有能力承担建立区域安全体系所需的高昂成本和提供技术、管理支持与实施行动的力量，因此，应该发挥重要的作用。基于区域治理合作理念与原则的大国参与，与传统的大国、强国的主导方式不同，是在合作规则的前提下进行的，并非自行其是或者主导议程，而是遵守或者引导合作安全治理的议程。

区域安全治理需要开展国际合作，包括域外国家和国际组织的合作。但是，在有些情况下，域外国家，特别是域外大国，并非是以合作的意愿参与的，而是以自行其是的方式进行直接干预的。其意图，要么是为了维护其自身利益，要么是为了争夺或维护其主导地位。美国作为超级大国以“世界警察”自居，总是以主导性的战略思维对其他国家或者区域进行直接干预，在一些情况下，甚至以“安全”的名义实施对他国的入侵，导致当地变得更不安全。伊拉克、叙利亚、阿富汗等都因美国的直接干预陷入长期的安全困境，国家和人民遭受了巨大的损失。

三、区域安全治理的机制

区域安全治理机制是指有关行为主体通过外交协调就各种安全事务所作出的一系列政治、安全合作及相关的协议性安排，旨在以和平方式的对话与合作调整政治与安全关系，防范政治与安全危机产生或冲突升级。[①] 区域安全治理机制的确立意味着区域安全治理的制度化，允许区域组织将其组织机构的理念、目标和原则转化为战略计划、政策和行动，进而影响区域安全的供给。[②]

根据安全合作的性质和功能差异，区域安全治理的机制大致可以分为集体防御机制、大国协调机制、集体安全机制与合作安全机制四种类型。

集体防御机制一般表现为双边或多边军事同盟，是一种由对抗意识产生的安全机制。军事同盟是由两个及两个以上观点相近的国家构成的排他性组织，一般奉行比较狭隘的安全定义。联盟整合内部力量以制衡潜在的安全威胁者，任何针对联盟成员国的攻击都将面对所有成员国联合起来的反击。各成员国对联盟的义务以及各成员国之间的军事合作则以条约的形式加以明确。冷战时期的以美国为主导的北大西洋公约组织和以苏联为主导的华沙条约组织是这种集体防御机制的典型代表。

大国协调机制是指区域内大国按照多边主义原则合作管理地区安全事务，主要是调节大国之间的关系，防止大国冲突。大国协调以集体行动原则为基础，但各个大国不是由于某种正式义务的约束而参与其中，而是通过非正式的谈判来协调解决争端。19 世纪的"欧洲协调"是大国协调机制的典型。这一时期，英国、法国、俄国、普鲁士和奥地利等欧洲列强为区域各国制定规范和规则，合作管理欧洲事务。大国协调具有很大的不稳定性，往往因力量对比、利益转换而发生变化。

集体安全机制是以集体力量威慑或制止任何潜在威胁为目标。与集体防御不同，在集体安全机制中，各国不是针对特定的对象承担防御义务，而是承担着对未知威胁行为作出反应的义务。集体安全机制的构建与运行的稳定，一般依赖于机制不受某个特定大国的主导，各国之间对构成稳定的可接受的国际秩序持有基本一致的观点，主要国家之间有着最低限度的政治

---

① 参见李大光：《国际机制与区域安全——兼论东北亚区域安全机制构建》，军事科学出版社 2010 年版，第 39 页。

② Arie M. Kacowicz and Galia Press-Barnathan, "Regional Security Governance", in Tanja A. Börzel and Thomas Risse (eds.), *The Oxford Handbook of Comparative Regionalism*, Oxford: Oxford University Press, 2016, p.305.

团结，并拥有共同的价值观。[①] 第一次世界大战结束后成立的国际联盟和目前存在的联合国安全机制，都带有集体安全机制的特性。

合作安全机制强调对共同安全的认知、平等参与和功能性合作导向。合作安全以区域面临的共同威胁为目标，包括传统的军事威胁以及恐怖主义、环境破坏、传染性疾病等非传统安全领域的威胁，参与方通过合作行动缓解、化解与消除安全威胁。合作安全诉诸的手段并不强调军事行动，而是在区域内各国之间培育"对话与合作的习惯"来建立互信，抑制将军事力量当作威胁逼迫工具的动机，其中最重要的项目包括预防性外交和非官方对话。[②] 预防性外交的途径包括非正式对话、斡旋、第三方调停等，旨在降低突然袭击的可能性。非官方对话主要是指非政府组织、专家学者等非国家行为体在各区域论坛就安全问题发表意见。在实践中，欧洲安全与合作组织、上海合作组织、亚太安全合作理事会、东盟地区论坛都是带有合作安全性质的机制。

迄今，世界上已经建立起的诸多区域性安全组织或者安全合作机制，也可以分为下述三类：(1)安全组织，传统的主要形式是军事同盟，如北大西洋公约组织(NATO，简称"北约")，以对抗性为目标，是第二次世界大战后美国、加拿大与欧洲签订的与苏联主导的华沙条约组织相对抗的军事集团。新型的区域安全组织是非对抗性的，如上海合作组织，以合作安全为宗旨，通过成员合作，构建基于共同安全和合作安全的区域安全关系和安全秩序。(2)协调性区域安全组织，如欧洲安全与合作组织(前身为欧洲安全与合作理事会)，主要是协调成员国间的政治与安全事务，防止成员国之间发生冲突，设有比较完备的区域组织机构与行事规则。(3)区域安全合作论坛平台，如东盟地区论坛，由东盟发起，邀请区域内外国家参加，就地区安全问题进行讨论和协商；还有亚太安全合作理事会，主要是就亚太地区安全问题进行讨论，对设立的议题进行研究和思想交流，为政府决策提供建议。

---

① Charles A. Kupchan and Clifford A. Kupchan, "Concerts, Collective Security, and the Future of Europe", *International Security*, Vol.16, No.1, 1991, pp.124-125.

② 参见[澳]克雷格·A. 斯奈德：《当代安全与战略》，徐纬地等译，吉林人民出版社2001年版，第143—144页。

延伸阅读

北约成立于1949年，是美国领导的军事安全组织，目前有30个成员国。它是传统的军事安全合作机构，与对手进行军事对抗(冷战期间与华约对抗)，对他国进行直接军事干预(涉及国家包括波黑、阿富汗等)。

上海合作组织成立于2001年，目前有8个成员国、4个观察员国、6个对话伙伴，是冷战结束后成立的新型区域安全合作组织，以共同安全与合作安全为理念，以应对区域内非传统安全威胁为主要定位，通过制定合作安全议程，实施合作安全行动，推动安全对话，维护区域内安全与发展环境。

东盟地区论坛由东盟发起，1994年开始运行，目前有27个成员，包括东亚国家、美国、俄罗斯和欧盟等，为地区安全的非正式对话与磋商平台；以外长会议为支撑，进程分为建立信任措施、开展预防性外交和探讨解决冲突的方式三个阶段。

现实中，许多区域组织尽管并不是专门的安全治理机构，但也承担着有关区域安全的职能。比如非洲联盟，其主要的职能是维护非洲地区的安全，行使必要的安全调解、干预和维护的职能；作为区域组织，非洲联盟也大力推动非洲的经济发展，构建了非洲自贸区等。同时，安全治理是联合国的重要性职能，联合国在区域安全治理中发挥了至关重要的作用。从军备控制、防止核扩散到预防冲突、维持和平、缔造和平以及冲突后建设，联合国参与了一系列威胁区域稳定的安全问题的治理。此外，联合国还为区域组织提供专业培训和规范支持，使其在区域安全治理方面发挥更积极的作用。

总之，合作安全是一种新型的区域安全治理机制，以共同安全与合作安全为理念，以平等与合作参与为原则，以综合安全问题为对象，构建政府职能机构、企业、社会组织、个人以及国际机构共同参与的安全治理体系。

推荐阅读：

1.[英]巴里·布赞、[丹]奥利·维夫:《地区安全复合体与国际安全结构》,潘忠岐、孙霞、胡勇、郑力译,上海人民出版社2010年版。

2.李大光:《国际机制与区域安全——兼论东北亚区域安全机制构建》,军事科学出版社2010年版。

3.耿协峰:《新地区主义与亚太地区结构变动》,北京大学出版社2003年版。

第五章　国际区域经济

区域经济是指若干地理毗邻的国家和地区在长期的经济社会活动中，由于对外贸易、资本流动、技术转移、人员往来、政策促进等各种因素相互作用而逐渐形成的有机经济综合体。构成区域经济的基本要素主要包括各国之间的经济连接方式和机制、区域分工基础和模式以及政府政策导向和措施等。由于政治、经济、历史、文化和宗教等方面的差别，世界范围内形成的众多区域经济往往各具特色、相互竞争、共生发展。区域经济与全球化既紧密联系，又有本质区别。两者之间既可相互促进，又存在互相制约的可能。各国政府和民众对区域经济和全球化认知的动态变化决定了两者的互动方式和关系结果。围绕上述议题，本章将主要讨论区域经济连接的动因及其决定因素、区域各国经济的连接机制、市场和政府政策推动下区域经济分工及其与全球化的关系。

第一节　区域经济连接

世界银行是一家致力于寻求在发展中国家减少贫困和建立共享繁荣可持续之道的国际机构。它会收集和处理世界上几乎所有国家的统计资料，并将各国数据汇总到7个组中(见图5-1)：(1)东亚和太平洋国家；(2)东欧和中亚(包括俄罗斯和土耳其)；(3)拉丁美洲和加勒比国家；(4)中东和北非；(5)南亚；(6)撒哈拉以南非洲；(7)高收入国家(包括美国、欧盟国家和日本)。

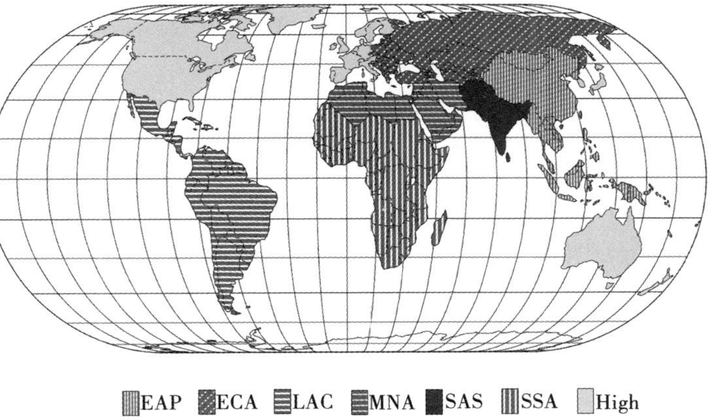

图 5-1 世界银行的区域分类

注:EAP＝东亚与太平洋国家;ECA＝东欧及中亚国家;LAC＝拉美及加勒比国家;MNA＝中东及北非国家;SAS＝南亚国家;SSA＝撒哈拉以南非洲国家;High＝高收入国家。

资料来源:世界银行网站。

从世界银行的上述划分可以看出,现实的经济世界被“切割”成了多个大的不连续的“块状”区域。全球经济之所以会呈现这种块状特征,成因是多方面的,比如要素禀赋、自然资源分布和气候的先天差异,历史、文化、制度的不同演进路径,政治、军事方面的重大事件等;其中,区域内部各国之间通过贸易、投资、资本和技术流动、人员往来等方式形成的紧密的经济联系无疑是关键的决定性原因,这也是本章集中讨论的内容。

一、基于区域的地缘经济连接

世界经济之所以呈现出显著的区域性特点,首先是由于相邻国家经济的地缘连接。世界经济的历史演进表明,地理位置上越相近的国家之间贸易流动的规模就越大。这一规律就类似于物理学中牛顿提出的万有引力定律:两物体之间相互的引力与两个物体的质量乘积成正比,与两物体之间的距离平方成反比。1962 年,荷兰经济学家、1969 年诺贝尔经济学奖得主简·丁伯根通过构建贸易引力模型,研究分析了双边贸易流量,证实国际贸易中也存在着“万有引力定律”,即两国双边贸易规模与其经济总量成正比,与两国之间的距离成反比。

延伸阅读

贸易引力模型的基本形式是：$X_{ij}=K\dfrac{(Y_i)^a\ (Y_j)^b}{(1+e\,D_{ij})^f}$。其中，$X_{ij}$表示两国的贸易流动规模；$Y_i$和$Y_j$分别代表i国和j国的经济总量(GDP)；$D_{ij}$为i国与j国之间的距离；K、e为常数，$a$、$b$为参数。该公式表明，i国向j国出口总量的大小或者i国和j国之间贸易量的大小与i国和j国的国民收入的总量成正比，与两国之间的距离成反比。

欧洲、东亚和北美是世界上区域经济连接最为紧密、特征最为突出的3个地区。以欧洲为例，德国处于地缘和人口的中心地位，也是欧洲最大的商品和服务出口国。表5-1列出了德国10个最大的出口市场，并提供了另外两个信息——这些出口对象国的国内生产总值及其与德国的距离。从中可以看出，德国最大的出口市场具有显著的区域性特征：2018年，在其前10个最大的出口市场中就包括了8个邻国中的6个(除了卢森堡和丹麦)，而且其中大多数都是相当小的国家。美国和中国与德国的距离比较远，之所以与德国有较大的贸易规模，主要是因为这两个国家的经济规模大；从德国的依赖度来看，德国对邻国总的依赖度要比对美国和中国大。因此，如果排除贸易对象国市场规模的影响，地缘显然是决定一个国家贸易对象的更为关键的因素。

表5-1　　德国10个最大的出口市场(2018年)

	国家	德国出口(百万美元)	德国出口对贸易对象国的依存度(%)	与德国的距离(千米)	GDP(十亿美元)
1	美国	135287	8.7	6410	205290
2	法国	124560	8.0	875	27879
3	中国	110548	7.1	7352	138948
4	荷兰	107619	6.9	574	9141

续表

	国家	德国出口（百万美元）	德国出口对贸易对象国的依存度（%）	与德国的距离（千米）	GDP（十亿美元）
5	英国	97154	6.2	912	28607
6	意大利	82461	5.3	1183	20858
7	奥地利	76809	4.9	523	4555
8	波兰	74802	4.8	518	5871
9	瑞士	64312	4.1	668	7051
10	比利时	52428	3.4	648	5427

数据来源：世界银行和 CEIC 数据库。

在东亚、东南亚、北美洲，各国的贸易对象也表现出了与欧洲相似的特征。表 5-2 列出了中国、日本、韩国、马来西亚和泰国等五个东亚、东南亚国家和美国、加拿大、墨西哥等三个北美洲国家最大的 10 个出口伙伴国（地区）。可以看出，东亚、东南亚五个国家排名前 10 的出口伙伴国（地区）中，除美国因市场规模因素具有特殊重要性外，大多数都是本地区国家和地区。在北美，美国、加拿大和墨西哥也互为对方最重要的贸易对象国。

表 5-2　2018 年东亚、东南亚和北美地区主要国家最大的 10 个出口市场比较

（单位：亿美元）

	东亚、东南亚地区					北美地区		
	中国	日本	韩国	马来西亚	泰国	美国	加拿大	墨西哥
1	美国（4807）	中国（1440）	中国（1622）	新加坡（344）	中国（301）	加拿大（2989）	美国（3376）	美国（3708）
2	中国香港（3037）	美国（1406）	美国（733）	中国（344）	美国（278）	墨西哥（2650）	中国（174）	加拿大（143）
3	日本（1476）	韩国（525）	越南（486）	美国（225）	日本（247）	中国（1203）	英国（148）	中国（71）

续表

	东亚、东南亚地区					北美地区		
	中国	日本	韩国	马来西亚	泰国	美国	加拿大	墨西哥
4	韩国 (1095)	中国台湾 (424)	中国香港 (460)	中国香港 (185)	越南 (129)	日本 (750)	日本 (95)	德国 (71)
5	越南 (842)	中国香港 (347)	日本 (306)	日本 (171)	中国香港 (124)	英国 (662)	墨西哥 (55)	韩国 (49)
6	德国 (782)	泰国 (323)	中国台湾 (208)	泰国 (141)	马来西亚 (116)	德国 (577)	德国 (47)	西班牙 (47)
7	印度 (770)	新加坡 (234)	印度 (156)	印度 (90)	澳大利亚 (107)	韩国 (563)	韩国 (40)	巴西 (43)
8	荷兰 (733)	德国 (209)	菲律宾 (120)	越南 (85)	印度尼西亚 (102)	荷兰 (494)	荷兰 (39)	印度 (41)
9	英国 (573)	澳大利亚 (171)	新加坡 (118)	韩国 (83)	新加坡 (92)	巴西 (395)	印度 (32)	日本 (41)
10	新加坡 (501)	越南 (164)	墨西哥 (115)	澳大利亚 (83)	菲律宾 (78)	中国香港 (375)	中国香港 (30)	哥伦比亚 (35)

数据来源：CEIC 数据年。

近地缘区域对开展贸易具有吸引力，主要是出于降低交易成本的考虑。从一个国家向另一个国家出口货物和服务需要付出成本。国际经济贸易的交易费用大体上包括：运输成本、信息成本、流通成本、风险成本、谈判成本、时间成本以及关税成本等。在货物到达目的地之前，必须经过一系列包装、装卸、运输、检查、组装和展示，然后才能出售给消费者或中间公司。为了建立销售和售后服务网络，出口商必须使用东道国语言，并且熟悉这个国家的法律、制度和社会文化。所有这些都涉及成本，而成本往往会随着"距离"的增加而增加。它可能是物理距离，也可能是政治、文化或社会距离。一般来说，在同样的贸易条件下，两国之间的物理距离和交易费用成正比，即两国间的距离越近，所付出的交易费用就越少，因此同样的经济交往条件下当然会选择在交易成本最低的邻国之间进行。

地缘接近是区域经济连接的基本决定因素。不过，由于资源禀赋、经济发展水平、政策与制度安排的不同，世界范围内形成的诸多区域经济连接存在着明显的特征差异。欧洲发达国家之间经济发展程度和产业结构接近，形成的是一种水平型的经济连接。东亚各国由于经济起飞时点不同，导致经济发展水平差异巨大，产业结构具有显著互补性，因而基于国际分工逐渐形成了垂直型的区域经济连接。在北美地区，因为美国经济优势明显，在其主导下形成的是一种中心扩散型区域经济连接。比较而言，拉美、非洲和中东等区域的国家普遍依赖资源输出，以产业分工为基础的区域内经济连接则不如欧洲、北美和东亚地区那么紧密。[①]

此外，在区域化和全球化的推动下，世界范围内还形成了许多跨区域的经济连接。这些跨区域合作中，有些属于双边合作，如中国与智利、瑞士、秘鲁、哥斯达黎加、冰岛等国签订的自贸协定；有些则具有多边的性质，比如金砖国家合作机制、“一带一路”倡议等。从合作形态看，有些合作具有强机制的特点，如各类跨区域自贸协定；有些则属于弱机制的范畴，比如中非合作论坛、“一带一路”倡议等。

二、基于发展的区域经济连接

第二次世界大战结束后，亚、非、拉美三个地区的殖民地和附属国纷纷走向独立，成为掌握自己命运的主权国家。由于积贫积弱的历史，摆脱贫困和促进经济发展就成了这些国家的第一要务。

受到阿根廷经济学家劳尔·普雷维什的世界经济“中心—外围”体系理论的深刻影响，以拉美国家为代表，许多发展中国家纷纷采取内向型进口替代发展政策，试图通过关税或其他壁垒等贸易保护政策，用国内生产代替某些工业制成品的进口，以此保护国内新生民族工业的成长，进而推动本国经济走上独立自主的发展之路。然而，这种封闭的发展战略并未能够带来发展中国家持续的经济增长；相反，由于缺乏激励和竞争，进口替代政策导致

---

① 以这3个区域的核心国家巴西、尼日利亚和沙特阿拉伯为例。在前15大贸易伙伴对象中，这3个国家分别只有4个、3个和2个是区域内国家。对于巴西来说，分别是阿根廷(第4)、智利(第6)、墨西哥(第7)和哥伦比亚(第14)；对于尼日利亚来说，分别是南非(第8)、科特迪瓦(第10)和加纳(第15)；对于沙特阿拉伯来说则分别为阿联酋(第5)和巴林(第8)。

了广泛的生产和消费扭曲，经济增长也逐渐陷入停滞，拉美地区甚至陷入了“失去的十年”。

与长期坚持进口替代发展战略的拉美国家相比，东亚的一些发展中国家与地区却由于及时放弃进口替代政策，转而采取以引进国外资金和技术、利用本国低成本劳动力生产并出口劳动密集产品为主的出口导向经济发展战略，最终获得巨大成功，被世界银行称为“东亚奇迹”。事实上，“东亚奇迹”并不是单个国家和地区的成功，而是东亚多个区域的崛起。[①] 因为在开放的发展环境下，后起的发展中国家和地区能够相对容易地从具有文化相似性的先发展邻国借鉴成功经验，而市场的力量则会激发商品和服务贸易，进而把各国连接在一起，从而实现区域内各国经济的良性互动和共同成长。

东亚作为一个地区，各国被陆地和海洋连接在一起，毗邻而居，形成了天然的地缘连接。然而，尽管历史上有着发展连接的基础，但作为一个地缘区域，近代以来东亚却在西方列强的不断蚕食和日本大肆扩张中遭到反复切割而变得支离破碎。第二次世界大战结束以后，世界因为美苏争霸而一分为二，长达近半个世纪的冷战使得东亚国家因所属阵营不同而继续处于分裂和对峙状态。因此，直到 20 世纪 90 年代初冷战结束，东亚作为一个地区都很少被提及。

打破东亚经济地缘分割的是各国陆续实施的开放型发展战略。首先是日本，第二次世界大战后转向出口导向工业化战略，短短十几年就再次进入发达国家行列。紧随日本，东亚“四小龙”也陆续实施出口导向战略，通过承接日本的产业转移而形成了初步的区域分工。此后，部分东南亚国家也先后采取开放发展战略，加入日本主导的东亚区域分工。实施改革开放后，中国主动融入世界经济，依靠“两头在外，大进大出”的外向型政策，与东亚其他国家经济形成了紧密的区域连接。这样，以发展导向为驱动、以市场机制为基础的经济链条就把大多数东亚国家和地区紧密联系起来，形成了区域性的发展框架和利益共生体。

东亚地区的发展性经济连接为所有期望通过开放和区域合作发展本国

---

① 东亚作为一个地缘区域，主要是指东北亚和东南亚地区；在区域化发展的情况下，印度、澳大利亚、新西兰加入东亚合作机制，由此，作为地缘经济区域的东亚范畴有所扩大。

经济的国家，特别是落后国家和地区，提供了一种理想的理论范式。概括而言，20 世纪下半叶东亚的区域内经济连接与发展具有三大特点：一是各国都选择采取出口导向的工业化战略，这是形成区域经济连接的前提和基础。二是区域发展的继起性，在此过程中先进经济体与后进经济体之间始终保持着连续而稳定的差距，形成一种“四小龙”追赶日本、东盟和中国追赶“四小龙”的动态性经济空间。连接各国经济的基础是各国制造业随时间推移经历了“进口→国内生产替代进口→通过出口产业化成熟→夕阳化”的变化过程。也就是说，一个国家某种商品的进口持续一段时间后，该国就会开始自行生产该商品，随着生产的扩大国内实现进口替代，有了技术积累和国际竞争力后再走向出口产业化。三是对美欧作为最终产品出口市场的高度依赖。简单地说，就是东亚先进经济体向该区域其他后进经济体出口中间产品，然后在该国（地区）进行加工组装，最后把最终产品出口到美欧发达国家。对于东亚地区这种基于产业分工的经济连接和阶梯式发展形态，学术界普遍将其称为“雁型模式”（flying-geese model）。

不过，东亚的发展性经济连接不是一种静态模式，而是具有动态特征。21 世纪以后，随着中国经济快速增长和产业结构不断升级，东亚的分工结构日趋网络化和复杂化，雁型模式逐渐转型，并被一种被称为“东亚生产网络”（East Asian production network）的区域分工形态取代。新的区域生产网络由雁行分工结构演变而来，但在很大程度上改变了其产业间分工的本质属性，形成了一种以产业内分工和产品内分工为基础的区域生产与分工结构。在这种结构中，跨国的生产过程分散化和各国经济的一体化是同时发生的，其核心特点是零部件等中间产品在区域内“去而复回”地转运，以便在每一阶段进行更深入的加工，直到最终产品的出口。

三、区域经济连接的比较优势

发挥本国的比较优势是各国加入区域经济连接的前提和基础。比较优势原理是国际贸易学中的一个重要概念，是指在两国之间，劳动生产率的差距并非在任何产品上都相等，每个国家都应集中生产并出口本国具有比较优势的产品，进口本国具有比较劣势的产品（即“两优相权取其重，两劣相衡取其轻”),这样双方均可节省劳动力,获得专业化分工进而提高劳动生产率的好处。

在不同的时代和不同的地区,各国依靠比较优势加入区域经济的表现形式和连接方式也存在差别。20 世纪 90 年代以前,主要的区域经济连接形态是商品分工,各国依据本国的比较优势生产不同类型的商品,或同一类型但具有不同特点、等级或质量的商品,连接区域内各国经济的是贸易和投资。发达国家之间形成水平型的分工形态(如欧盟),发达国家与发展中国家之间则形成垂直型的分工形态(如东亚)。不过,无论哪种分工形态,商品生产的供应链条通常比较简单,主要集中在东道国和母国之间。以垂直型分工为例,通常是跨国公司从母国向东道国出口资本品和零部件,然后利用东道国廉价劳动力进行组装生产,最后将最终产品出口到第三国或返销母国。

20 世纪 90 年代以来,随着技术水平的不断提升和经济全球化的迅猛发展,国际分工日益深化,所谓的区域和全球产业链逐渐成为国际分工的主导形式。新的区域经济连接形态是商品分工与要素分工的统一。一家企业参与国际分工的载体不再只是生产出来的产品,也包括生产产品所需的各种要素。发达国家提供资本、技术,发展中国家提供资源和劳动力,跨国公司则依据效率和利润最大化的原则,根据各国不同的区位优势和比较优势,通过贸易和对外直接投资把这些生产要素进行有效配置、有机组合,从而构建形成区域乃至全球生产网络。在这种区域经济连接中,发达国家通常占据主导地位,获得垄断收益;发展中国家虽然没有要素配置主动权,但是通过引进外资能够弥补本国资本缺口,且引入先进的技术和管理制度,能促进本国经济更好更快发展。

商品分工和要素分工的不断深化有助于创造比较优势,使得原本可能被排除在外的国家参与到区域分工中。例如考虑一种 3×2 模型,即有三个国家(分别用 1、2、3 表示)生产两种产品 A 和 B,其单位成本分别为 a_1、a_2、a_3和 b_1、b_2、b_3,产品 A 与产品 B 的相对价格用 R 表示。假设 $\frac{a_1}{b_1}<\frac{a_2}{b_2}<R<\frac{a_3}{b_3}$,这就意味着,国家 1 在产品 A 的生产上具有最大的比较优势,而国家

3 在产品 B 的生产上具有最大的比较优势。按照传统的比较优势理论，此时区域分工的模式即为国家 1 专业化生产产品 A，而国家 3 专业化生产产品 B，国家 2 则被排除在分工之外。但是，随着区域分工的不断深化，产品的生产链条不断拉长，要素分工从一个国家扩展到多个国家，那么国家 2 潜在的比较优势就有可能被激发和创造出来。比如现在产品 A 的生产被分割成 C 和 D 两个部件的生产，为简单起见，假定其他条件均保持不变，则国家 3 的生产情况不变。此时我们观察国家 1 和国家 2。如果国家 1 和国家 2 生产部件 C 和 D 的成本分别为 c_1、c_2 和 d_1、d_2，并且假定 $\frac{c_1}{d_1} < \frac{c_2}{d_2}$，这就意味着国家 1 在部件 C 的生产上具有比较优势，而国家 2 则在部件 D 的生产上具有比较优势。根据比较优势原理，国家 1 可以专业化生产部件 C，国家 2 可以专业化生产部件 D。现在，国家 1、国家 2 和国家 3 都加入了区域分工当中，依照本国的比较优势进入产品生产链的不同环节，并获得各自的相对收益。①

延伸阅读

比较优势理论主要解释了为何在拥有较低的机会成本的优势下进行生产、贸易，对双方都有利。该理论最早由大卫·李嘉图提出，其核心思想是：一个国家倘若专门生产自己相对优势较大的产品，并通过国际贸易换取自己不具有相对优势的产品就能获得利益。

由于经济全球化的快速发展，全球价值链（GVC）作为一种新的国际分工形式逐渐兴起。它确定了这样一种生产结构，就是将传统上主要集

---

① 全球价值链的快速发展使得更多的国家得以根据本国比较优势加入国际产业分工，这种变化的一个重要结果是价值链贸易的增加（以中间产品贸易占全部贸易比重衡量）。从 1980 年到 2018 年，价值链贸易在世界贸易总额中的占比从 39.5%上升至 49.3%，提高了近 10 个百分点。东亚的变化尤其明显，1980 年价值链贸易在东亚贸易总额中的占比仅为 36.3%，低于欧盟的 44.5%和北美的 39.1%，但到 2005 年，东亚的价值链贸易占比大幅提高 15.8 个百分点，升至 52.1%，超过了欧盟的 47.3%和北美的45.2%；2017 年，东亚价值链贸易占比进一步升至 54.8%。

中在一个国家范围内进行的产品生产拆分为不同的生产模块，并根据各国不同的比较成本把这些生产模块平行分布于全球多个国家和地区。因此，全球价值链通常也被称为“跨国界的工厂”，其关键特征是生产过程的国际维度以及买卖关系中的“合同化”，这种买卖关系通常也是跨越国际边界的。从范围上看，全球价值链是依靠价值链的延伸而使得比较优势理论能够在一个统一的多国框架内解释新的国际分工。

四、区域经济连接的效益

企业跨出国门进入国际市场的本质是逐利，同样，国家之间加强区域连接的目的也是实现经济利益最大化。紧密的区域经济连接有助于各国在更大的范围内实现资源的优化配置，充分发挥自身产业的比较优势，通过优势互补加强区域分工合作，在提高本国收益的同时也提升区域整体实力。以中国为例，在经历了近30年封闭的计划经济后，1978年年底邓小平带领中国走上对外开放之路。从过去40多年的发展经验看，中国最初主要是依靠本国低成本劳动力加入东亚地区的产业分工中，通过从东亚其他国家和地区进口资本品和零部件，组装生产后再出口到欧美等发达国家市场。在此过程中，资本不断累积，劳动力经验不断丰富，技术水平不断提高，进而在实现经济高速增长的同时，也推动中国经济的比较优势逐渐从劳动密集型产业向资本密集型和技术密集型产业转变。中国在东亚区域和全球价值链上的地位随之不断攀升。

中国的经济增长受益于东亚区域分工和发展，而随着国内经济规模的不断扩大，中国反过来又逐渐演变为东亚其他各国经济的重要“火车头”，成为东亚区域经济一体化的核心推动力和“黏合剂”。东亚其他各国将中国巨大的国内市场作为它们自身经济增长的来源，通过不断深化区域分工，该地区形成了开放、复杂、具有全球性特征的区域产业链分工体系。中国从日本、韩国和台湾地区进口高端零部件，从东盟进口原材料和低端零部件，为香港地区和新加坡输入各种服务，然后在中国进行加工组装，再将成品出口到全球市场。这种分工体系下形成的贸易格局常被称作“三角贸易”。

区域开放与紧密的经济连接有助于吸引资本和技术流入，增加就业和财政收入，实现经济增长。没有足够、持续的资本供给，就无法形成可持续的经济稳定增长。在没有外来资金流入的情况下，一个国家的资本供给只能取决于本国的储蓄能力和居民的储蓄意愿，而储蓄能力又直接与本国居民的收入水平有关。对于落后的发展中国家来说，资本供求往往存在较大缺口，此时吸引外资流入就成了一种重要的发展渠道，而利用开放战略加入区域经济连接，无疑会为弥补本国资本不足创造条件。不过，外资流入是为了获得高额利润，因此，本国政府就必须努力创造适宜的营商环境，保证流入的外资能够在较低投资风险下获得高于在母国经营的利润。

技术也是支撑一国经济可持续增长的关键要素。技术是在商品生产中所积累的知识、技巧和熟练程度，发明创造是技术进步的源泉。技术进步或技术创新意味着一定的投入量可以生产出更多的产品，通过技术进步，可提高现存的劳动力和资本量的生产率。然而，世界科学技术的发展是极其不平衡的，绝大部分的技术成果都来自并掌握在发达国家手中。因此，发展中国家为了快速提升本国的技术水平，从国外特别是发达国家引进技术就成为一条捷径。而对于发达国家来说，通过技术输出与扩散，把本国已经处于成熟期的生产技术转移至区域内相对落后的国家，在促进技术输入国经济增长的同时，也能继续维持这些产业的竞争力，获得较高收益。

通过经济连接形成区域性收益共享和风险分担机制，以集团合力在全球竞争中占据有利地位，对于弱小的国家来说，这一点尤其重要。东盟就是一个通过国家整合提升区域国际影响力的最佳案例。1967 年，泰国、印度尼西亚、新加坡、菲律宾四国外长和马来西亚副总理签署《曼谷宣言》，成立了“东南亚国家联盟”（ASEAN，简称“东盟”），此后又有文莱、越南、缅甸和柬埔寨陆续加入。到 20 世纪末，东盟成员包括 10 个国家，实现了整个东南亚地区的联合。事实上，由于经济体量过小的原因，每个东南亚国家在国际上的地位都不高，对国际秩序和国际经济格局的影响非常有限。然而，联合起来用一个声音，采取共同行动，东盟就成了世界体系中一个举足轻重的角色。对于东亚地区的合作，东盟的作用尤其明显。从某种程度上可以说，没有东盟，就没有现在的东亚合作。尽管东盟作为一个整体占东亚经济总量的比重只有10%，但它始终都在东亚区域合作中占据主导地位，无论是“10＋1”“10＋3”还是RCEP，东盟都是核心。

除了经济收益，区域经济连接的发展与深化还具有广泛的政治、社会和人文溢出效应。驱动区域经济连接向前发展的基础性力量是自发的市场机制，但随着各国经济融合程度的不断加强，有形和无形的制度壁垒会逐渐凸显，成为制约区域经济连接进一步深化的障碍。在缺乏政治协调和制度性合作的情况下，紧密的区域经济连接有时还会成为单个国家经济危机演变为区域性危机的加速器，1997年的亚洲金融危机就是一个典型案例。由于市场机制的上述缺陷，各国政府逐渐意识到，只有加强政治合作，推动区域性制度构建，才能实现区域经济连接的收益最大化。因此，在经济连接之外，20世纪90年代以来政治领域的对话合作和制度建设在世界各个区域内大量增加，比如欧盟的政治决策机制设计、东南亚共同体的建立等。

区域经济连接还有助于加强各国的社会和人文交流。跨国公司的国际直接投资通常都伴随着商务人员的跨国流动，各国具有社会和文化属性的商品贸易也会增强民众对彼此的理解和情感纽带，进而扩大相互交流的需求。最终，伴随着政治合作、经济连接、社会和人文交流的持续深化，区域内各国民众的地区认同会不断增强。以欧洲和东亚为例，欧洲经济一体化经过半个多世纪的扩大和发展，从根本上改变了欧洲的政治、经济和安全景观，也使得该地区民众对其个人作为欧洲人的身份和文化认同不断强化，这又反过来成为推动欧洲一体化不断深化的内在动力。东亚民众的地区认同随区域经济紧密连接而不断增强。由于战争和殖民的影响，东亚各国曾长期处于纷争与割裂状态。正是以贸易和投资为主要动力的产业分工和经济合作，逐渐把各国连接在一起，各国民众的区域意识才慢慢形成；特别是原本分割的东北亚和东南亚地区在紧密的区域分工网络影响下，逐渐形成了统一的东亚意识和地区认同。

第二节　区域经济机制

区域经济通过各种市场机制和制度安排而实现连接。市场作为资源配置的基础性手段，是连接区域各国经济的主要方式。在经济全球化的背景下，市场主要通过价格机制和竞争机制，引导各国企业进行跨国经营以获取最大化利润。为优化市场机制运行、引导企业合理布局，许多国家还会通过制定开放的发展政策、与邻国开展经贸合作、签订自由贸易协定、建立共同市场等方式，加强区域内的政策协调和制度安排，以此推动各国经济连接。

一、区域经济机制联系

贸易交换是区域经济最基本的连接形式。由于各国在气候、地理、自然资源、劳动者素质技能等方面存在禀赋差异，在产品生产上往往具有不同的成本。以东亚地区为例，有些国家如日本、韩国，科学技术发达，精细化生产方面有较大优势；中国、越南等国由于工资水平相对较低，在劳动力密集型产品生产上具有成本优势；印度尼西亚、菲律宾则因为资源丰富、农业发达，所以在资源密集型产品和农产品出口方面具有比较优势。因此，在市场机制的作用下，各国之间会自发形成日本、韩国生产并出口资本和技术密集型产品，中国、越南生产并出口劳动密集型产品，印度尼西亚和菲律宾出口资源密集型和初级农产品的区域分工格局。当然，这种贸易分工并非一成不变，而是会因各国比较优势的改变而发生动态调整。近年来中国出口产品结构不断升级，劳动密集型跨国投资逐渐向越南、柬埔寨等东南亚后发国家转移就是这一变化的典型例证。

企业跨国投资和经营是深化区域经济连接的主要桥梁。通常来说，初创的企业都会选择在国内运营，但随着企业实力的不断壮大以及国内市场的逐渐饱和，有远见的企业家们就会把目光投向本土以外的海外市场。由于地缘与文化的接近，这些企业一般都会首先选择与本国相邻的国家和地区进行跨国经营，形成区域生产网络。从当前全球的发展格局看，欧盟、东亚和北美是区域生产网络中最为集中和发达的三个区域，并且每个地区都有核心国家。

政府间的政策协调与合作是推动区域经济连接平稳发展的重要手段。随着区域经济连接的不断深入，两种制约因素会逐渐浮现出来：一是国家间的各种制度和非制度性差异。由于政治体制、经济制度、发展政策和文化传统等方面的差异，各国的市场运行方式和营商环境往往具有较大不同。在区域经济连接处于较浅层次、市场空间巨大的发展初期，这些差异通常不会对企业经营产生重大影响。但随着竞争加剧，各国经济融合不断深化，各国之间的市场和治理差异就会凸显，成为制约区域经济连接进一步深化的障碍。二是市场盲目性所带来的非均衡发展和风险扩大。市场是连接各国经济的最基本形式，但市场又具有一定的盲目性。跨国公司按照利润最大化的原则进行国际化经营，但往往会忽视在东道国的社会责任，导致国家之间和国家内部的非均衡发展。缺乏管制的跨国流动资本则容易成为金融危机的导火索和危机在国家间蔓延的加速器。因此，为缓解和克服上述制约因素的不利影响，各国政府往往会加强合作，采取有针对性的政策加以协调，引导区域经济发展与连接行稳致远。

签订自贸协定、建立共同市场是区域经济连接朝着更高水平发展的必由之路。政府间的政策协调有助于润滑区域国家之间的市场摩擦，但无法消除关税及其他制度性壁垒。只有通过制度性区域合作，才能真正有效推动各国市场和规则的统一，进而促进区域经济连接水平的进一步提升。欧洲最先开启了区域合作的进程，从20世纪50年代欧洲煤钢共同体，到70年代的欧洲经济共同体，再到90年代的欧洲联盟，直至21世纪之后欧元的诞生，欧洲地区不断提升区域合作层次。20世纪80年代后，北美地区也启动了区域合作进程，并于1992年正式签署《北美自由贸易协定》。[①] 在欧洲和北美区域合作的影响下，世界其他地区的区域合作也如雨后春笋，不断高涨，世界经济呈现出了越来越显著的区域化特征。2020年11月15日，包括中国、日本、韩国、澳大利亚、新西兰和东盟10国在内的15个成员国完成了RCEP协议的谈判。这是世界上人口最多、经贸规模最大、最具发展潜力的自由贸易区。

二、政府政策与合作机制

为加强区域经济连接，实现各国共同利益的最大化，相邻国家之间可以

---

① 2018年11月30日，美国、墨西哥、加拿大三国领导人在阿根廷首都布宜诺斯艾利斯签署《美国—墨西哥—加拿大协定》(USMCA)，以此替代了《北美自由贸易协定》。

通过政府政策、区域合作机制建设等方式，形成贸易便利化、要素共同市场、财政与金融政策协调等区域合作模式。

政府政策主要包括贸易政策、区域政策、产业政策及财政金融政策等。贸易政策旨在通过贸易与投资促进产品和要素流动，形成区域性贸易链，增强“贸易创造”和“贸易转移”效应。区域政策作为倾斜性的地区发展政策，具有空间属性，主要解决区域协调和发展问题。比如欧盟通过设立结构基金、渔业指导金融工具、团结基金等，有力地促进了成员国中经济发展相对落后国家的经济发展，显著地缩小了欧盟内部穷国与富国之间的差距。产业政策是区域合作中以优化要素配置为主要目标的政策措施，利用地区比较优势的产业空间布局推动形成产业分工体系。此外，区域合作还涉及基础设施、跨境投资等资金融通。财政金融政策主要是为区域合作的具体项目落地提供投融资政策框架，涵盖多国公共财政、政府主权基金等国际资本和私人资本。

区域合作机制是指为实现特定区域合作战略目标而确定的具体合作形式、相应保障体系和操作准则等制度架构。区域合作形式可以根据合作层次分为浅层次的非制度性合作安排和深层次的制度性合作安排。前者如亚太经合组织（APEC）。作为亚太地区一个高级别的政府间经济合作机制，其宗旨是保持经济的增长和发展，促进成员间经济的相互依存，加强开放的多边贸易体制，减少区域贸易和投资壁垒，维护本地区人民的共同利益。不过，该组织并未形成一个具有约束力的制度化合作安排，而是强调开放、自愿、协商、发展、互利和共同利益，其中自愿是其核心与关键。制度性合作安排如欧盟、东盟、南方共同市场等，主要是区域内各国通过建立共同的协调机构，制定统一的经济贸易政策，消除相互之间的贸易壁垒，逐步实现区域内共同的协调发展和资源的优化配置，以促进经济贸易发展。

保障体系和操作准则等制度架构是为实现特定合作目标而确定形成的区域合作框架，具体包括各级对话机制、专家会议、协调委员会、项目推进组等，主要通过常设的决策、沟通、协调、执行和监督机构来保障区域合作的稳步推进。从现有区域合作框架看，健全的区域合作框架通常包括最高决策机制（国家元首会议）、日常协调机制（部长级会议）、事务落实机制（高官会议)、专业工作咨询机制(专家委员会和专业工作组)、常设办公机制(秘书处)、合作组织外的对话机制(论坛、峰会)等。受区域发展水平、路径依赖性、文化传统等因素影响,各国参与区域合作的利益驱动及思维逻辑可能不一致,并由此产生不同的区域合作模式。

区域合作过程中经常会出现与目标利益不吻合、相关利益无法得到有效保障的情况。这种情况如果不及时解决,会影响区域经济合作的生存和发展。因此,建立有效的协调机制至关重要。一般来讲,一个有效的协调机制应包括协商机制、仲裁机制和补偿机制。协商机制就是设立专门机构,及时解决合作进程中出现的各种问题;仲裁机制是指设立权威机构,把区域合作中通过协商不能解决的问题提交仲裁机构进行裁决;补偿机制则是指对落后地区、利益分配处于劣势的地区进行援助和补偿。

三、自由贸易区与区域经济一体化

区域经济一体化是指地理区域上比较接近的两个或两个以上国家之间采取的某种形式的经济联合,或组成的区域性经济组织。按照贸易壁垒取消的程度或按一体化目标的高低,通常包括优惠贸易安排、自由贸易区、关税同盟、共同市场、经济同盟和完全经济一体化等六种形式。

区域经济一体化是 20 世纪 80 年代以来世界经济发展的一个显著特征。1948—1994 年,关贸总协定(WTO 的前身)共收到 124 份建立地区贸易安排的备案;1995—2000 年,世贸组织又收到了 130 份备案,涵盖货物和服务贸易。在 214 份已经签署的协定中,2000 年有 134 份生效。总体上,20 世纪 90 年代,地区贸易安排增长了 3 倍。21 世纪以后,这一数字进一步增加,到 2019 年年底,全世界已经签订了 345 个自由贸易区协定,大约 90%的世贸组织成员国都参与了至少一个地区贸易安排。

最为成功的区域制度性合作是欧洲的一体化安排。1951 年,法国、德国、意大利、比利时、荷兰和卢森堡等 6 个国家共同签署《欧洲煤钢共同体条约》,以此拉开了欧洲区域合作的大幕。该条约是西欧主权国家之间在一体化进程中签订的第一个具有约束力的立法文件,明确规定了煤钢共同体以共同市场、共同目标和共同机构为基础,这三个"共同"实际上是后来的欧共体以及今天的欧盟所确立的长远发展目标的雏形。1968 年 7 月 1 日，欧洲一体化直接跨越自由贸易区阶段，实现了关税同盟；1993 年进一步建成了欧洲统一大市场；而 1999 年 1 月 1 日欧元的顺利启动，则率先在 11 个成员国中实现了经济与货币联盟。尽管此后的发展不断遭遇挫折，特别是全球金融危机对其形成巨大冲击，但总体来看，欧洲的一体化进程为各成员国的经济发展注入了强大动力，成为推动各国经济增长和摆脱金融危机的稳定器。

除了欧洲较高程度的一体化外，目前其他地区的经济一体化基本都处于自由贸易区的阶段。所谓自由贸易协定，是指两个或两个以上的国家(包括独立关税区)根据 WTO 相关规则，为实现相互之间的贸易自由化所进行的地区性贸易安排。由自由贸易协定的缔约方所形成的区域被称为“自由贸易区”。自由贸易区的传统含义是缔约国之间相互取消货物贸易关税和非关税壁垒。但是 21 世纪以来，自由贸易区出现了新的变化，其内容不仅包括货物贸易自由化，而且涉及服务贸易、投资、政府采购、知识产权、标准化等更多领域的相互承诺。这种广义的自由贸易区也被称为“经济合作协定”。

自贸区之所以能够快速发展，主要是因为各成员国在资源、产业等要素禀赋上的差异促使其相互之间产生扩大市场准入与吸引投资的需求。自贸区本身所具有的经济效应会给成员国带来双赢或多赢的结果。自贸区可以通过制定原产地规则给各成员国的产品以优惠待遇，因此其实施会给成员国带来贸易创造、贸易转移、促进竞争等效应，各国之间由此可形成一个相互支持的、稳定的经贸环境和公平竞争的平台。自贸区有助于成员国合作，增强应对国际竞争的能力。大国可以通过自贸区建设而加强其在区域乃至全球的影响力，小国则可通过与大国签订自贸协议而顺利进入其市场，获得产品出口和对外投资等好处。

全球多边贸易谈判进展缓慢促进了自贸区的蓬勃发展。WTO 决策遵循“协商一致”的原则。由于新兴市场国家的崛起和 WTO 谈判议题的不断增加，WTO 现有 164 个国家对谈判议题越来越难以取得共识，导致 2001 年就已启动的多哈回合谈判如今陷入困境。而与此形成鲜明对照的是，自贸区建设却因为可以在小范围内协调各方的利益和立场冲突而获得快速发展。此外,WTO相关规定允许成员国在自愿基础上签署自贸区,这也对自贸区的蓬勃发展起到了有力推动作用。

四、企业战略与生产网络

企业是区域经济连接和经济一体化的主要微观主体。当一家企业规模不断变大而寻求更大市场、更好资源,追逐更高利润时,它就有动力跨越国家边界,在两个或更多国家从事生产、销售和服务等国际化经营活动,根据区域或全球战略进行生产布局。

根据外部竞争环境的不断改变,企业的国际化成长通常会经历三个发展阶段:一是通过边界扩张和一体化在区域甚至全球范围内实现竞争壁垒的外生成长;二是通过企业内部的资源和能力积累实现内生成长;三是内外兼顾的网络化成长。随着全球化和价值链垂直分解日趋深化,网络化正成为企业发展的重要手段。由跨国公司推动形成的区域和全球生产网络的迅速发展,已使其成为区域经济一体化和经济全球化最重要的载体。

以东亚地区的区域生产网络发展为例,来自域内外发达国家的跨国公司通过生产、营销、创新等方面的多重分解和优化布局,与东道国企业及该地区其他国家不同层级的供应商一道,共同构建了复杂的区域和全球性生成网络。其中,信息通信和消费电子行业跨国生产网络的迅猛发展最具代表性,主要原因是这些行业的生产环节可实现高度分解,每个环节高度标准化且不同环节的技术密集性存在很大差异;同时,这类产品单位价值的运输成本较低,适合采用国际分工的生产方式,以此在国际不同区位实现各个生产环节的分配。东亚地区各国之间的技术梯度和要素差异正好契合了这一分工方式的要求。

五、互联互通与空间溢出效应

"互联互通"是近年来兴起的一个旨在加强区域经济连接的重要概念。最初这一概念只是在通信领域广泛应用,通常是指电信网间的物理连接,以使一个电信运营企业的用户能够与另一个电信运营企业的用户相互通信或共享各种电信业务。但是，随着 2010 年东盟发布《东盟互联互通总体规划》和 2013 年中国提出“一带一路”倡议并把“互联互通”作为核心内容之一，这一术语就逐渐被赋予了全新的内涵。

根据《东盟互联互通总体规划》，互联互通主要包含相互支撑的三个方面：物理的连接(physical connectivity)，即硬件联通，主要包括基础设施建设如交通、电信、电力、能源等；机制的连接(institutional connectivity)，即软件联通，包括简化贸易程序、统一贸易规则等促进贸易、投资和服务自由化和便利化的手段；人文的连接(people to people)，即人员交往的联通，涵盖商务人士流动、跨境教育、旅游和文化交流等。

互联互通主要通过规模经济效应和贸易创造效应推动区域经济的连接。互联互通，特别是基础设施互联互通，有助于突破区域经济一体化面临的基础设施瓶颈，使规模经济能够在更大的区域内得以实现。提到区域合作，人们通常首先关注的是机制建设，也就是互联互通中的软件联通。制度性区域合作的目标是通过拆除各国设置的关税和非关税壁垒等藩篱，把原本相互分割的民族国家聚合成为“单一的市场和生产基地”，从而使在区域内从事生产经营活动的企业能够实现更大的规模经济。不过，制度性藩篱的拆除并不会自动消除经济一体化面临的自然障碍。相反，制度性合作协议的确立凸显了对于基础设施互联互通的需求。一个物理上快捷便利地连在一起的区域才能更好发挥制度安排的优势，区域合作的规模经济效应也才能真正发挥。以东盟为例，2002 年东盟自由贸易区建成之际，六个老成员的平均关税已经降低至 0—5%，传统的关税已经不再是其区内贸易的主要障碍。但东盟是一个多样性很强的区域，各国经济发展水平差异巨大，基础设施发展水平也存在天壤之别。发达的港口城市国家新加坡，内部已经拥有四通八达的现代化地铁网，其港口、机场则联通世界主要经济中心。而老挝全国到目前为止还没有一条像样的铁路。在这样的情况下，即使突破了制度障碍，落后的基础设施仍然会阻碍地区市场的形成。因此，东盟开始把互联互通作为推进区域一体化建设的重要内容，以期通过基础设施领域的互联互通，不断释放制度性互联互通的合作潜力。

互联互通的深化可以让区域内各国更多的民众融入区域化进程，扩大消费群体；同时，基础设施互联互通所形成的新的交通路线或运输方式，加上制度互联互通带来的贸易投资自由化、便利化，会在很大程度上降低贸易的关税、物流和时间等成本，从而改变产品的可贸易性，扩大国际贸易规模，促进国际贸易发展。互联互通范围的扩大和程度的加深，还能使得更多此前远离经济和商业中心的地区加入区域一体化进程，从而推动一些新的分工产生，并创造新的国际贸易。此外，人与人的互联互通也具有贸易创造效应。因为人们在交往过程中，会通过语言交流、文化教育、宗教信仰、生活习俗、价值观和世界观等众多领域的互动而产生信任，并因此产生贸易和投资。

规模经济效应和贸易创造效应使得区域内各国间的经济连接变得更加紧密。由于生产和分工能够在更大的范围内进行，因而劳动、资本等要素的利用和实现更加充分，进而推动各国经济进入良性互动的增长轨道。而根据空间经济学，一国经济增长往往具有显著的溢出效应。该效应主要体现为通过进出口贸易、跨国直接投资、人员交往以及各种交流活动而产生的市场溢出效应、技术溢出效应、知识溢出效应和网络溢出效应等。对于东道国来说，参与国际分工的企业能够通过“干中学”而掌握更加先进的生产技术，以此促进创新，提高竞争力；生产与经营过程中产生的技术溢出、知识溢出和信息溢出，则有助于促进创新并最终带来更高水平的经济增长和发展。

延伸阅读

经济增长的外溢效应通常也被称为“空间溢出效应”。总体来看，一国经济增长影响他国经济发展的方式主要通过商品和要素流动以及跨国生产网络来实现。国家之间的商品流动和要素流动主要表现为进出口商品贸易、劳动力跨国流动和资本跨国流动。伴随着商品和要素的跨国流动，知识与技术也实现了跨国转移和溢出。中间品贸易、劳动和技术要素及资本流动通常是国家间经济联系不断深化的体现。一个国家的经济增长通过贸易、投资和生产网络的方式对区域内其他国家的经济产出与增长产生了积极的溢出和传递效应。外溢效应有着很强的区域性特征，一个活力型经济体通常都能够惠及周边国家或地区；一个经济发达的城市，其发展会在不同程度上让周边国家或地区受益。繁荣的经济会产生聚集效应，造成经济活动的外溢，周边国家和地区则是最主要的受益者。

第三节 区域经济分工

一、基于区域的经济分工

在紧密的经济连接和合作机制作用下，区域国家之间通常会形成一定的经济分工。国际分工涉及资本、货物、服务在国家间的转移。由于各国在空间距离、地理区位上的差异，这种国际转移往往伴以不同的运输成本，因此，地理位置越靠近的国家通常也就越容易形成区域分工网络，北美、欧洲、东亚等地区都是典型的代表。即使技术进步已经大大降低了运输成本，但近几十年世界经济发展的区域性特征表明，地理距离仍然是决定国际分工的一个关键因素。图 5-2 显示了 1980—2018 年东亚、北美和欧盟三个代表性经济区域的零部件贸易流向，从中可以看出国际分工的区域化特征。

欧盟作为全球经济总量最大的区域经济体，区域内价值链贸易占比（以中间产品贸易占全部贸易比重衡量）持续处于 60%以上，反映了该地区各国紧密的经济连接和分工。与欧盟相比，东亚的区域一体化尽管程度较低但发展更快，其区域内价值链贸易占比从 1980 年的 36.3%大幅提升至 2005 年的 52.1%，提高了 15.8 个百分点。全球金融危机的爆发虽然在短期内延缓了东亚价值链的上升趋势，但 2010 年后又再次上升，2018 年达到53.5%。比较而言，北美地区的区域内价值链贸易占比相对最低，但除了个别年份，也一直高于 40%。

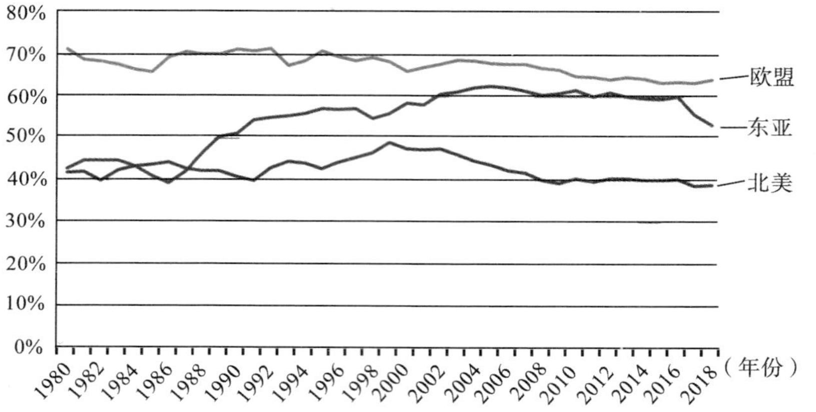

图 5-2　1980—2018 年东亚、北美和欧盟的区域内价值链贸易占比比较

资料来源：日本独立行政法人经济产业研究所，https://www.rieti－tid.com/。

区域分工的核心是相互提供市场，实现各国经济的规模化发展，这已在国际贸易和区域经济一体化相关理论中得到证明。但是，区域分工合作不能完全依靠价格机制自动实现，还必须通过当事国之间的相关协议加以推动。这些协议既包括政府间的合作协议，也包括企业间的协议，而且以后者为主，如企业之间跨国股权投资、企业跨国并购、产品贸易、专业化生产协议、合作研发等，都是协议性国际分工的重要手段。此外，在区域分工中，各成员国必须在协议中得到相对均等的经济利益，否则合作就难以达成。从实施协议的难易程度来看，经济发展水平越接近的国家，合作就越容易达成。

二、全球化与区域经济连接

全球化和区域化是世界经济并行发展的两种趋势。全球化是指各个国家和地区相互依存度不断上升的历史进程，表现在经济方面，意味着商品、劳务与资本的国际流动以及生产的国际扩张，概而言之，经济全球化主要体现为贸易自由化、金融国际化和生产一体化。贸易自由化是经济全球化的先导，金融国际化是关键环节，而生产一体化则是全球化深化的体现。世界贸易组织（WTO）、国际货币基金组织（IMF）、世界银行（WB）被称为经济全球化的“三大支柱”，在宏观层面和制度安排上推动着经济全球化的发展；特别是WTO的多边贸易谈判机制，从1947年成立到1993年经过八轮谈判，在大幅削减关税壁垒和非关税壁垒、消除贸易歧视、增强贸易透明度、处理国际贸易纠纷等方面取得了巨大成就，是全球化进程的主要推动者。不过，受到全球金融危机的影响，近年来经济全球化的进程有所放缓，贸易保护主义和反全球化逆流有抬头迹象。

与全球化不同，区域化主要表现为世界范围内相邻国家之间经济的日益融合和一体化，是区域经济连接的体现。区域化快速发展受到了全球化的重要影响。经济全球化作为一种长期趋势，主要的推动力量是技术进步，它使得国际贸易、资本和劳务流动以及国际直接投资更为便捷。在这种趋势下，各国企业就有更强的动力跨越国境，参与到国际分工之中。一国参与国际分工通常首先会表现为形成紧密的区域经济连接。因此，全球化会从推动各国开放的角度促进区域化和区域经济连接的发展，换句话说，区域化是走向经济全球化的一个阶梯。

全球化还从反向角度推动了区域化进程的加速。尽管全球化是世界经济的长期趋势，但其发展过程难以一帆风顺。对于一个国家来说，全球化往往是一把“双刃剑”。如果国内政策选择和制度匹配恰当，全球化就能促进经济的持续、包容增长；而如果国内政策选择不当，经济制度不相匹配，全球化则有可能给经济与社会发展带来不利的影响。这也是过去几十年全球化进程不断推进的同时，反全球化浪潮从未消失，并且在全球金融危机之后愈演愈烈的主要原因之一。

通过加强区域经济连接，推进区域化进程来形成合力以抵抗和消减全球化对经济与社会的负面冲击，就成了许多国家的替代性选择。如果区域内各国通过机制和制度连接（如自由贸易区或关税同盟）而形成区域性经济集团，它们往往就会具有双重性质。对内，通过取消关税和非关税壁垒，促进了成员国贸易的增加，使各国间的生产专业化和国际分工更为密切和细致，从而推动区域经济连接更加紧密；对外，由于贸易和投资转移效应，成员国和非成员国之间的经贸关系有可能会相对减弱，从而在一定程度上抑制经济全球化的进程，使得世界经济的区域化特征更加明显。

三、国际分工

国际分工是国民经济内部的劳动分工发展到一定程度后，跨越国家边界在世界范围内扩张而形成的国与国之间的生产专业化协作。国际分工通过国际贸易和国际直接投资而实现。区域经济分工是国际分工的组成部分，各个区域的经济分工交织在一起，就组成了国际分工。

国际分工的最初形式是第二次世界大战前殖民体系下，宗主国和殖民地半殖民地附属国之间形成的以制成品与原材料生产为主的不平等的垂直型国际分工。当今，国际分工的主要特点是各国以主权平等为前提，以本国的比较优势为基础，通过政策与市场开放，参与国际贸易、投资和生产。发达国家基于资本和技术的优势，往往集中于发展资本、技术和知识密集型产业，发展中国家则通常具有劳动力成本优势，因而集中发展劳动密集型产业。这样的分工结构被称为垂直型的产业间分工格局。

经济全球化下的国际分工呈现出多层次、多样化的特征，即由产业间分工到产业内分工再到产品内分工的变化演进，这是当代国际分工的主要形式。产业间国际分工主要体现为分工在不同的产业间进行，使得不同要素密集的产业在不同区域集聚。产业内国际分工主要体现为分工在同一产业内部不同型号产品和同一产品不同生产环节进行，包括同类产品的差异化分工和产业内部链条中不同生产环节的分工，如技术环节、生产环节和营销环节。产品内部国际分工主要体现在分工按照同一产品的不同工序或零部件进行安排。产品内分工的不断深化促成了全球价值链的兴起和扩张，基于全球价值链的产品内国际分工体系已经成为当前世界范围内最主要的分工模式。在科技革命迅猛发展和发达国家劳动力成本高企的背景下，跨国公司将生产环节碎片化，动态配置各类资源，将附加值较低的生产环节外包给发展中国家的专业化生产企业，而将附加值较高的核心零部件、研发和营销等环节留在国内，从而形成了区域乃至全球范围内的价值链分工体系。这种分工模式带动了以零部件为主的中间产品贸易迅速增长。相对于早期的产业间或产业内国际分工，产品内分工对各参与国的技术和资本禀赋条件要求较低，那些并不拥有独立产业链条，而仅具备某一环节生产条件但符合价值链主导企业要求的国家也可以参与产品内分工，从而扩展了国际分工体系的外延。与传统主要基于要素禀赋差异的国际分工不同，新的国际分工演进是对要素禀赋差异、专业化能力和交易效率进行综合评估的结果。在这种国际分工体系中，虽然绝大部分分工利益被跨国公司及其母国所占有，但对发展中国家来说，能有效融入和参与全球价值链分工无疑也是一种启动和推进本国经济增长的重要途径。在全球价值链日益成为当代国际分工主导形式的背景下，区域分工往往与全球分工密切交织在一起。尽管整体看国际分工具有显著的区域性特征，但跨区域的全球分工也同样发展迅猛，两者有机融合、相互促进。从全球范围看，东亚、北美和欧洲三个地区由于内部形成了复杂的生产分工网络，因此在全球化和区域化并行发展的同时，其区域性特征也相对更为显著；比较而言，拉美、非洲和中东等地区，由于内部分工不够成熟，它们对区域外的依赖也就显得更加明显。

四、区域经济分工下的竞争与垄断

随着区域分工的不断发展与深化，区域内各国之间经济连接日益紧密。通过贸易与投资，区域性的分工体系逐渐形成，各国基于本国比较优势加入区域生产网络，从而在更大的国际市场空间内实现资源的优化配置和生产效率的提高。

建立在各国资源禀赋和生产要素差异基础上的区域经济分工本质上是一种“合作—竞争”结构。各方相互合作，在专业化分工中谋取利益的最大化。与此同时，各方也彼此竞争，在分工体系中努力争取主导权。以东北亚地区的中日韩分工为例。三个国家是彼此重要的经贸合作伙伴，中国的劳动力资源优势明显，日韩则在技术密集型产业领域具有竞争优势，因此在东亚区域分工体系的形成过程中，中国与日韩彼此互补。中国处于低端环节，日本与韩国则在产业链高端环节形成较强的竞争关系。最近几年，随着中国经济实力持续增强和技术水平不断提高，其在全球产业链上的地位也相应提升，导致三个国家之间在越来越多的部门及环节上形成竞争关系。但竞争的加强并不意味着零和博弈，相反，各国可以进行差异化生产与分工合作，通过提高效率、降低成本形成良性竞争互动，最终实现合作共赢。

东亚、北美和欧洲是区域分工发展最紧密的三个地区。比较而言，东亚区域分工更具开放性和全球性。图 5-3 是根据经合组织（OECD）的国家间投入产出表（ICIO）而计算的北美、欧洲和亚洲主要国家制造业产出（横轴）对其他国家投入（纵轴）的依赖程度。

		北美工厂			欧洲工厂								亚洲工厂								
		美国	加拿大	墨西哥	德国	英国	法国	意大利	西班牙	土耳其	荷兰	瑞士	中国	日本	韩国	印度	中国台湾	澳大利亚	印尼	巴西	俄罗斯	沙特
北美工厂	美国		1.6	1.6	1.0								6.5	1.2	1.0							
	加拿大	14.1		1.4	1.2	0.5							7.2	1.2	1.1		0.5					
	墨西哥	15.5	1.0		1.7			0.6	0.6				14.3	2.3	2.6	0.7	1.1			0.6		
欧洲工厂	德国	1.6				1.0	2.0	1.9	1.1	0.6	1.3	1.0	4.6	0.9	0.6						0.8	
	英国	2.6	0.5		3.9		1.6	1.2	1.0	0.6	1.0		4.8	0.6	0.6	0.6						
	法国	2.4			5.7	1.2		2.3	1.9		0.8	0.6	4.1	0.6							0.5	
	意大利	1.1			4.9	0.8	2.3		1.6	0.8	0.8	0.6	4.6		0.7	0.6					1.2	
	西班牙	1.2			4.5	1.2	3.3	2.3		0.6	0.8		4.6	0.6	0.6	0.6						
	土耳其	1.1			2.1	0.6	0.8	1.2	0.8				5.0		1.3	1.0					2.0	
	荷兰	1.8			5.0	1.2	1.2	0.9	0.7				3.7	0.7							0.9	
	瑞士	2.4			8.2	1.6	1.9	3.1	1.1	0.6	0.7		5.2	0.9		0.5						
亚洲工厂	中国	1.5			0.9									1.9	3.0		1.9					
	日本	1.4			0.7								6.3		1.2		0.6					
	韩国	2.9			1.8			0.5					16.4	4.4		0.6	1.8				0.6	
	印度	2.1			0.9	0.5							7.2	0.9	1.5		0.5				0.7	0.5
	中国台湾	2.7			1.3								13.8	6.4	3.4	0.6			0.8		0.6	
	澳大利亚	1.8			1.0								7.1	2.2	1.5		0.5					
	印尼	0.9			0.5								7.4	2.1	1.9	0.6	0.7					
	巴西	2.2			1.0								4.6	0.5	0.6	0.6						
	俄罗斯	1.0			1.9		0.6	0.8					5.7	0.8	0.8							
	沙特	1.3			1.8	0.9	0.5						3.8	0.6	1.0	1.0						

图 5-3　世界主要经济体制造业对他国（地区）投入的依赖度（单位：%）

资料来源：Richard Baldwin，Rebecca Freeman，"Supply Chain Contagion Waves：Thinking ahead on Manufacturing 'Contagion and Reinfection' from the COVID Concussion"，VOX CEPR Policy Portal，April，2020. https://voxeu.org/article/covid-concussion-and-supply-chain-contagion-waves.

比如横轴上英国与纵轴上中国相对应的数字 4.8%就意味着英国制造业总产出的 4.8%依赖于中国制造业的直接和间接投入。从中我们可以清晰地发现两个特征：一是国际分工具有区域性的特点。三个区域（北美工厂、欧洲工厂和亚洲工厂）内部的相互依赖度都显著大于对区域外国家的依赖；在各区域内部，美国、德国和中国是区域分工中心。二是相比于东亚对北美和欧洲的中间品贸易依赖，后两个地区对东亚国家的依赖程度要更强；

也就是说，相比于北美和欧洲，东亚地区的分工体系显示出了更大的全球性特点。特别是中国，它在全球贸易和生产网络中处于绝对的主导地位，是真正的世界工厂。平均来看，中国的制造业投入占各主要国家制造业产出的3.6%以上。

在区域经济分工中，跨国公司是主要的贸易和投资承担者，它们在区域内进行资源的有效配置以实现利润最大化。由于具有技术、资金和管理方面的优势，跨国公司往往在区域产业链的形成和治理过程中占据主导地位，获得垄断权力。它们有能力利用与其他企业之间不对称的权力关系，来决定产业链生产过程中价值创造的模式、地点、时间及分配。它们还能够利用其技术垄断优势和内部化优势，在技术设计、生产工艺、营销网络等方面设置障碍，阻止由其控制的产业链上的其他企业获取先进技术，进而将这些企业锁定在全球价值链的低端环节。

尽管受到主导企业的支配，参与区域产业链还是为各国企业提供了获取知识、市场和其他有价值的竞争性资产的途径。对于参加区域分工的发展中国家企业来说，它们可以凭借后发优势，通过成为跨国公司的供应商而进入由这些主导企业控制的全球市场，获得并累积一定的分工收益，进而提升自身在全球价值链上的分工地位。在此过程中，发展中国家原本拥有的初级生产要素如自然资源、劳动力不仅得到有效开发利用，而且产品内分工还为其加速技术和资本等生产要素积累，进而实现比较优势的升级提供了新的渠道。为了实现上述比较优势的动态升级，发展中国家的政府可以发挥积极作用，比如采取优惠政策、优化营商环境等方式积极推动本国企业和经济融入区域价值链；而随着本国比较优势的不断累积和转化，政府则可通过提升劳动力技能、提高资本效率和全要素生产率等手段，努力推进本国企业在价值链上的地位提升。此外，政府还可以通过实施激励政策，推动本国的创新活动，以此帮助本国企业在不断提升价值链地位的基础上，有机会通过创新实践构建以我为主的价值链，从而在全球价值链上实现从追随企业向主导企业的逆转。

五、区域经济分工效益与财富分配

区域分工有利于效率和效益提升。由于各国比较优势和要素禀赋的差异，分工收益通常不会在各方之间得到平均分配。特别是在基于要素的区域产业链分工环境下，各国的比较优势主要体现在产品价值链的某一环节。一种产品的生产可能是多国要素协同生产的结果。因此，一国在国际分工中所获得的利益，不再取决于其出口什么、进口什么，而是取决于其参与了什么层次的国际分工，以什么样的要素、什么层次的要素参与国际分工，对整个产品价值链的控制程度如何。

通常发达国家的企业主要从事资本和技术密集型产品的生产与服务，而发展中国家多从事劳动密集型产品生产。虽然区域产业链分工格局打破了国家和地区界限，但是，发达国家的企业凭借其长期在资金、技术等方面的优势，或主要集中于产品的研发和销售，或主要从事关键设备和核心部件的生产，因而处于区域产业链的控制地位，并由此获得垄断利润。发展中国家的企业则主要从事加工组装等简单的劳动密集型生产，因此通常获得较少利润。

尽管获得的静态收益相对较少，但从动态角度看，由于知识、技术、观念等具有溢出效应强的特有属性，随着产品价值链的不断分解，发展中国家参与区域价值链往往能获得巨大的动态利益。尤为重要的是，发展中国家融入跨国公司主导的生产分工体系，通常还能得到跨国公司为提升本土企业“配套”的生产能力，而提供的诸如生产设备转让、生产工艺指导以及辅助技术支持等，这无疑对发展中国家的技术进步具有积极的推动作用。这也是国际分工新特征给发展中国家带来的新的发展和战略机遇。

总之，由于相邻国家经济的地缘连接以及对外贸易、资本流动、技术转移、人员往来、政策促进等各种因素的相互作用，全球经济呈现出典型的区域块状特征。价格机制和竞争机制是区域经济连接的基础性手段，开放的发展政策以及区域内的政策协调和各种制度安排，则进一步推动了相邻各国的区域经济合作。在紧密的经济连接和合作机制作用下，区域国家之间通常会形成一定的经济分工，具体的分工形式依据各地区的资源禀赋、各国发展特点、合作形式的不同而有所差异。区域经济分工本质上是一种合作—竞争结构。各国相互合作，在专业化分工中谋取利益的最大化。与此同时，各国也彼此竞争，在分工体系中努力争取主导权。虽然发达国家通常在区域分工中占据主导权，但发展中国家政府通过优化国内营商环境、提升劳动力技能、提高资本效率等相关政策手段，推动本国经济融入发达国家跨国公司主导的分工生产体系，并在发展过程中不断提升自身在区域分工合作中的地位，也能获得巨大的动态收益。区域化和全球化是世界经济并行发展的两种趋势。两者之间既相互促进，又存在互相制约的可能。区域化是走向经济全球化的一个阶梯，开放的区域合作有助于全球化的顺利发展；反之，全球化则通过推动各国开放而促进区域化和区域经济连接的发展，但缺乏有效治理的全球化会反噬自身，成为反全球化的诱因，进而反向推动区域化进程的加速。

推荐阅读：

1.[英]彼得·迪肯：《全球性转变——重塑21世纪的全球经济地图》，刘卫东等译，商务印书馆2009年版。

2.世界银行编：《2009年世界发展报告：重塑世界经济地理》，胡光宇译，清华大学出版社2009年版。

3.张蕴岭、李冬新：《东北亚经济概览》，世界知识出版社2019年版。

第六章　国际区域文化

关于文化，有着诸多不同的定义，且内涵因时代、地域和国家不同而异。中国古人用其指“文治和教化”；今人指“人类社会历史发展过程中所创造的全部物质财富和精神财富，也特指社会意识形态”(《辞源》)。中国古人的界定说明文化是人类社会建构的一个组成部分，其功能是治理社会和教化民众，是个具有动态和目的指向的词语；今人的界定则主要泛指文化的内涵及其作为一种社会意识形态的特殊存在。①

国际区域文化所包含的内容既有广泛的人类发展与特殊生活方式(如可以指一定国家或民族的社会遗传、社会风俗习惯、社会价值体系和行为规范等)，也有具体的知性的作品与活动(如文学艺术作品、城市规划、建筑地标、礼仪或仪式等)，而且强调上述各方面之间，特别是不同国家和民族在上述各方面之间的关联(如文化传播与影响、文化差异与整合等)。

第一节　国际区域文化联系

国际区域文化这一概念经历了一个演变的过程，无论是其内涵还是其存在方式，尤其是不同区域文化相互之间的关系，在不同的时代和不同的地域间均存在着显著的差异性和流变性，如欧洲区域文化与东亚区域文化，其

---

①　雷蒙·威廉斯把文化概括为三层含义：(1)用来描述18世纪以来思想、精神与美学发展的一般过程；(2)用来表示人类的发展与特殊的生活方式及二者之间的关系；(3)用来描述关于知性的作品与活动及二者之间的关系，尤其是艺术方面的，如音乐、文学、绘画等。参见［英］雷蒙·威廉斯：《关键词：文化与社会的词汇》，刘建基译，三联书店2005年版，第101—109页。

相互之间从古时的陌生疏隔至今日的趋向认同，都表明国际区域文化是一个处于变动中的概念。所以，现在所谈到的区域文化既指宏观一些的人类社会历史发展过程中所创造的全部物质财富和精神财富这一内涵，也指微观一些的知性的作品与活动。概念的复杂、多样性决定了区域文化研究不仅牵涉到许多概念，如“文化圈”“文化区”“文化类型”等，而且还牵涉到许多层面上的问题，如物质、制度、精神、社会关系、艺术、风俗习惯等。

一、国际区域文化联系的方式

文化联系是区域联系的重要组成部分，主要基于以下三个方面：基于地缘区域毗邻关系而发生的联系；基于语言与文化的同质性而产生的联系；基于经济互补性而产生的联系。

基于地缘，世界大致可以划分为欧洲文化区、俄罗斯文化区、北美文化区、南美文化区、非洲文化区、大洋洲文化区、加勒比海文化区、东亚文化区等。基于语言文化，大致有三种划分方法：一是按使用的民族语言进行划分，可以将世界大致划分为英语文化区、斯拉夫语文化区、汉语文化区等；二是按宗教文化信仰进行划分，可以将世界大致划分为基督教文化区、伊斯兰教文化区、犹太教文化区、佛教文化区等；三是按文化类型划分，大致可以将世界划分为华人文化区、非洲裔文化区、拉丁裔文化区等。对于这些相对大一些的区域文化的划分，还可以再进一步地细分，如东亚文化区还可以分为东南亚文化区、东北亚文化区等。

此外，文化区域划分还有另外的两个特点：一是无论是基于地缘毗邻关系，还是基于语言与文化同质性，彼此之间均存在一定程度的重叠性。如按地缘毗邻关系而划分的同一区域内，还同时存在着按语言与文化同质性和经贸而关联的区域。二是文化区域划分的内涵是一种笼统的指称，绝非是纯然一色的，还存在着其他不同质的文化形态，即在同一个文化区域内，它们还具有多样性和共存性的特征。如在佛教文化区域内，可能还会有基督教、伊斯兰教等其他宗教同时存在。

文化区域划分上的这两个特点还说明区域文化间具有一定的差异性。事实上，也正是因为这种差异性的存在，不同的区域文化才能够进行区别与比较，从而发现相互间能够彼此联系与合作的内在契机。所以说，文化区域上的差异性也很重要，是它促进了区域文化以互补的方式进行交流，并最终形成一套相对稳定、互惠互利的联系模式。

不过，肯定文化区域上的差异性，并不意味这个区域的文化与另一个区域的文化就一定截然不同。相反，任何表面看起来有很大差异的文化也可能同属于一个更高层次的文化，或有着很高的相似度。从这个角度讲，文化区域的联系所依靠的还是其同质性或者内联性。相同或相似度高的文化因子及其结构与性质，其文化需求的相似度也高，从而会更容易形成关联。这种文化区域的同质性不一定都以相同或相似的形式呈现出来，常常还会以不同的形式，即其差异性呈现出来。

二、基于民族性的区域文化联系

构成区域文化的因素有多种，如语言、宗教、民族、风俗、建筑、饮食、服饰、艺术作品、经济活动等。这些都是能够看得出、听得见、摸得着，凭感官感知的显性因素。另外还有一些需要作出分析判断的隐性因素，如思想观念、价值取向、审美趣味等。基于民族性而构建起来的区域文化联系是诸多区域文化联系中的一种。构建这一联系的因素既有显性的，也有隐性的，还有显性中包含的隐性因素。基于民族性的区域文化的联系及其走向主要是由隐性因素来决定的，显性因素是其外在的表征。

民族性是特定民族长期共同生活积累和沉淀下来的民族特性，与区域文化的构成因素相一致，其中包括显性的语言、服饰、饮食、风俗习惯、艺术作品、经济活动以及隐性的思想道德、价值观念、审美趣味等。民族特性是辨别某一特定民族的主要表征，也是不同民族间相互区别的主要依据。基于民族性的区域文化通常是由多个民族构建而成的。在某一区域文化范围内，由于在其间的不同民族各有其特性，各民族之间的联系需要有一个共同的基础。这个基础既要满足各个民族自身发展的个性需求，又要满足各民族联合体的共性需要。所以说，在某个特定的区域文化范围内，各民族之间的联系方式有多种。最初一般多以经济贸易往来为开端，即以此为各自的发展和合作找到契机；在此基础上，进一步寻求其他层面上的联系与合作的可能性。

区域文化的联系有着复杂多变、不确定性的因素。如在某一特定的区域文化范围内，不可能每个民族所呈现出的形态和实力都是一样的。相反，各民族的人口数量、人口素质、地理环境、生产资料、生产水平、生产关系、价值取向等因素的差异性，会不可避免地导致各民族之间出现强弱的差异，并由此引发一些矛盾、竞争甚至纷争。

区域文化一方面作为一个整体，具有同质性或关联性的内涵与特点；另一方面作为不同国家、民族、宗教文化组成的个体，具有不同的内涵与特征。良好的区域文化体现在各方之间的尊重、包容与互鉴。其实，即便是在各国家、民族、宗教文化内部也存在着不同，唯有各方相互尊重，和睦相处，才能使区域文化的整体性与个性都得到很好的发展。

基于民族性的区域文化联系有一个外在的形成、发展和变化的过程，各个民族间的文化联系形成的内涵和方式也会有所不同。一般说来，这种联系多数会从经济贸易领域开始，以此为“点”再逐渐拓展到区域文化联系的其他社会、文化领域，如语言、饮食、风俗习惯、文学艺术等。与经济贸易相比，后一种的联系更为深入和广泛。在以上的诸种联系与拓展中，会逐渐地形成一些成文法或不成文法的联系规则与实施策略。各民族之间基本上也会约定俗成地按照这些“规则”“策略”从事活动。在不同时期或不同阶段，这些建立在“规则”“策略”基础上的“联系”，也会因各自的诉求和利益而发生某种变化。

延伸阅读

民族文化特征有多种。各种特征均有其时代性和地方性，即离不开该民族所处的时代与环境。譬如，中国古代文化主要是农业文化，崇尚务实精神，相信"一分耕耘，一分收获"。中国古代社会不是由奴隶制的国家替代由氏族血缘纽带联系起来的宗法社会，而是由家族走向国家，形成一种"家国一体"的社会格局，并导致伦理道德占主要地位的民族文化。古代犹太民族的文化的特征之一是因其国破而形成的流散性。犹太民族依靠其宗教信仰和文化传承维系两千余年而延续至今。古代印度文化通过在冥想中构建人与宇宙空间的关系，并依据这一关系构建社会序位，形成印度社会中的差别意识和与之相关的社会等级即种姓制度。

民族性的区域文化联系的多样性和不确定性，决定了这一联系内涵的丰富性和相互关系的复杂性。以经贸往来为例，基于民族性的区域文化联系既有助于形成民族经济结构性互补，也会推动其他联系的关联与互动。从表象看，经贸往来主要是基于各民族间的物质和文化需求而发生的一种联系。然而，从深层来看，这一联系所导致的并不是单纯的经济与贸易的往来，而且还伴随着双方的法律法规、行政指令、文化观念、价值取向、民俗风尚等因素。换句话说，一桩简单的贸易交往背后，往往隐含了种种文化、心理以及政治上的某种诉求。这就决定了各民族之间的联系与交流必须是建立在充分理解、充分尊重的基础上，既不能违背联系双方的民族意愿或触犯联系双方的法律法规，也不能将本民族的文化观念、价值取向或民俗风尚等强加给对方。所有的联系都应该遵循双方的意愿，在合情、合理、合法的轨道上进行。

在基于民族性的区域文化的诸种联系要素中，文化传统占据了一个十分重要的地位。一个民族之所以可称为"民族"，就在于其拥有与其他民族不同的文化表现形式。这种形式既包括独具特色的语言、文学、音乐，也包括别具一格的礼仪、节庆、祭祀等活动。在这些表现形式中，有些可能与相关联民族有共同或类似之处，另有一些可能会有所不同甚或抵触。面对相同或相似之处时，人们容易产生亲近的感受；而面对迥异于本民族之处时，则容易产生排斥的情绪。各民族间的联系应避免这种情绪化的好恶，本着相互尊重、求同存异的原则，在彼此联系的过程中尽可能把对方的长处吸收到本民族的文化中来。只要民族文化传统不是处于某种敌对状态，各民族间就有相互联系的可能。即便是在某一历史时刻处于敌对状态，民族间的区域文化联系也可以民间交流或“借道”第三方的方式在求同存异中展开。

基于民族性的区域文化联系有一个侧重点即“区域性”。民族间的区域性文化并非以国为界，多数情况下，各民族文化之间的联系在民族的交界处呈现出更多的相似、相异、重叠或混杂的特性，如语言文字的相通、风俗习惯的相近、音乐技艺的趋同和审美心理的大致相似等，决定了民族间的联系更多时候可能是始于这种意义上的联系。这种相似、相异、重叠、混杂等情况还会随着民族间文化交流的加深而有所改变，即愈来愈趋于一致性。

三、国际区域文化圈

国际区域文化圈是指由具有相同或相近文化传统或文化品质的文化群体所构成的区域。区域文化圈可以从多个层面上予以划分。它既可以按照地理位置、文化传统等来划分，又可以按照语言文字、宗教信仰等予以界定。譬如，人们经常说的儒家文化圈、英语国家文化圈、伊斯兰教文化圈、佛教文化圈等，就是按照以上标准所划分的。这些区域文化圈的存在方式也是多样化的，有的局限于某一地区，还有的跨地区、跨语言甚或跨宗教信仰而存在。如东亚文化圈在地域上虽局限于东亚地区，但却属于跨语言和宗教信仰的区域文化圈。

有观点认为，区域文化圈的产生所依据的是这一区域的中心文化，即只有这一文化圈的中心区域才创造文化，而其余周边地区只能传播文化。[①] 其实也不尽然。这一文化圈的中心区域能否创造文化并能成为区域的中心文化，不仅取决于该中心文化是否具有源远流长和十分厚重的文化传统和底蕴，而且还取决于该中心文化是否具有持续发展的动力和能力，以及该文化

① 参见林艺、刘涛：《区域文化导论》，清华大学出版社 2015 年版，第 4 页。

圈是否能够汲取周边地区的优良文化传统并能与周边地区和睦相处。

假如说“只有文化圈的中心区域才创造文化”这一说法是成立的，那么也只能是指这一区域文化圈在某一特定时期内起到创造文化的作用。随着时代的发展、人民自主创造能力的提高以及传播途径的多样性发展，非文化圈中心区域会在沿承文化圈中心区域的传统的基础上，创造出自己富有独特意味的文化产品，并且还会将这些文化产品输出到包括文化圈中心区在内的其他区域，逐步出现文化圈的次中心或中心转移。譬如，英语国家文化圈原本是以英国为中心的区域文化圈。这一文化圈的文化最初是由英国创造的。但是随着社会的发展和时代的变迁，其他使用英语的非文化圈中心区域国家如美国、南非、澳大利亚、新西兰等国家也都相继创造出独具特色的文化产品，并各自逐渐形成富有特色的英语区域文化圈的中心或次中心。再如历史上的东亚汉字文化圈，日本、朝鲜、越南等都曾引入中国的汉字和思想文化，日本以汉字为基础创建了独具特色的日本文字和日本思想文化，朝鲜、越南后来放弃了汉字，创建了本国的文字和自己的本位文化。尽管如此，文化圈的传统要素并没有被完全抛弃，而是以多种方式融入并体现在逐步发展起来的现代区域文化体系之中。

延伸阅读

世界上有三大国际性文化圈，即基督教文化圈、伊斯兰教文化圈和儒家文化圈。基督教社会主要分布在欧洲、美洲、大洋洲等地，伊斯兰社会主要分布在亚洲西部、南部和北非等地，儒家社会主要分布在东亚地区。

儒家文化圈是指中国和儒家思想文化传播所及并发挥导向作用的国家，主要在东亚地区。其中有些国家曾使用汉字作为主要语言、借鉴中国的治理方式并与中国保持密切的关系。儒家文化圈与基督教文化圈、伊斯兰文化圈不同，儒家文化并非宗教，而是作为思想对国家治理和社会行为发挥引导和教化作用。

区域文化圈内的联系与发展有一个逐渐增强或衰落的变迁过程。在某一时期，出于政治、经济利益或法律实践等考虑，文化圈内有些国家求同存异，会最大限度发展同一区域内文化圈的联系。譬如，第二次世界大战结束后欧洲文化圈内的国家在政治、经济、法律、文学以及军事等领域内的深度合作，就从一个侧面反映了区域文化圈联系的增强过程。不过，在另一个时期内，某一或一些国家过于强调本国文化传统和价值，或过于注重本国的经济利益等，给区域文化圈内的文化交流带来一定的阻碍。譬如，近年来英国政府所实施的"脱欧"计划，在一定程度上破坏了欧洲文化的认同且阻碍了欧洲一体化的进程，致使欧洲联盟文化圈出现裂痕。

就构建本区域文化圈联系而言，区域文化圈内不同国家或民族对本区域内的文化认同是十分重要的。"区域文化认同"这一术语具有多层含义。从哲学层面上来说，它是指一种"同一性"，即矛盾着的双方因具有同样的性质，相互间有着密不可分的联系或具有相互联结、相互吸引、相互渗透的倾向。从文化心理层面上来说，它是指一种能够正确界定自己国家或民族，正确认识他国或异族，且能包容他国、异族甚或非同根文化的心理或能力。

区域文化认同还要面对国家与区域之间的关系。区域是多个国家的集合，因此，区域文化是各国文化的综合，而这种综合既有不同文化的独立性，又具有区域特征的共同性。在一个区域内，一则，基于历史与传承的原因，本来一些不同的国家就有相同或者相近的文化；二则，不同文化之间的相互交流与互鉴，会产生相互融合的共享文化。后者正是区域文化圈的基础与特性，既体现为一种结果，也体现为一种过程。作为结果，它是该文化圈内各民族和国家通过努力创造的共同财富；作为过程，它是该文化圈内各民族和国家通过交流、磨合、竞争、互鉴而不断增进了解和互信。实际上，区域文化圈所体现的是包含丰富内涵的综合关系和秩序。

延伸阅读

对于区域组织来说，在推进区域文化发展方面，需要作出两个方面的努力：一是保护和支持成员国的文化，二是推动区域共同文化的发展。比如，《里斯本条约》第 167 条明确规定，欧洲联盟对于成员国的文化给予支持、协调与充实，促进欧洲共同文化遗产的继承，促进成员文化机构之间的交流与合作；为了促进区域共同文化的发展，设立诸如“欧洲遗产日”“创造性欧洲”“欧洲文化之都”等项目。

四、全球化、区域化的文化联系

经济全球化的迅猛发展引发并带动了文化的全球化，给全球各民族和国家的文化交流带来了勃勃生机。然而，与经济全球化所不同的是，文化的全球化在初始阶段并不总是双向或多向的和对等的，而是单向的和非对等的，即多数情况是由发达国家向发展中国家和欠发达国家输出强势文化。在这个相对单向的初始阶段，一些发达国家通过文学、电影、艺术等各种方式将自己的文化和文艺思想、价值取向、艺术手法等，输出到一些发展中国家和欠发达的国家，使输入国接受输出国的文化理念。从这个角度讲，文化输出的本质是文化移入。这种移入的结果是在令输入国感到文化上的冲突与差异的同时，也会在一定程度上或在某些方面改变输入国原有的文化实践，消解原有文化的整体性和纯粹性。发达国家在谋取经济利益的同时，影响或掌控了输入国的审美价值取向、文化秩序，从而达到逐步改变输入国文化机制和文化结构的目的。

随着各国自身的发展，文化全球化联系开始逐渐趋向平衡，出现了双向或多向的文化互动。在此情况下，全球化文化交流的突出特征是文化的自主与认同、共存与交融、趋同与融合并存。这种新的形势与格局在很大程度上改变了输出国和输入国文化的构建和实践方式，改变了全球文化交流的总体格局和总体态势。西方文化作为强势文化或者主导文化的认定遭到质疑、挑战与否定，文化多样性得到更好的体现与发展。

在多种文化认同模式中，文化交融是全球化进程中出现的一个重要现象。文化交融性是多种因素作用下形成的一种文化形态，如传统文化与现代文化、较落后文化与较先进文化的融合、共存。文化交融的结果是，一方面社会认同、文化形式、价值取向、传播方式等开始多元化，民族文化的纯粹性和单一性在一定程度上受到冲击或破坏；另一方面也一定程度地拓展了原有文化的结构，丰富了原有文化的内涵，提升了原有文化的质量。

文化交融是推动文化创新的重要手段和途径，因为往往是那些被认为是“好的”的文化才会被借鉴和吸收。总体说来，这种意义上的文化交融更容易在区域化的文化联系中发生，并且进一步加强区域文化的特征，因为区域文化联系不管是在地理位置、文化传统、语言文字，还是宗教信仰、民族心理的认同等方面都有着得天独厚的便利之处。因此，因文化传统的相似、地域的相近、传播的便利以及政治与经济的相容性较强等原因，异质文化输入时所出现的矛盾和冲突会有所减缓或减弱，文化交融会进行得更为顺利些。总的来说，异质文化能够在一定程度上影响到原文化的表现形式和形态结构，但难以取代原文化。现实发展中，当地会作出各种努力，防止异质文化取代本源文化的主体地位。

区域化的文化联系与全球化的文化联系相辅相成。区域化文化联系是全球化文化联系的一部分，虽然它会受到全球化文化联系的带动和一定程度的制约，但并不会为全球化文化联系所主导。

区域文化有着很强的内在能动性，一般以区域间经济往来为基础进行交流，以民族文化渊源、文化传统、语言文字、风俗习惯等为桥梁，在正常的国际环境中是可以自成一体而不受外界影响的。然而，由于西方强势文化和强权政治的存在，区域文化联系同全球化文化联系一样，在实践中也不是全然不受干扰而独立地进行，更多时候是在不断协调与斗争的态势中行进与展开。区域文化联系与全球化文化联系之间的这种相互关联、相互影响的关系是当今文化联系的一种重要形态。

第二节　国际区域文化历史传承

国际区域文化的历史传承包括两个主要方面：一是国际区域文化自身的历史；二是生活在该国际区域文化中的民众对这一文化历史形态的传承。前者是历经数代人的创造与积累而逐步形成，后又几经变迁最终铸成的一套文化符号；后者则因民族生存和文化延续而得以完善保存并发扬光大，最终发展为彰显其民族性格和文化特性的象征媒介。这二者相辅相成，拧成一股合力，共同谱写了区域文化历史与传承的篇章。

在历史与传承这二者中，国际区域文化的历史不可忽视，它是把区域联系整合到一起的“黏合剂”。它以不同的方式和力度，“黏合”了区域内各民族或国家之间联系的过去、现在和未来，对构建和谐的区域交流环境、实现区域协调发展起着十分重要的作用。

国际区域文化的历史是有一定时间长度和空间宽度的民族或国别文化及其相互联系的历史，既有其源头，也有其不同阶段的发展和变化。从宏观上讲，区域文化历史的内涵丰富、多样，包含了一般文化历史的诸多方面，如地域环境、经济状况、民族或国家文化政策、普通人生活方式与闲暇状况、人文传播与交流、宗教、族裔、语言文字、文学艺术、服饰、饮食、审美情趣、价值取向等。这些都属于区域文化历史的考察内容与研究范畴。同时，区域文化历史也是一个良莠不齐的概念，它既包含了许多有益于现代社会发展、区域文化生态建设以及人民生活的东西，同样也会有一些不利于现代社会发展、区域文化生态建设以及人民生活的东西。所以，我们需要取其精华，去其糟粕。

一、历史文化的区域交流

区域历史文化不是一蹴而就的，它是在长期的区域联系中经历了初始、发展、变化、认同或共存等阶段，长期积累而沉淀下来的一种文化。这就决定了该种文化既具有很强的累积性和稳定性，也具有一定的区域性和差异性。不过总体说来，区域历史文化中存有一种天然地维护区域秩序的集体意识,它是满足个体之间共同利益的一个不可缺少的重要因素,在区域交流中起到了强固区域联系的作用。

历史文化的区域交流主要牵涉两个层面上的问题:一是需要确定哪些历史文化在区域交流的范围之内;二是需要选择这些历史文化交流的方式方法或途径。总的来说,凡是那些有利于现代社会发展、区域文化互惠互利、和谐生态建设以及人民福祉的事情,都可以采用一切适合的方法和手段向好的方向发展。同时,为了整体的利益和目标,需要尽可能多地包容风格迥异、信仰不同的历史文化,力争在交流与交融中达到一个求同存异、和谐共存的目的。历史文化的区域交流源远流长,漫长的交流史是由某一特定区域内的民族或国家在相互联系、相互作用中共同谱写的篇章。

区域文化交流的方式主要分民间的和官方的两种。这是两种不同的交流方式。民间的交流方式是区域文化交流的基础,是自然行之而成的,代表了民意;官方的则是坐落在民间交流基础上的"大厦",为顺应和成全民心民意所构建的"栖居之地"。两种方式有所差别,但其目的和目标都是一样的,所以它们相辅相成,相得益彰。

历史文化的区域交流是多方位、多层面的交流。通常说来,这种交流多半会通过普通人的生活方式,如日常的饮食、服饰、宗教、语言文字以及文学艺术、审美情趣、价值取向等加以体现。普通人的生活方式可谓包罗万象,除了所列举的这些以外,还包括历史上区域内的人们所采用过的语言文字,还有适合当地生活的起居方式,有益于身体健康的饮食料理,体现审美情趣的服饰材料、颜色以及剪裁方法等等,这一切构成了文化区域交流的基本内容。与此相比更高一个层面的,诸如宗教、文学艺术和思想观念、审美取向、价值观念等,则是历史文化区域交流的重要内容。其实最终还是由这更高一个层面决定了交流的走向和交流的形式。总之,以上这些要素共同构筑起一个文化区域交流的场域。在这个相互影响、相互作用的场域中,它们直接或间接地起到了黏合区域内各民族或国家人民情感的作用,共同构筑起了一个区域文化的"交流生态园"。

在这个搭建起来的区域文化的交流模式中,饮食和服饰是历史文化区域交流,特别是区域内民间历史文化交流的两个最基本的方面。历史文化中传承下来的有关饮食的知识和技艺不可避免地成为历史文化区域交流中的一个基本板块,对增强区域内各民族的认同感发挥出了其他要素难以发挥的作用。需要注意的是,饮食文化自身也有其变化的历史。区域内各民族饮食习惯千差万别,其中地区性和族裔性口味是区域饮食历史所应重点关注的两个方面。地区性强调的是依据地区的自然条件而产生的一种独特的饮食习惯,如居住在南部偏热地区的人更喜爱辛辣食物。族裔性关注的是各民族依据其宗教信仰或民族特点而形成特有的饮食习惯,如犹太人必须食用洁净的食物等。

服饰是人类文明的标志和构成人类生活的主要要素之一。它除了能满足人们物质生活的需求外,还代表着一定时期内某一民族或国家自然资源的丰富程度与生产水平和审美趣味的高低;服饰所用的布料、颜色、款式、装饰物件等具有一定的时代特色和时尚性。而且,在某一相对固定的区域内,每一个时期所流行的服饰都能在一定程度上反映出该时期区域文化在服饰方面的互动、交流和影响情况。年轻人追求时尚和新颖的天然特性,使审美趣味相同或相近的民族更易于产生一种互相模仿、互相交流的心理,从而直接或间接地促进了区域内的文化认同或趋同。不过,在一些宗教文化占主导地位的区域,民族服装具有鲜明的宗教或族裔特点,而且这些特点是不可随意更改与亵渎的,所以在这些区域内服饰方面的历史文化交流会受到一定的限制。

在历史文化诸多方面的区域交流中,如果说饮食和服饰在生活的互通和交流方面起到了重要的作用,那么另外两大要素——宗教和文学艺术则在培养和凝聚区域情怀方面发挥出了重要的功能。宗教是社会发展到一定阶段所产生的文化现象,它是一种特殊的意识形态。其原始之意,是指人们因对超自然事物的畏惧而在语言与行为上表现出的敬畏之仪,并在此基础上由个体逐步发展为群体乃至民族或国家的一套礼仪仪式。任何一个宗教团体都拥有自己的信仰、教义、礼仪,即组织性是其极为重要的一个特点。由于宗教具有排他性的特点,所以区域间具有相同或类似宗教信仰的个人、民族或国家交流沟通起来相对容易一些——他们之间因有共同或大致相仿的宗教信仰而有了某些共同的话题。反之,这种沟通和交流可能花费很多周折或很大气力，以寻找彼此间可以契合的那个“点”。

与宗教的排他性相比，文学艺术则具有相对平和与宽容的特点。一般说来它主要分为四大类，即语言艺术（诗词、散文、小说、戏剧文学等）、表演艺术（音乐、舞蹈、杂技、魔术等）、造型艺术（绘画、书法、雕塑等）和综合艺术（戏剧、曲艺、电影等）。文学艺术是直接或间接地反映社会生活和人们精神追求的情感形式，所以说在历史文化区域交流中扮演着十分重要的角色，即通过审美的方式搭建起一座沟通的桥梁。

同政治、法律、道德、宗教、哲学、科学等其他社会意识一样，文学艺术作品的创作和表演也深受所处时代和所属民族或国家政治、法律法规、文化体制、生产关系等诸多因素的影响。文学艺术作品以鲜活灵动的语言和栩栩如生的艺术形象感染读者或观众，让读者或观众在阅读或观看中受到影响，承载了一定的时代精神和价值传播的作用。区域内的小说、诗歌、电影、戏剧、绘画等文学艺术作品在经典化过程中不断地相互汲取创作营养，在给后世留下丰富的文化遗产和学习榜样的同时，也起到了持久影响历史文化区域内联系的枢纽作用。

二、历史文化的个性特征

从区域联系这个角度来看，历史文化的个性特征除了具有一般意义上的个性特征外，还独具与区域联系相关的一些特征。一般意义上的历史文化具有两层含义：一方面它既是由历史上各种思想文化、观念形态等文明演化积淀而成的一种民族特质；另一方面又是在历史发展进程中，经过民族间相互学习、融合而形成的一个文化价值体系。这种意义上的历史文化的个性特征，具有民族独创性、历史累积性、自我延续与自我更新性以及文化认同与相互融合性。除了上述一般意义上的个性特征外，区域联系意义上的历史文化还具有民族间的差异性、融合性和共同性等特征。

历史文化的民族独创性主要是指各民族独自创发，由累积或传承而逐渐形成，而非从一开始就学习借鉴其他民族的文化。不过也有例外，如美国的历史文化很难追寻出其独创的轨迹，很大程度上它是从欧洲殖民者，特别是英国殖民者那里延续过来的。从某种意义上说，美国的这种历史文化其实是由殖民性区域文化联系而衍生的另外一种模式，即一种由殖民而形成区域联系的历史文化。

中华民族的历史文化发展说明，历史文化个性特点不是随意形成的，而是与其特定的自然地理环境、社会发展以及时代精神、民族心理等有很大的关联。作为世界四大文明发源地之一的中华民族，地处半封闭状态的大陆性地域，其文化在很大程度上建立在农业社会的基础之上。这种由农业社会所带来的生活方式、思维方式、价值取向等，决定了中国历史文化的起点和个性具有如下的一些特征：注重实际收获的务实精神，安土乐业，反对冒险，注重人伦的生活情趣，认同融合、循环往复与恒久变易等观念。这些观念历经融合、变化而逐渐形成了一种具有同化力、融合力、延续力以及凝聚力的独具本民族特色的历史文化。

从社会发展的角度看，中国古代历史的发展脉络与其他文明发源地不同，它不是以奴隶制的国家替代由氏族血缘纽带联系起来的宗法社会，而是由家族血缘纽带维系的氏族部落走向国家，形成一种“家国一体”的格局，并且演化成一种以血统远近区别亲疏的宗法文化，如独具一格的“尊君”与“重民”相统一的政治观念。

与世界上其他民族一样，中国的远古时期也曾产生过原始的宗教以及对天命鬼神的绝对崇拜。但是中国文化的务实性特征没能使中国文化在此领域探索得太远，反而随着宗法社会道德观念的确立，很快就削弱甚或摆脱了原始宗教的思想观念，逐渐形成了以儒学为主导的一种历史文化形态。这种在漫长的历史中所形成的自洽性和包容性极强的文化传统具有强大的生命力和影响力。汉、唐时代的国力之强大、民众之富庶自不必多回溯。仅对外而言，丰富多彩、成熟而稳健的中国文化也形成过一个势力强大的辐射圈，其范围不但包括日本、朝鲜、韩国，而且缅甸、新加坡、泰国、越南、马来西亚、印尼等中国周边国家和地区也程度不等地受到影响。事实上，中国文化的影响不仅局限于亚洲，也扩展至北美洲的美国以及欧洲的英国、法国、意大利等。如美国的著名诗人埃兹拉·庞德在20世纪初期通过研究《诗经》《古诗十九首》以及陶渊明、李白等人的诗，发现了中国古典诗歌绝妙之处，从而提出了那个对20世纪诗歌产生深远影响的“意象派诗歌”概念。

进入现代社会以来，随着交通的便利化和联系方式的快捷化、多样化，各民族或不同国家间的文化交流变得日益频繁起来，时至今日甚至演变成生活中必不可缺的构成部分。这种不同民族间、诸国间的密切交流在丰富了人类文化的同时，也带来了一个不得不直面的问题：外来文化的蜂拥而至，致使各国的历史文化都受到了极大冲击和挑战；历史文化的个性特征也面临着检验和重构的考验。一些自洽性和包容性强的历史文化，在这种新的历史境遇下会及时而有效地作出调整，即自觉地汲取外来文化的有益成分，并将其融合到自己所固有的历史文化中，使它最终成为本民族历史文化的构成部分。中国历史文化一方面立足于本土文化，另一方面汲取外来思想的有益成分，将儒、释、道有机地融合，并使之成为中华民族的思想根基就是一个很好的例子。不过，也有一些历史较短或发展较慢的国家，其历史文化更容易受到外来文化的左右与影响，文化移入与文化融合便成为这些国家新的历史文化的个性特征。

三、历史文化的互鉴

历史文化是各民族或各国家在长期发展过程中所形成的一笔财富，也是人类赖以共同发展和共同进步的精神财富，所以理应得到充分的尊重与珍惜。当然，这也不意味着各民族、各国家的历史文化一成不变、裹步不前。相反，除了具有相对稳定性特征之外，历史文化还具有一定的流动性和开放性特点。这就决定了历史文化的发展具有互鉴性。互鉴是各民族或各国家相互尊重、互利共生和共同发展的一个重要动力和行之有效的途径。

不同民族或国家都有着自己独特的历史文化，而且文化没有先天的高低之分、雅俗之别，有的只是一些与其社会形态和历史发展相关的特点。或者也可以说，任何一个民族或国家的文化都有其长处，也有其短板，彼此间只有通过交流互鉴，才能互相了解，互相学习。假如民族间、国家间缺乏这种必要的文化交流与借鉴，就容易在一些事情上造成误解或相互抵制。和平、健康发展的世界是在人类历史文化的交流与互鉴中塑造而成的。

世界文化是多样的，不同的文化都根植于各自所在的地缘与人文环境中。提倡文化的多样并存与互鉴，是指在相互尊重的基础上相互学习与吸收。互鉴的重点体现在取长补短,即通过汲取其他民族或国家历史文化中的有益成分,丰富和优化自己的历史文化遗产,在使自身文化更丰富和具有生命力的同时,也推动各国家、各民族的共同发展。

历史文化互鉴的内涵异常丰富,从各民族或国家的语言文字、餐饮服饰、休闲娱乐到宗教、文学艺术、价值取向、审美心理等,有关历史文化的方方面面都属于历史文化互鉴的内容。目前,从有籍可查的中外文化的交流互鉴历史中可以看出,占据交流的主导地位或者说能留下深刻印记的主要还是语言文字、宗教思想和文学艺术的互鉴等。如中国与日本两国间的互鉴历史发生得较早,大约从公元4世纪下半叶起,日本所制造的器物上便开始出现了汉字,“从那时候起,汉字就逐渐成为日本人生活的一部分,也成为日本文化的一部分”[①]。同样,中国文化在历史上也曾接受过其他国家文化的影响。印度的佛教在中国的传播是影响最大、最广泛的文化互鉴事件之一,而且,它对日本、朝鲜、越南等国家也产生了深刻的影响。

佛教传入中国的时间,大约是两千多年前的两汉之际。它无论是在现实生活方面还是文学艺术方面都曾给中国社会带来很大的影响。譬如,相当长的一段时间内,人们普遍信奉“转生来世”“六道轮回”的说法;在文学作品中,“因果报应”的思想更是随处可见;完成于南朝、被誉为中国文学理论批评史上第一部具有严谨体系性的文学理论专著《文心雕龙》,其内容中也有着明显的佛教思想的痕迹;隋唐后出现的“变文”,最先也是源于佛教,其后才慢慢地脱离了宗教思想,演变成了一种民间艺人的说唱形式。当然,佛教对中国文化的影响也并非是全盘复制式的影响,它也经过了一个被中国文化筛选、接受、融合和剔除的过程。《文心雕龙》中除了有佛教思想之外,还有儒家思想和道家思想。从某种意义上说,《文心雕龙》是儒、释、道三种文化思想、三种艺术观念完美融合和贯通的典范。

真正的文化互鉴都具有这种融合再创性的特征。如日本的禅宗(Zen)也是综合、再造的产物。它把印度的佛教与中国的禅宗融合为一体,发展成其民族文化中的一支精神流脉。而且,随着人类交往的日益增多,这种历史

① 王晓平:《中外文学交流史·中国—日本卷》,山东教育出版社2015年版,第3页。

文化的互鉴也会变得越来越频繁和越来越深刻，有时甚至会是几种历史文化混杂为一体，难以具体分辨其出处。譬如，20 世纪美国著名的生态主义诗人加里·斯奈德所创作的那些以大自然为主体的诗歌，据说是受到了其所翻译的“寒山诗”的影响。“寒山诗”是中国唐代僧人寒山所创作的诗歌，是近代以后传到日本等国的。但是斯奈德翻译了这些诗以后，直接去了日本（1956—1968 年）。为了能专心研习禅宗，他还在那里出家 3 年。1984 年，他作为美国作家代表团的成员之一访问中国时，又谈到了中国文化、中国文学在 20 世纪 50—60 年代对其创作所起到的作用。此时斯奈德语境中的文化、文学同时包含着中国文化、中国文学以及日本文化、日本文学。

延伸阅读

儒、释、道被称为中华传统文化的精髓和支柱，儒（儒学）、道（道教）根源于中国，释（佛教）传自印度，三家思想体系不同，背景不同，但能够在中华大地和谐并存，发扬光大，既相互竞争，又彼此吸收融合，不断发展和进步，可以说是世界文化多样性与相容性发展的典型代表。中华文化本身有着多样性的基础和和谐共生的传统，各家思想、各族文化习俗都是中华文化的组成部分，都有各自根植的人文地理基础，都可以得到发展与继承。

历史文化的互鉴既有其自身的发展规律，也有时代对它的要求。所谓自身发展规律，指的是某些历史文化互鉴是在一定的历史发展阶段某民族或国家出于自身发展的本能需求，以民间交流的方式在潜移默化中逐步地完成。所谓的时代要求，则是指某民族或国家出于当下社会发展的需要，有目的地去汲取、引进其他民族或其他国家先进历史文化中的某些方面或某些要素，以服务于本民族或本国家的文化建设。但是，不管是属于哪一种情况，历史文化的互鉴都应该是在尊重历史、尊重他国历史文化且富有诚意和传递善意的基础上进行的。在互鉴中取其精华、去其糟粕、求同存异，以有利于自己民族或国家文化发展和有利于世界各民族或各国家的共同发展为基本原则。

第三节　国际区域文化认同

国际区域文化认同主要是指生活在某一区域内的人们，对本区域各国家、民族共同生活所形成的基本价值和基本内涵的认同，其中包括思想、信仰、符号、仪式、民俗、语言行为、交流方式等各种元素。区域文化认同在实践过程中包括两个方面：一是承认区域内文化在历史根源、地域空间关系等诸多方面具有一定程度上的同一性；二是在认同过程中识别本国家、民族文化与其他国家、民族之间的差异，并通过这种识别来确定自己所认同的部分，以构建本国家、民族与其他国家、民族之间的有效联系并确保本国家、民族文化的持续发展。

国际区域文化认同是民族认同和国家认同的重要基础，为区域联系和发展提供了契机，进而成为构建区域共同体的一条精神纽带。各个国家、民族都有自己的文化底蕴，各方在尊重自己文化的同时，有意识地汲取其他国家、民族的优秀文化，对巩固和发展自己国家、民族文化是十分有益的。

文化认同基于民心所向，与国家认同、政治认同既有区别，也有联系。就区别而言，认同的内涵与方式不同。文化认同更多的是基于人们的体验、认知与接受，具有社会民意基础和长期的历史积淀，表现为一种自然的进程结果；而国家认同、政治认同都基于法律的前提和定位。就联系而言，三者在认同上具有相互支持的作用，而文化认同是国家认同和政治认同的重要社会民意的基础。

一、多元文化的交流与认同

世界文化是多元的，这种多元性主要体现在文化资源、文化内涵、文化形式以及文化价值取向等各个方面。从历史和地域这两个层面上看，历史悠久的国家与新兴国家之间，沿海国家与内陆国家之间，由于各自有着不同的发展历史和人文地理环境等，它们之间存在着不同程度的文化差异和由此引起的交流与认同。

认同的前提是交流。也就是说，在各国家、各民族的相处中，文化交流处于重要的地位，它是促进多元文化世界共同发展的一个有效途径。从这个意义上说，没有交流就不会有发展，就容易造成误解甚或产生敌意。人们可以通过交流增进相互理解和友谊。

所谓交流，就是一种善意的沟通。因此，交流的一个基本准则是理解和尊重对方的文化，并善意看待彼此之间的文化差异。换句话说，交流不是把自己的观点强加于人，也不是互不尊重，攻讦对方具有特殊性的文化，而是在求同存异中展开对话，以此取得最大程度的文化认同。因此说，文化交流与文化认同之间的关系是相辅相成、相得益彰的。文化认同是国家、民族之间成功交流的基础，是推进文化交流的重要保障；而文化交流则是文化认同的出发点和途径，缺少了这一环节，也就无法抵达文化认同的目的地。

国家、民族间的文化认同之所以能通过交流的途径来取得，主要是因为人们在交流的过程中会发现彼此文化的独特和共同之处，并充分意识到这些独特的或共同的文化对丰富和完善本国家、民族文化能起到重要的补充作用。不过应该承认，发生在现实生活中的文化交流，与理论设想层面上的文化交流并不能完全等同。具体来说，现实生活中的文化交流有平等交流与不平等交流两种情况。平等交流是指某个国家、民族与另一个国家、民族之间富有诚意和相互尊重的一种交流，即这种交流是完全建立在一个平等的基础上。相比之下，强权主义国家所进行的交流多半是一种不平等的交流——与其说是交流，不如说是强迫性文化输出更为合适。强权主义国家往往是打着“文化交流”的幌子，强迫输入国接受并信奉它们的文化逻辑，遵循它们的文化政策，并且还会要求输入国依据它们的文化逻辑和准则来制定自己的文化政策和开展自己的文化工作。信奉并践行殖民主义和后殖民主义的国家都是遵循强权主义的文化逻辑来推行自己的文化主张。它们通过多种方式方法，采用各种手段，明里暗里地贬低、鄙视弱小国家或民族的文化。与此同时，它们还把自己对文化的认知和价值取向强加给这些弱小国家或民族，使这些弱小国家或民族在其强势的文化面前产生自卑感，盲目放弃自己的文化并转而追随殖民主义者的文化。

二、国际区域文化认同的特征

国际区域文化认同既是某种文化和精神的契合，也有一定的利益所在。

二者如影随形,关联密切。文化和精神的契合是有一定的目的性的。这个目的性归根结底就是指一定意义上的利益关系。契合的目的有多种。其中,通过认同来增强与区域内其他国家、民族之间的联系,发展自身文化的内涵,提高自身文化在区域内的地位,融合区域周边环境以利于本国家、民族的发展等,就蕴含了某种意义上的利益需求。

当然,国际区域文化的认同并非仅仅停留于理念上的认同,而是要通过一些具体的细节来加以实施。一般说来,这种认同主要体现在区域内各国家、民族的日常生活和国家层面上的政策法令等的具体执行中。所谓日常生活中的认同,主要包括语言文字、饮食服饰、社会习俗、文学艺术作品、文化价值取向、审美情趣等在内的多个方面的相互交流与借鉴,即在日常生活中,对另一国家、民族的文化具有高度的认同感。政策法令等则包括允许机构间的友好交往,接受对方为各类产品所制定的标准,允许与对方就饮食服饰、文学艺术作品乃至文化思想等进行深入的沟通与交流等。不管以日常生活为代表的民间层面上的文化认同,还是代表政府意志的官方层面上的文化认同,都不是一种盲目、没有根据的认同;相反,都有一定的历史根源,并与某种特定的地域空间相关联。所以,区域文化认同的特征也主要是从这些方面反映出来的。从这个角度讲,区域文化认同的特征主要表现在以下几个方面:

其一,民间性。国际区域文化联系最初发生于民间,即区域文化的初始阶段主要是以一种民间性的形式出现的。这也是一种必然。因为初期的区域文化联系主要是发生在区域内的接壤处,即这个国家或民族的人与另一个国家或民族的人自发地进行文化交流和交往。这种自发的特性就为区域文化的民间性奠定了基础。区域间各民族或国家的民间相互来往、交流互鉴,不但丰富和构建了各自历史文化的丰碑,而且还促进了彼此间文化认同的发生与发展,从而创造出博采众长、更为丰富多彩的民族文化。显然,民间交流互鉴对区域文化认同的作用在很大程度上是自愿和潜移默化的,即双方都会有意无意地把对方的一些群体特征吸收、融汇到自己的文化中来。这种民间性是区域间文化认同的基础。

其二,制度化。国际区域文化的认同因其初始时期发生的渠道并不固定，认同的深度和广泛性并不确定，认同的持续性也不稳定，所以其发展到一定程度后，需要由政府或民间组织以政策法令或其他形式将其制度化。制度化就是将一些认同的内涵和形式以“不干涉”或行政法令等方式予以确认，如鼓励学习对方的语言文字，接受对方的饮食、服饰习惯和民俗仪式，允许电影、文学等文化艺术作品流通，相互承认对方的学历和学位，进行平等的学术交流等。

其三，构建性。每个民族都拥有与其他民族不同的历史文化根源和文化特性。文化认同就是在确认自己的历史文化根源与文化特性、构建与己不同的文化关系的基础上进行的。从这个意义上说，这个构建的过程其实也是确认并承认差异性的过程。在这个过程中，具有类似或不同之处的国家、民族，为了能够进行有效的文化交流以汲取其他国家、民族文化的有益部分，就需要在确认自己的文化根源和文化特征并承认其他民族的文化根源和特征的基础上构建与其他民族之间的文化认同关系。显然，所谓的构建性是一种特殊的构建，即它并非专指对本民族文化的构建，而是指一方面立足于本民族文化，另一方面认同并汲取其他民族文化中的一些精华，在二者的对话交流中构建出一种新型的民族文化。

其四，可塑性。文化认同会因国家、民族文化交流的需要及区域或国际形势发展的变化而有一个由此及彼、由浅入深以及变化繁杂的发展过程。从国家、民族层面来看，区域或国际形势处于和平发展时期，文化认同就会进展得顺利些；反之则会出现停顿甚或颠覆。从这个意义上说，文化认同具有双面性，即它既可以受某种内在需要的驱动而表现为自愿的，也可以借助某种外部的因素得到实现或被破坏。但是，无论区域或国际形势如何变化无常，只要民间的文化认同还存在，国家、民族间的文化认同就不会彻底地消除。在某一历史时期，区域文化认同可能会出现某种程度的消退，但这种消退只是暂时的，在区域或国际形势出现向好转机时，双方就会重新回到相互认同的轨道上来，继续进行文化认同重构的历程。

其五，复合性。文化认同并不是铁板一块，而是分层级和量级的。民间的文化认同还是一种相对初级的认同，所以它首先是从家庭、部落、族群等社会基本层面开始的。随着社会的进步，文化认同开始逐级上升为社区、社会团体、社会阶层或阶级乃至地区、国家层面上的认同。由于每个层面的人员数量和规模以及认同的深度不同，文化认同中还存在一个量级问题。可见，文化认同是一个颇为复杂的问题，是不同分层和不同量级的复合体。此外，更为复杂的一个特性是，人们对认同的内容不是一成不变的，而是因时因地发生变化。譬如有的人如今是这样的一种认同，未来就有可能是另外的一种认同；再如，有的人可能作出一项文化认同选择，有的人可能会作出多项文化认同选择，呈现出一种选择的多元化和不定性。以上两方面就决定了由层级、量级以及多元性而形成的复合性是现代社会文化认同的一个显著特征。

三、文化自主与文化认同

文化自主和文化认同二者均与国家、民族的利益密切相关。文化自主是对本国家、民族文化身份的定位和认同，也是一个国家、民族赖以独立存在与种族延续的内部条件和基本准则。一个国家、民族假若没有了自主的文化，则意味着该国家、民族从根本上抹杀或否定了本国家、民族的共同历史记忆，任由他国进行文化殖民，丧失了与其他国家、民族进行平等文化交流的基础。文化认同在此具有双重含义：一是指一个国家、民族对本国家、民族文化的一种自我认知与定位，二是指对其他国家、民族文化的一种认同。假如说前一种认同主要体现为民族文化的自豪感，那么后一种认同则可以让区域内不同国家、民族共同分享区域历史文化，从而促进区域内文化的共同发展。文化自主与文化认同好似一对孪生子，没有文化自主就谈不上文化认同，没有文化认同也就无法与其他国家、民族展开交流互鉴的活动。

文化自主的本质是继承和捍卫本国、民族历史文化传统中那些区别于其他国家、民族的内在的和核心的东西。文化自主的内涵有许多，一般说来，主要包括两个方面的内容：一是继承本国、民族的历史文化传统，坚持本国、民族的核心价值观念，以及建立和巩固本国、民族的文化体系；二是处理与其他国家、民族之间的文化关系，寻找与其他国家、民族文化交流和互鉴的方法，构建与其他国家、民族文化交流和互鉴的渠道。

在现实生活中，文化自主需要落到实处，即不但要在理论上倡导和弘扬本国家、民族的核心价值观，而且还要确实保护好本国家、民族的文化财富，像历史文物、文化名胜古迹、非物质文化遗产等等，这些都属于民族的文化财富。总之，文化自主就是要继承和发扬本国家、民族的优秀的历史文化精神、审美趣味、价值取向，并能正确处理传统文化与现代文化之间的关系。

从区域研究的角度看，文化认同的内涵主要有两个方面：一是正确认知和定位本国家、民族的文化身份，认同本国家、民族的核心价值；二是区别本国家、民族文化与其他国家、民族文化之间的差异。其实，这两个方面既是文化认同的内涵，也是文化认同过程中的两个方面。在这两个方面中，文化的自我认同是首要和基本的，即如果不首先肯定性体认本民族（或本国）的核心价值观和历史文化，那么这种认同就会由文化移入而变质为文化的逆向同化，从而丧失凝聚本民族（或本国）的精神纽带，而无法巩固和延续本民族（或本国）的精神基础与文化渊源。

四、传统文化与现代文化认同

现代文化是在对传统文化的扬弃中发展与壮大起来的。从这个角度说，传统文化是现代文化的一个出发点，代表了一个国家、民族的基本价值体系，也是一个国家、民族区别于其他国家、民族之根本。一个国家、民族若没有了自己的传统文化作支撑，就不能称为国家、民族。同样，一个国家、民族裹足不前，总是在自己的传统文化中流连忘返，而没有构建起相应的具有现代性特性的文化，也无法立足于世界国家、民族之林。因为，现代文化是一种新生的而有活力的文化，即它是在扬弃本国家、民族传统文化的基础上，借鉴在某些方面处于领先地位的国家、民族文化发展而来的。

传统文化是立国之本，但是构成传统文化的内容也很复杂，既有大量的精华，也有不少的糟粕。因此，对传统文化也不是盲目地继承，需要有一个扬弃的过程。具体说，剔除传统文化中那些愚昧落后、阻碍现代社会发展的内容，承续传统文化中那些能够代表民族身份、民族核心价值观、民族精神和民族文化的部分，如文化典籍中的符合现代社会认知的宇宙观、人生观、家庭伦理观、政治伦理观、生态思想、医术、独具特色的民族建筑、文学艺术、传统技艺等。

当然，一个民族的现代文化不是从天上掉下来的，它是在继承传统文化的基础上发展起来的。这就意味着传统文化是现代文化的立身之根，为其发展起到保驾护航的作用。现代文化在发展的过程中难免会受到外来不良文化的侵扰或同化，传统文化在这时不仅能够起到提升民族文化精神、把握现代文化发展的大方向的作用，还能够识别和屏蔽外来文化的糟粕。因此，现代文化对传统文化的认同，主要指的是现代文化对传统文化中那些能够代表民族身份和民族精神且符合现代社会发展方向的核心价值观和文化内涵的认同，而不是不加选择地全盘接受与全盘认同。

现代文化与传统文化之间的差异不仅体现在上述各项具体内容中，也体现在对上述各项具体内容的理解、表述和运用中。我们需要明确现代文化与传统文化的差异，并在此基础上确定如何处理这些差异。换句话说，我们不能因发展现代文化而抛弃界定国家、民族文化身份的传统文化，但也不能因继承传统文化而束缚现代文化的发展。传统文化与现代文化是一个不可分割的统一体，传统文化既是一个国家、民族的身份之根，也是把握现代文化发展方向和助力现代文化发展的主要动力之一。同样，现代文化既是在继承传统文化的基础上发展起来的，也是对传统文化的一种延伸和发展。因此，二者既有着内在的联系，也有着特性上的不同。

五、当代文化的区域交流

第二次世界大战结束后，随着殖民体系的瓦解、民族独立运动的成功以及全球化和区域交流的兴起与发展，当代文化出现了诸多变化，愈发趋向多样性和复杂化。许多新兴国家、民族开始重振自己的国家、民族文化，重新发出自己民族的声音，力求在世界文化版图中拥有自己的一席之地。

西方国家主导世界文化的局面由此被打破，当代文化区域交流也“应运而生”，蓬勃发展了起来。特别是进入21世纪以来，区域范围内的当代文化交流成为世界文化交流的一个重要组成部分，其必要性和重要性也开始逐渐凸显。

当代文化的区域交流日益繁荣是一件值得庆幸的事。这说明各国都拥有了独立自主的资本和底气，即每个国家都不再满足于自己的民族文化默默无闻、处于被忽略的状态，而拥有了要冲出国门、走向世界的豪气。与以往不同的是，当代文化的交流更注重相互尊重、平等互利、交流互鉴和共同发展，更强调尊重历史传统和现代需求的契合，更重视交流的政策衔接与法规制定。从这个意义上说，区域文化交流为国际文化交流提供了典范经验。

延伸阅读

东盟重视区域内文化的交流与合作，为此，设立专门的文化与信息委员会，通过设立文化周、青年文化节、文化艺术节等，增进各国人民之间的相互了解与团结，制定支持文化创造和文化产业发展的政策，以提升东盟在国际上的文化影响力。东盟共同体是基于经济共同体、安全共同体和社会文化共同体的建设。社会文化共同体强调以人为本，保障人权，社会发展与环境保护相结合，提高人民的生活质量，把社会发展与文化发展紧密联系起来。

由于每一个国家、民族的文化政策反映的都是该国家、民族的文化利益、愿望、要求和目的，是该国家、民族意识形态的一个集中体现，所以需要把当代文化的价值取向置于优先地位加以考虑。一般说来，价值取向需要满足两个条件：一是在宏观上应遵从区域内各国家、民族当地文化交流的基本原则；二是要兼顾区域内各国家、民族的根本利益。只有这样，才能使当代文化的交流和谐地发展起来。

此外，由于包括文化艺术、新闻出版、广播影视、文物博物等在内的当代文化自身生存和发展的需求，当代文化区域交流也会遵循其自身的特点和发展规律。从这个意义上说，当代文化区域交流的形式也是灵活多样的，需要根据不同情况作出适当的调整。总之，在遵从文化交流基本原则的基础上，以适合当代社会发展的内容和灵活多变的形式开展各种交流，有助于加强区域间各国家、民族之间的联系，促进各国家、民族当代文化的发展，增进各国家、民族之间的友好往来。

推荐阅读：

1.何平、张旭鹏:《文化研究理论》,社会科学文献出版社 2014 年版。

2.林艺、刘涛:《区域文化导论》,清华大学出版社 2015 年版。

3.汪民安:《文化研究关键词》,江苏人民出版社 2020 年版。

第七章 国际区域关系

国际区域关系的基础是国家,国家的行为和国家间关系在很大程度上决定了区域关系的结构与特性。但是,区域关系有着复杂的层次结构,既有区域内国家间的关系、区域组织与国家的关系,也有区域与外部的关系,包括区域国家与外部的关系、区域与区域外国家的关系、区域与区域之间的关系及多个区域之间的关系。

第一节 国际区域关系构成

自1648年以来,民族国家逐渐成为国际关系中最重要的行为体。民族国家是现代国际体系中最基本、最重要的构成单位,民族国家主权平等是现代国际关系的基本原则。民族国家都处在一个特定的区域,若干个地理上邻近的国家基于历史、文化、经济等方面的联系,生成独特的区域关系。概括地说,区域关系构成的基础主要包括国家间关系、民族关系、历史关系、宗教关系及文化关系等。

一、国家间关系

国家是国际体系中最有行动能力的主体,是构成国际社会的最基本单位。国家区别于其他社会集团的最重要属性是国家拥有主权。主权是一个国家对其管辖区域所拥有的至高无上的、排他性的政治权力,其对外表现是在国际上的独立自主权。主权意味着所有国家在国际法的意义上都是平等的。

国际区域是居于世界与国家之间的中间层次，它建立在国家本体地位的基础上。区域是以不同形式存在的国家组合，国家间关系构成区域关系最重要、最坚实的基础。

区域关系的中心是区域内国家间的关系，而区域内国家间关系的结构、制度化水平和国家间利益关系的稳定性等等，会影响在其基础上构成的区域、次区域在国际社会中的行动力。区域内国家间关系持续发展，国家间合作水平提高，国家间凝聚力增强，是区域概念在国际关系中变得更加重要的基础和前提，有助于激活以地缘因素为基础的身份认同，为区域概念提供更为坚实的物质和精神基础。

不同区域之间的相互关系包括两层：一是不同区域国家间的关系，二是不同区域组织之间的关系。二者既有不同，也有紧密的关系。总的来说，区域间的关系是建立在不同区域国家间关系的基础之上的，如果国家间的关系好，则区域组织之间的关系就好，反之亦然。不过，区域组织之间的关系又在一定程度上独立于它们成员国之间的关系，具有其自身发展、变化的逻辑。区域组织之间关系好，区域层面合作增强，也会推动其成员国之间关系的发展。

二、民族关系

民族是在一定的历史发展阶段形成的稳定的共同体。一般来说，民族在历史渊源、生产方式、语言、文化、风俗习惯以及心理认同等方面具有共同的特征，并且有很强的地区分布特征。民族作为一个共同体既具有客观性，也具有主观性。客观性表现在地域、语言、宗教、共同的历史来源等方面，主观性表现为人们对其民族性所具有的认知和感情。在民族内部存在着阶层、等级、各种利益集团以及语言、宗教等方面的差异，它们构成民族内涵的丰富性，也是民族文化存在与发展的推动力。

在各民族演化的漫长历史过程中，现代国家逐渐发展为国际体系中最强有力的行为体。在这个过程中，民族与国家重叠交叉、相互影响。现代民族国家起源于 17 世纪欧洲，但现代欧洲国家的边界与民族的边界并不一致。民族国家是民族“寓居”于其中的主要政治共同体。在国际社会中，一个国家内存在多个民族以及一个民族同时分布在多个国家内,是广泛存在的现象。如汉人、印度斯坦人、俄罗斯人、德意志人、墨西哥人、马来人、波利尼西亚人等分别分布在一些不同的国家,但其依然作为具有凝聚力的民族而存在。

民族主义作为一种特殊而且强大的意识形态,无论在国内政治还是国际关系中都具有强大的生命力,进而影响到国际区域关系,并显著增加了国家间关系的复杂性。由于一个民族多国分布的情况普遍存在,民族联系也成为国家之间和国际区域内人际交往的重要渠道。

民族加强对民族国家的政治认同,同时也对区域认同有着特殊的影响。每个人都存在多个维度的身份认同,国家认同、区域认同是身份认同的最重要体现,而区域认同的形成、社会化和内化推动了区域主义的发展。

三、历史关系

历史涉及的是人类社会的发展过程。历史的发展、演变会影响和塑造后来者的思维方式、价值偏好与行为选择。共同的历史经验可以在人与人之间产生相通的文化体验、相似的情感以及对事物具有相似的理解和认知。

区域国家间有着特殊的"共享历史"。这既是区域民族国家间历史情结联系的纽带,也是导致历史争端的一个重要原因。每一个国家都是按照自己的认定书写历史,然而,历史是过去的客观存在,不管如何书写,都会成为区域历史的重要组成部分。

第二次世界大战后,非洲、东南亚、太平洋岛国等地区国家反对殖民主义的历史过程,强化了这些国家相互交往的纽带,这为非洲联盟、东南亚国家联盟、太平洋岛国论坛等区域组织的建立提供了重要推动力,并在这些区域组织早期运作的过程中发挥了重要作用,使它们能够更好地求同存异,利用区域组织实现共同的诉求。

区域国家在过去的合作中取得的成功,会增强该区域国家在国际上发挥更大作用的信心,也使该区域对自身的合作模式产生更强的信心,甚至使其试图在国际上进行一定范围的推广。如东南亚国家在推动东亚区域合作的过程中取得巨大成功,这显著增强了各国推动东盟发展的信心,同时也逐步形成了东南亚国家认同的“东盟方式”。

延伸阅读

区域合作的东盟方式(ASEAN Way)包括4项基本原则,分别是:(1)不干涉内政原则。东盟尊重所有成员国的独立,不干预其内部事务。(2)静默外交原则(the principle of quiet diplomacy)。如果成员国之间发生冲突,软性外交是首先的处理办法。为了避免紧张关系的加剧,成员国“舒适度”是重要的政策考虑。(3)不使用武力原则。在东盟成员国之间不使用武力解决冲突。(4)共识决策原则。所有的问题都在协商一致的基础上进行讨论,以寻求最佳解决方案。这些原则的组合使东盟形成不同于其他区域组织的行为方式。东盟通过这样的方式成功地维护了成员国之间的和平,提升了东盟在国际上的影响力。[①]

四、宗教关系

宗教属于一种特殊的社会意识形态。宗教信仰是人们对其中某个体系的共识和崇敬,当今世界上的主要宗教包括天主教、基督教、伊斯兰教、印度教、佛教、道教等。宗教信仰和传播有着鲜明的区域特征。即便在全球化情况下,宗教传播的地域限制减弱,其认同性和关系性的区域特征仍然很明显。

宗教与政治的关系十分复杂,宗教信仰会影响法律和社会规范,甚至影响到一些国家的政权形态,包括有部分国家采取了政教合一的政治制度。许多宗教以特定的区域范围为基础,作为群体共同的信仰,以内在的方式渗透到不同国家的社会生活中,并对国家政治产生重要影响。同时,宗教往往跨区域传播,有着多区域的连接。宗教在世界上的分布形态,会影响区域之

① H. Katsumata, “Reconstruction of Diplomatic Norms in Southeast Asia: The Case for Strict Adherence to the ‘ASEAN Way’”, *Contemporary Southeast Asia*, Vol. 25, No.1, 2003, pp.104-121.

间的合作方式。如欧洲国家以信仰基督教、天主教为主;中东国家以信仰伊斯兰教为主;在东南亚地区,伊斯兰教、佛教、天主教、印度教都有一定的影响力。如果两个区域有着相似的宗教信仰,这可以构成它们开展区域合作的重要精神纽带,使它们的合作建立在更坚实的精神基础之上。在有的地区,如中东,也有因为宗教派别不同而相互对抗和战火不断的案例。总的来看,区域合作主要是建立在成员国共同利益的基础之上,往往有助于推动不同文化与文明包括宗教之间的交流互鉴。

五、文化关系

文化是社会成员所共同拥有的关于社会生活各个领域的基本认知,包括社会生活的具体内容和基本行为规范。文化具有共有性特征,是一系列共有的概念、价值观和行为准则。文化不是静止状态的存在,而是处于不断演变的过程中。文化具有传承性,也具有扩散性,通过传承进行延续和发展,通过扩散进行传播与移转。同时,文化具有很强的国家、民族、宗教等特征,也有鲜明的区域性特征。

由于全球化的发展,不同文化背景的人员之间的交流、往来十分频繁,人与人的交往不仅具有物质上的含义,也具有文化上的含义。在这个过程中,人类的文化既表现出某种交互涵化,在某些方面也突显了不同文化之间的张力。一些地方性文化在这个过程中更加强调其地方性特色和与其他文化的差异。文化的差异有助于塑造不同的身份认同,在快速变化的现代社会赋予人们某种精神上的归属感和慰藉。

文化在国际上的传播,经过长期的演化、积累的过程,会形成一些具有区域特色的文化圈,如西欧文化圈、东欧文化圈、伊斯兰文化圈、东亚文化圈、印度文化圈、太平洋文化圈等等。文化圈的存在,有助于推动其内部区域组织的形成与区域合作的发展。①

第二节 国际区域关系特征

区域关系主要表现为区域内国家之间的关系和区域整体构建的关系，前者主要是一国与他国的关系，是由各国主导构建的关系，以各自利益的最大化为导向；后者主要是通过各国合作推动构建的区域组织关系，各国被置于区域机制之下，旨在推动共同利益的实现。

理想的国别关系是和谐共处，但现实中，国别关系具有很大的不稳定性。基于复杂的原因，国家之间存在诸多矛盾争端，特别是大国扩张与争夺往往导致战争。区域合作是区域内国家的新型关系，合作有助于国家间改善关系，通过合作创造区域共同利益，有助于实现和平与发展。

历史上，区域关系有着很强的结盟争夺、对抗的特征，导致战争甚至引发世界大战。区域合作的初始动力源于追求区域的和平、稳定与发展，通过加强区内经贸关系创造经济利益，通过管控和解决区内矛盾冲突增进区域安全，通过协力打击跨国犯罪、应对自然灾害等改善区域安全环境，通过联合提升区域和区域国家在国际上的谈判地位与话语能力等等。鉴于此，区域合作成为当今世界发展的重要潮流。

欧洲曾是战乱之地，引发过两次世界大战，第二次世界大战结束后通过推动区域合作实现了长久的和平与发展。东南亚国家通过建立东南亚国家联盟，加强相互之间的政策协调，努力在国际上以同一个声音说话，使东盟在东亚地区合作中长期发挥其他任何国家无法替代的作用，并建立起多个“东盟＋”和其他形式的区域对话合作机制。

---

① 美国学者亨廷顿在20世纪90年代曾经提出文明冲突论的观点。他认为正在出现的全球政治的主要的和最危险的方面是不同文明集团之间的冲突。他把当代的文明分为中华文明、日本文明、印度文明、伊斯兰文明、西方文明、拉丁美洲文明、非洲文明等几个主要类型。亨廷顿对文明的划分在学界引起较大的争议。围绕这一问题的争议客观上说明，文化是影响国际区域的边界、区域内部交往、区域与其他区域交流的重要因素。参见[美]萨缪尔・亨廷顿：《文明的冲突与世界秩序的重建》，周琪等译，新华出版社2002年版，第29—32页。

一、差异性与利益矛盾

区域国家之间存在巨大的差异性和复杂的利益关系，这使得区域内关系非常复杂，也使得不同的区域关系具有不同性质和特征。

世界分为五大洲，即欧洲、非洲、亚洲、美洲、大洋洲。在大区域层次，国家间的差异十分显著。以亚洲为例，它包括46个国家和地区。① 各国在政治制度、经济发展水平、社会结构、民族宗教等方面存在很大的差异，有社会主义国家和资本主义国家，有发达国家和不发达国家，有人口十几亿的大国和人口只有几十万的小国，有伊斯兰教、佛教、印度教、儒家思想分别对不同的国家产生影响。亚洲由东南亚、东北亚、南亚、中亚、西亚等多个次区域组成。在次区域内部和次区域之间，也存在明显的国家差异和利益上的不一致。

差异性对国家间关系、区域内关系的发展产生重要的影响，大大增加了关系的复杂性和利益上的矛盾，在有些情况下成为矛盾甚至冲突的致因。从现实的情况看，矛盾和冲突最多的是在区域内的不同国家之间发生的，在有的地区至今冲突和战争不断。如何解决来自各方面的矛盾和冲突？战争不是最终解决矛盾和冲突的方式，反而会留下后患，可行的办法是涉事各方通过对话与协商，达成和解协议或者搁置争议。在当事方不能达成和解与共识的情况下，有时也会由第三方介入，特别是区域组织的介入，在特别严重的情况下，也会由联合国维和力量介入，以防止事态扩大，为寻求解决方案创建条件。

就区域关系而言，区域组织在缓解由差异与利益矛盾所造成的矛盾、冲突方面可以发挥很好的作用。总的来说，区域合作可推动区内开放，促进经济、人员、文化的交流，增进相互了解和互鉴，逐步增强命运共同体意识。区域合作创造的共同利益成为共同维护的公共财产，而区域组织的介入、干预和治理也具有一定的超国家性质，为各成员国所尊重与接受。因此，我们看到，凡是建立合作组织的区域，区域关系大都比较稳定。

---

① 塞浦路斯在地理位置上属于亚洲，但在历史、文化、政治上却是欧洲的一部分，并于2004年加入欧盟。土耳其是横跨欧亚两洲的国家，其绝大部分国土在亚洲，但其文化上的自我认同是欧洲国家。我们在此把这两个国家都归入欧洲。

二、国际区域关系的结构

区域合作的组织形态、机制化水平、合作的深度与主要领域受到该区域国家关系，尤其是区域最有影响力国家之间关系的重要影响。区域内国家实力或影响力的分布有以下几种主要的结构：一个国家居于主导地位；有两个主导性国家；三个及以上国家处于实力大体相当的态势；没有主导性国家，或者不同国家在不同的领域各有优势。

美国在美洲拥有明显的实力优势，使其在美洲区域合作中长期居于强势主导地位。19 世纪 20 年代，美国提出门罗主义，强调美国不干涉欧洲列强的内部事务，也不容许欧洲列强干预美洲事务。在推行门罗主义的过程中，欧洲国家在美洲的影响力显著下降，美国对美洲事务的主导地位进一步加强。

延伸阅读

1890 年 4 月 14 日，美国同拉美 17 个国家在华盛顿特区举行的第一次美洲会议上，决定建立美洲共和国国际联盟及其常设机构——美洲共和国商务局，这是美洲国家组织的前身。此后，美洲国家大约 5 年举行一次会议，形成美洲国家间体系。1910 年，在布宜诺斯艾利斯举行的第 4 次大会上这一合作改名为“美洲共和国联盟”。1923 年，在圣地亚哥举行的第 5 次大会上改名为“美洲大陆共和国联盟”。1938 年，美洲国家第 8 次大会在秘鲁首都召开，决定美洲各国安全遭受威胁时，各国外长应会商对策，由此建立起泛美外长会议机制。1948 年，在波哥大举行的第 9 次会议上通过《美洲国家组织宪章》，遂改称为“美洲国家组织”。美洲国家组织的宗旨是：加强美洲大陆的和平与安全；确保成员国之间和平解决争端；成员国遭受侵略时，组织声援行动；谋求解决成员国之间的政治、经济、法律问题，促进各国间经济、社会、文化的合作，加速美洲国家一体化进程。

在美洲国家组织的形成过程中，美国的推动作用十分明显。美洲国家组织的不少做法也呼应了美国的政策。[1] 不过,在第二次世界大战后民族解放运动空前发展的背景下,拉丁美洲国家积极维护自身的主权和独立,美国对美洲国家组织的控制力呈减弱的趋势。

法国和德国是欧洲大陆两个实力强大的国家,法德和解与合作是西欧联合的基础。在欧盟及其前身的产生、发展、演变过程中,法德两国的合作始终是关键因素。在两者的关系中,德国是西欧最强大的经济体,处于关键的地缘战略位置。法国是西欧的政治大国,它是联合国安理会常任理事国,也是拥有核武器的军事强国。在第二次世界大战后很长时期内,法德两国的实力结构具有很强互补性。法德合作对欧洲国家的合作发挥了重要的引领和带动作用。

由于法德两国的合作长期稳定在高水平,使西欧合作虽然经历了冷战和冷战后国际环境的复杂变化,仍持续得到推进,而没有受到东欧剧变、苏联解体与德国统一等地缘政治变动的影响。不过,随着欧盟的持续扩大以及成员数量的大幅增加(即使在英国脱欧后仍有 27 个成员),法国和德国在欧盟的主导地位在一定程度上被稀释,这使法德合作对引领欧盟发展方向的作用有所降低。

在一些地区,有多个实力相当的国家并存,难以形成一个或两个国家主导,其好处是各国可以比较充分地表达自己的主张与关切,但由于缺乏推动合作的主导性国家,往往导致各国间政策协调困难,增大了政策协调的成本,甚至会引发相关国家关于区域合作主导权的争夺。欧盟内英国与法国、德国之间存在歧见,英国对于欧盟不断推动超国家联合有保留,因此没有加入“相互取消对人员和商品过境的检查、以进一步推动人员与商品自由流动”的《申根协定》,也没有加入欧元体系,2016 年通过全民公决决定退出欧盟。

东盟主要是通过协商一致的方式进行决策,在落实规制上主要靠成员

---

① 比如 1962 年 1 月,第 8 次美洲国家外长协商会议以“任何成员国信奉马列主义同泛美体系不相容”为由,以勉强的 2/3 多数(古巴反对,墨西哥、巴西、阿根廷、智利、厄瓜多尔和玻利维亚弃权)通过关于将古巴政府开除出美洲国家组织、停止同古巴进行一切武器和军事装备贸易的决议。1965 年第 10 次外长协商会议决定派“泛美和平部队”到多米尼加,使美国武装干涉多米尼加合法化。

国的承诺与自觉。由于东盟合作需要更多地照顾每一个国家的差异性，东盟的一体化进程比较缓慢，一些内部问题缺乏有效解决方式。非洲联盟的长期目标雄心勃勃，包括使用统一货币、建立联合防御力量以及成立跨国家的机构，最终目标是建立“非洲合众国”。[①] 但是，由于成员国众多，缺乏主导国家的有力推动，合作进程发展缓慢。非洲自由贸易区协议已于2019年5月生效，但并非所有成员参加，实施起来也遇到许多困难。

从可持续发展的角度看，保证区域成员平等参与的权利，构建区域治理制度，会使得区域关系更为稳定与可持续；靠大国主导的区域关系会导致矛盾，使得区域合作难以深化。在解决区域内矛盾冲突方面，区域组织的作用要比大国主导下的干预更为合理。

三、地缘特征

地缘政治探讨的是空间分布等地理因素对政治、经济、军事、外交战略等的影响。虽然现代技术的进步极大地便利了人员、物资的跨国交流，但地理依然是影响国家行为、国家间关系的重要因素。从军事上说，高山、河流、海洋等自然地貌都会对力量的投送产生影响；从经济上说，国土规模、地理距离、资源分布、出海口的有无等也会对国家间经济关系产生影响。地缘政治理论认为，一国力量所能发挥的作用随着目的地与本国距离的增加而减弱。大国实力的对外投射会随着距离增大而明显衰减，这是国际关系中一个基本的事实。同时，也有一些国家因处于地理上的交通要道与枢纽位置而获得特殊影响力。

从西方国家的关系史上，可以看到大陆国家与海洋国家对外政策的重要差异。在西方国家争夺世界霸权的过程中，有“海权论”和“陆权论”之说，有海洋霸权和陆地霸权的行为模式，这些都体现了地理因素对国家行为包括国家战略的影响。

---

① 非盟有55个成员国，是集政治、经济和军事于一体的全非洲性的政治实体。非洲联盟的前身是成立于1963年5月25日的非洲统一组织（简称“非统”）。1999年9月9日，非统第四届特别首脑会议通过《锡尔特宣言》，决定在2001年成立非洲联盟。2002年7月9—10日，非盟举行第一届首脑会议，宣布非盟正式成立。

延伸阅读

海权论创立于19世纪末20世纪初，是关于世界海上强国争夺海洋霸权、扩展海外势力范围的海军战略理论。海权论认为，谁控制了海洋，谁就能控制世界贸易并进而控制世界财富，海洋成为海上强国进行竞争和发生冲突的主要领域。海上强国必须建立强大的海军以获得海上行动自由。

陆权论是第一次世界大战前夕英国学者麦金德提出的理论，他首次对陆权与海权进行了区分，认为随着陆上交通工具的发展，欧亚大陆的“心脏地带”将成为最重要的战略地区。这一论断对世界政治产生了深远的影响，直接影响了希特勒德国的地缘战略。

海权论和陆权论都是从大国争夺世界霸权的角度提出的，都有其内在的缺陷。

东盟由海洋国家和陆地国家组成，印度尼西亚、菲律宾、马来西亚、东帝汶、新加坡属海洋国家；越南、缅甸、泰国、柬埔寨、老挝位于中南半岛，除老挝外，其他几个都是临海国家，具有陆海国家特征。在长期的发展过程中，不同的地理居位对各国的风土、文化、经济利益、安全利益乃至对外政策产生影响。就区外关系而言，由于处于欧亚大陆东南方向的边缘地带，东南亚国家没有太深地卷入中国、日本、韩国、俄罗斯等的复杂关系中，从而可以相对超脱的姿态与东北亚主要国家进行合作，通过推动东亚合作获取区域合作中的中心地位。同时，由于位于太平洋与印度洋的交汇处，并控扼马六甲海峡这一战略通道，东盟对东亚之外的美国、澳大利亚、印度等都具有重要的、不可替代的战略价值，而东盟也通过这一联系，把合作的范围进一步拓展到更广泛的地理空间。

延伸阅读

东盟牵头建立了多形式的区域性合作机制。在“东盟＋”框架下，有与中、日、韩、印、澳、新建立的“10＋1”对话合作机制和自贸区；有与中、日、韩建立的“10＋3”对话合作机制，在此框架下，建立了货币金融合作机制“清迈倡议”、东盟与中日韩宏观经济研究办公室（AMRO）；有与中、日、韩、澳、新、印、美、俄建立的“东亚峰会”；有东盟牵头的东盟地区论坛、亚欧会议以及与拉美、非洲建立的多形式对话合作机制。

小岛屿国家联盟（alliance of small island states，AOSIS）是一个具有明显地理特征的跨区域政府间组织。截至2020年年底，联合国经济及社会理事会列出了52个小岛屿发展中国家，它们分属于三个地区：加勒比海、太平洋、AIMS（即大西洋、印度洋、地中海和南中国海）。上述每个地区都有一个地区性合作体，分别是加勒比共同体、太平洋岛国论坛和印度洋委员会，许多小岛屿发展中国家是这些合作体的成员。此外，大多数小岛屿发展中国家是小岛屿国家联盟的成员。① 小岛屿国家联盟由于涉及的国家多、成员的地理分布范围广，就其本身而言是一个颇为松散的国际组织，成员的凝聚力并不是特别高，行动能力并不强，对全球政治经济的影响力极为有限。但在有的领域，如在全球气候变化问题上，各国立场高度一致，一直在不同场合呼吁各国为控制全球变暖尽快付诸行动。在联合国气候变化框架公约的系列重要谈判以及联合国可持续发展大会等高规格国际会议中，小岛屿国家联盟通过自身的努力、清晰的定位以及得当的谈判策略，越来越多地获得国际社会关注，并在国际会议的成果文件中争取到更多权益。

① 小岛屿国家联盟于1991年成立，其角色定位是，在联合国框架内，作为一个游说集团为小岛屿发展中国家发出声音，并将全球变暖、海平面上升作为其关注的焦点问题。小岛屿国家联盟的成立提升了小岛屿国家的国际政治地位，因为其成员中有37个联合国会员，占联合国会员总数的接近20%。这些国家的地理面积总和约为77万平方公里，人口总和4000多万。其中，古巴人口最多，巴布亚新几内亚面积最大。虽然小岛屿国家的总体面积不大，人口总数不多，但其领海和专属经济区的面积总和占了地球表面的1/5。

南亚于 1985 年 12 月 7 日成立南亚区域合作联盟(简称“南盟”),有 8 个成员国,即孟加拉国、不丹、印度、马尔代夫、尼泊尔、巴基斯坦、斯里兰卡、阿富汗。南盟地处印度洋,成员中既有海洋国家,也有内陆国家,由于地缘、政治和历史等原因,内部矛盾多且复杂。尽管南盟在区域合作上取得了一些进步,如实施“南亚特惠贸易安排协定”,建立南亚自由贸易区等,但出于多种原因,迈向区域经济一体化发展的目标不尽如人意。南盟的凝聚力与治理能力受到很大限制,在发展与域外国家的关系中难以像东盟那样以己为中心,构建多层关系机制并发挥引领作用。

印度作为地区头号大国,在幅员、人口、资源、军事力量等方面处于绝对优势,在地理上它也居于整个区域的中心,制定并实施了与东盟、东亚连接的“东向战略”和连接阿拉伯及非洲国家的“西向战略”,但是受制于区内的矛盾,特别是印巴冲突难解,印度难以在区域组织内发挥有导向力的作用。

鉴于印度洋和印度的地缘重要性,域外国家特别是大国,像美国、日本等,积极介入印度洋地区。美国提出“印太战略”,推动建立美、日、澳、印四国安全机制,旨在构建由美国主导的区域性战略合作机制。由于缺乏自主性,域外大国的介入和战略导向使得南亚地区的关系,包括区内关系和区外关系变得更为复杂。

四、利益格局与区域关系

国家是区域合作的基本构成单位,维护国家利益是各国对外政策的基本出发点。主权国家的国家利益包括确保国家的生存、维护领土完整,促进人民的经济福利,保持政权体系的自主性,等等。国家利益从重要性程度上可以分为核心利益、重要利益和一般利益。在一个区域内,不同主权国家之间利益关系的组合,形成该区域的利益关系格局,这会对区域关系产生重要影响。

区域利益格局中最重要的方面是区域国家利益一致性的程度。国家利益一致性程度高,有助于减少国家之间的矛盾,增强区域合作的凝聚力。相反,利益上的显著差异会导致区域合作难以推进,使已经形成的区域组织凝聚力减弱,行动能力明显下降;利益矛盾的进一步加剧,可能导致区域合作的倒退,包括已经形成的区域组织发生退化。

区域内部国家之间如果在国家规模、政治制度、经济发展水平、民族、宗教、社会文化等方面存在显著差异,容易造成国家间利益的分化。国家之间的异质性会影响它们的互信水平、沟通的顺畅程度,增大误解的可能性,增加政策协调的难度。区域国家较高水平的同质性,有利于形成较为一致的利益结构,促进政策沟通与协调,提高互信水平,有助于区域合作不断向深入发展。

欧盟是世界上一体化发展水平最高的区域,欧盟取得这一重大成就,建立在欧洲国家较高同质性的基础上。虽然欧盟成员国数量较多,在英国脱欧后仍有 27 个成员,且国家之间在国土面积、人口、经济实力方面的差距不小,但欧盟成员在很多重要方面保持了很高的同质性,其关于区域合作的制度安排与规则标准也进一步保障了成员的同质性。

欧洲理事会于 1993 年 6 月在丹麦首都哥本哈根制定了衡量一国是否有资格加入欧盟的标准,即“哥本哈根标准”。在政治方面,它要求候选国有稳定的民主制度,尊重人权,实行法治和保护少数族群;在经济方面,它要求候选国真正地实行市场经济;在法律方面,要求候选国接受欧盟法律中的公法、规则和政策。

一国要加入欧盟往往要经历一个比较长的谈判过程。以土耳其为例,早在 1963 年土耳其就表达了加入欧盟的愿望,并在该年成为欧共体联系国。1987 年,土耳其申请入盟,1995 年加入欧盟关税联盟,1999 年成为欧盟正式候选国,2005 年开始入盟谈判,但目前依然看不到土耳其加入欧盟的时间表。土耳其横跨欧亚两洲,地理位置和地缘战略意义极为重要。土耳其的加入将使欧盟控制欧亚之间的咽喉地带,无论经济和军事方面对欧盟都有重要意义。但土耳其和欧洲拥有不同的文化,土耳其大多数人信仰伊斯兰教,欧盟现有成员以基督教为主流;而且土耳其是个地区大国,加入欧盟后会继续在很多重要方面维持其政策独立性,这些因素增大了土耳其加入欧盟的困难。

瑞士、挪威、冰岛在经济、宗教、文化等方面几乎和欧盟融为一体,但它们分别基于不同的利益考虑,没有加入欧盟。瑞士作为中立国不愿加入欧盟的主要原因是担心在加入后会丧失中立性和独立性。挪威不愿将部分主权移交给一个国际组织，希望保持自己海域内捕鱼的控制权。冰岛的情况更复杂一些。它希望保持对自己海域内捕鱼权的控制，因此入盟的意愿一直不太强烈，但2008年年末冰岛爆发金融危机后，冰岛政府在一个时期内对于加入欧盟的兴趣明显上升，并提交了入盟申请，其入盟谈判进展也颇为顺利。但之后冰岛对于加入欧盟的热情大减，并撤回了入盟申请。这些不同情况都体现了利益因素对区域合作的直接影响。

相比之下，东盟、非盟、亚太经济合作组织在吸收成员的过程中，标准比较宽松，主要是基于地理因素的考虑。这客观上容易出现区域组织内部成员国利益差异较大的情况，对区域合作的深入发展会造成一定的影响。

如果在一个区域内存在较为严重的利益矛盾，这对区域合作的推进将带来更为不利的影响。如在东亚地区，尽管中国、日本和韩国建立了包括峰会在内的合作机制，但由于中日、日韩之间在历史认知上存在矛盾，因而在比较长的时期内难以实质性地推进合作。在亚太地区，由于中美矛盾上升，而中美是亚太经合组织（APEC）中经济实力最强大的两个国家，它们之间的矛盾影响了亚太地区的经济合作，使亚太经合组织难以按照预定目标发展。

从利益的角度，国际危机对区域合作会产生颇为复杂的影响。一方面，区域危机可能激发区域国家的危机意识，使它们更清楚地认识到合作的必要性和价值，从而成为区域合作的重要推动力。1997年亚洲金融危机后，东亚合作的快速推进是危机驱动型合作的一个典型例子。另一方面，区域危机可能放大区域国家之间的利益分歧，在区域内形成更大的矛盾，导致区域国家"自扫门前雪"的结果。2015年后，欧洲面临债务危机、移民危机、难民危机等多方面的挑战，加上欧洲多国自身的经济困难，显著放大了欧洲国家之间的矛盾和分歧，使欧盟一体化的推进在一个时期内面临很大挑战，甚至引发英国脱欧的现象，对欧盟合作进程是一个较为重大的打击。

五、区域合作制度

区域合作组织的管理和规制对于区域关系有着重要的影响。斯蒂芬·克拉斯纳将国际机制定义为一系列隐含或明确的原则、规范、规则和决策程序，它们聚集在某个国际关系领域内，行为体围绕它们形成一致的预期。其中，原则是关于事实、因果关系和是非曲直的信念，规范是根据权利和义务定义的行为标准，规范是行动的具体规定或禁令，规则是对行为的规定或禁止，决策程序是作出和执行集体选择的现行做法。① 罗伯特·基欧汉认为，国际制度是各种规则与规范相互联系的复合体。② 道格拉斯·诺斯认为，制度是社会的游戏规则，或者更正式地说，是人们创造的、用以塑造人与人互动行为的框架。③区域合作中不同的制度安排影响了区域关系的性质和内容。

区域合作包括政治合作、经济合作、安全合作以及其他领域的合作，其中，经济合作比较容易创建共同的利益，是区域合作的重点。区域经济合作往往在区域经济一体化的名义下进行，即推动市场开放，建立自由贸易区，开展较高水平的区域合作以实现区域的综合管理，创建超国家的区域治理制度。

区域安全合作是区域国家开展合作的重要领域，在合作形式上具有多样性，比如集体安全、同盟、安全共同体，或者通过签订条约、确立地区规则等方式加强危机管控的功能性合作安排，此外也开展安全对话等等。在集体安全机制下，每个参与国认为对和平的破坏是对所有参与国共同的挑战，其他国家的安全是所有国家的安全。“集体安全”概念的假设是，国家放弃使用武力或以武力威胁的方式来实现其国家利益，所有国家对违反这一原则的侵略国家进行集体制裁，以维持国际和平及秩序。维护集体安全是联合国的主要宗旨之一。在区域层面，主权国家也可以联合起来追求集体安全的实现。第二次世界大战结束后，美苏两大阵营冷战对峙，刚独立不久的非洲国家为维护本国的政治、经济利益和安全稳定，开展国家间的合作与对话。非洲联盟的长远目标是统一使用货币、联合防御力量以及成立跨国家

---

① Stephen D. Krasner (ed.), *International Regime*, New York: Cornell University Press, 1983, p.2.

② Robert O. Keohane, "International Institutions: Two Approaches", *International Studies Quarterly*, Vol. 32, No. 4, 1988, pp. 379-396.

③ Douglass C. North, *Institutions, Institutional Change and Economic Performance*, Cambridge: Cambridge University Press, 1990, p. 3.

的机关，其在安全领域的合作具有区域集体安全的含义。虽然非盟掌握的武装力量有限，但其和平部队多次在非洲采取行动，比如被派遣到苏丹共和国协助处理达尔富尔冲突以及在索马里执行维和任务等等。

北大西洋公约组织（简称"北约"）是一个跨越欧洲与北美的大型军事同盟组织，是第二次世界大战后西方阵营军事上实现战略同盟的标志。冷战时期，北约与以苏联为首建立的华沙条约组织是两大对立的军事集团。随着苏联解体，华沙条约组织也解散，但北约继续存在。该组织的主要机构为北大西洋理事会、防务计划委员会、计划与分析委员会、常任代表理事会、国际秘书处和军事委员会。北大西洋理事会由成员国国家元首及政府首脑、外交部长、国防部长组成，为北约的主要决策机构。军事委员会为北约最高军事指挥机构，下辖欧洲盟军最高司令部、美国—加拿大区域联合防空计划小组等。除法国、西班牙和冰岛外，所有成员国都指派一部分本国军队由北约统一指挥。

延伸阅读

1949 年 4 月 4 日，美国、加拿大、英国、法国、意大利、荷兰、比利时、卢森堡、葡萄牙、丹麦、挪威和冰岛在华盛顿签署《北大西洋公约》，决定成立北大西洋公约组织，同年 8 月 24 日各国完成批准手续，该组织正式成立。最新成员是北马其顿，于 2020 年 3 月 27 日加入，至此北约共有跨越欧洲和北美的 30 个成员。条约规定，一旦确认成员国受到攻击，其他成员国将作出即时反应。该条款被理解为各国部队将自动参战，并不再需要各国政府的参战授权。但这一条款在"9·11"事件前，一直未曾被动用。冷战后，北约曾协助反海盗行动，在联合国要求下打击亚丁湾、非洲之角和印度洋的海盗，并在 2011 年根据联合国安理会 1973 号决议将利比亚上空设为禁飞区。

区域合作制度构建是体现区域合作发展水平的重要标志。制度变化的一个重要特点，是它具有一定的自我持续性。一项制度建立后，会形成一定的自我强化机制，从而对制度的演化产生路径依赖的效果。制度变迁路径依赖的形成受原有制度及相关制度、行动者的观念、强有力的组织和利益集团等多方面因素的影响。大多数制度变迁都伴随着路径依赖，一部分原因在于制度的变迁过程不只涉及单个制度的转变，同时会带动其他制度的调整，因此制度变迁的阻力相对较大，实现变迁也就变得困难。某项制度的推出既有利益维护者也有利益受损者，制度的调整会造成利益前景预期的不稳定，行动者基于稳定以及自身利益等多方面的考虑往往会极力维护现有制度。此外，利益集团及组织的强力维护也是制度变迁路径具有依赖性的重要原因。设计一项制度需要大量初始成本，当制度形成后，适应制度的组织与其他互利性组织随之产生，这些利益集团和组织为了持续获取现有利益，会极力维护现有制度，即使存在更有效率的新制度，它们也不一定会予以采纳。

区域制度建立后会产生某种制度黏性，这使制度的变迁相对困难，制度的持续性只有在国际实力对比、利益结构发生重大变化时才会受到强烈的冲击。制度在国际环境比较平稳的状态下不太容易改变，特别是已经建立的制度不容易被取代或废弃。世界不同区域的制度安排，如欧洲、东亚、非洲、美洲都有着各自的特点，并没有表现出简单的趋同趋势，相关区域合作早期的安排，往往对该区域合作的长期路径、发展模式产生不小的影响。

第三节　区域外部关系

区域/区域组织在国际关系中发挥出越来越重要的作用，其主体意识和能动性不断增强，有些区域组织逐渐开始发挥某些过去只有主权国家才会发挥的职能。在此情况下，区域与外部的关系表现出与过去不同的特征。

一、国际区域关系的外联性

区域与外部的关系涉及以下几种主要情形：一个区域/区域组织与另一个区域/区域组织的关系；一个区域/区域组织与区域外国家特别是区域外大国的关系；多个区域/区域组织之间的关系。其中最重要的是一个区域/

区域组织与另一个区域/区域组织的关系，这一关系的日益发展被称为“区域间主义”或“地区间主义”。

一个区域/区域组织与另一个区域/区域组织的关系，往往表现为区域组织对区域组织的关系，其表现形式是两个不同区域组织为促进合作与对话而建立的各种机制安排，其核心是区域/区域组织开始成为一种国际行为体，逐渐在政治、经济、安全、文化等领域的国际事务中发挥实体性作用。欧盟在全球140多个国家设有代表团，这些代表团在除英国外的其他驻在国都拥有完整的外交地位。

区域间主义是不同区域或次区域的主权国家和区域组织，或是在新的区域架构下，或是依存于原有的区域架构，开展制度化的对话与合作。区域间主义是全球化与区域化双重力量共同作用的结果，它本身也成为全球化与区域化发展的重要推动力。如今，区域组织在拓展对外关系中的意愿和能力不断加强，往往基于不同的利益定位而制定不同的拓展战略和采取相应的措施。我们可以把欧盟与东亚、欧盟与东盟的关系作为案例，来看区域间主义对于拓展对外关系的重要性与特征。

（一）欧盟与东亚的关系

自20世纪90年代以来，欧盟逐步形成自己的亚洲和东亚政策，并针对亚洲和东亚地区出台了四份重要政策文件。欧盟在1994年发布题为《走向亚洲新战略》的第一份亚洲政策文件，提出加强欧盟与亚洲的经济关系，促进亚洲稳定、经济发展和法治，借此维护欧盟在世界经济中的领导地位。文件凸显了欧盟对亚洲政策的经济导向。2001年，欧盟发布题为《欧洲和亚洲：强化伙伴关系的战略框架》的第二份亚洲政策文件，其核心政策目标是加强欧盟与亚洲的政治和经济关系，并试图通过广泛的欧亚接触推动亚洲地区的和平与安全。此外，文件强调要推动人权保护、民主、良治和法治，在相关国际论坛中与亚洲国家建立伙伴关系和联盟，提升亚洲和欧洲的相互认知。文件多次提到分享欧盟经验，实际上有希望亚洲模仿和学习欧盟经验的含义。从20世纪90年代亚洲政策单纯的经济利益优先，到21世纪经济、政治与安全并重，表明欧盟希望在亚洲的经济、政治和安全领域发挥更重要的作用。

此后随着国际形势的变化，欧盟于2007年发布题为《欧盟外交与安全政策东亚指南》的专门针对东亚地区的第一份重要文件，文件从经济和安全两方面强调东亚对欧盟的重要性。之后，欧盟于2012年发布第二份《东亚指南》。两份《东亚指南》都强调欧盟的关键利益和东亚的安全密切相关。欧盟在强调多边主义的同时，采取以下努力来推动东亚安全与稳定：第一，根据《联合国宪章》维护和平，加强国际安全；第二，推动基于规则的国际秩序；第三，发展、巩固人权与法治，尊重人权和自由；第四，防止大规模杀伤性武器扩散；第五，推动地区一体化；第六，推动合作性、可持续性的政策以应对全球性挑战；第七，通过改善市场准入和投资条件加强双边贸易和投资。

欧盟高度重视东盟在东亚地区的作用，强调地区一体化进程对于地区和平与安全的重要性。欧盟尤其注重东盟以及以东盟为中心的多边制度对东亚地区合作的贡献。欧盟在两份《东亚指南》中均将地区一体化列为其东亚外交与安全政策的目标之一。2016年欧盟在发布的第二份全球战略文件《共享愿景，共同行动：一个更强大的欧洲——欧盟外交与安全政策的全球战略》中，专门强调欧盟对合作性地区秩序的支持，以及东盟在东亚地区架构中的中心地位。①

欧盟不仅出台相关政策文件，也在东亚地区积极发挥更大作用。欧盟在东亚地区的一个重要贡献是帮助推动印尼亚齐问题的解决。欧盟在印尼政府和亚齐分离主义组织“自由亚齐运动”就和平协议展开谈判的过程中发挥了积极作用。之后，欧盟派遣使团监督和平协议的执行，部分东盟成员国参与了欧盟领导的监督使团。亚齐和平监督使团的主要任务包括：解除亚

① Commission of the European Communities, *Toward a new Asia Strategy*, Brussels, 13 July, 1994, https://eur-lex.europa.eu/legal-content/EN/TXT/PDF/?uri=CELEX:51994DC0314&from=EN; Commission of the European Communities, *Europe and Asia: A Strategic Framework for Enhanced Partnerships*, Brussels, 4 September, 2001, https://eur-lex.europa.eu/LexUriServ/LexUriServ.do?uri=COM:2001:0469:FIN:EN:PDF; Council of the European Union, *Guidelines on the EU's Foreign and Security Policy in East Asia*, Brussels, 14 December, 2007, https://www.consilium.europa.eu/ueDocs/cms_Data/docs/pressdata/en/misc/97842.pdf; Council of the European Union, *Guidelines on the EU's Foreign and Security Policy in East Asia*, Brussels, 15 June, 2012, https://eeas.europa.eu/archives/docs/asia/docs/guidelines_eu_foreign_sec_pol_east_asia_en.pdf; European Union, *Shared Vision, Common Action: A Stronger Europe-European Union's Foreign and Security Policy*, June, 2016, https://eeas.europa.eu/archives/docs/top_stories/pdf/eugs_review_web.pdf.

齐分离主义组织的武装，监督印尼政府军的撤离，协助“自由亚齐运动”武装人员重新融入亚齐社会。监督使团顺利完成了上述任务，这是欧盟在亚洲首次主导的危机管理行动。在完成亚齐和平监督使团的使命后，欧盟继续在警察培训、发展合作、人道主义援助等方面对亚齐提供支持，对该地区的危机解决与和平建设作出了重要贡献。

（二）欧盟与东盟的关系

欧盟与东亚的关系，是区域组织对区域的关系；欧盟与东盟的关系，则是典型的区域组织对区域组织的关系。

欧盟和东盟是世界上两个一体化程度较高的区域组织的代表，它们都致力于通过多边途径推进国际合作，认为区域一体化是促进和平、稳定与繁荣以及应对全球挑战的有效途径。作为两个互不相邻又具有很强代表性的地区性国际组织，欧盟与东盟在国际事务中扮演着日益突出的角色。二者关系的发展，尤其是它们之间的制度化合作，是区域间关系的典型，受到国际社会的关注。

区域组织与区域组织之间的关系，明显不同于主权国家之间的关系。欧盟与东盟关系的发展，要经受组织内外多方面的挑战，需调和组织内各成员国以及与其他组织成员国之间的微妙关系。它们作为国际组织，在资源的调配方面不如主权国家那么便利和有力，其决策的机制和效力明显弱于主权国家。即使欧盟、东盟双方有很强的合作意愿，其合作范围、合作领域、合作深度仍有较大局限。

欧盟与东盟在合作过程中，也存在双方的实力和行动能力不对称的问题。欧盟作为成员实力较强、具有一定超国家性质的区域行为体，其自主能力更强，致力于推动政治、经济等多个领域的制度化合作。与欧盟相比，东盟成员国实力相对较弱，同时更看重国家主权与不干涉内政等原则。东盟作为国际组织，相对于其成员国而言自主性较差，它在协调成员国政策方面面临更大的困难。

1977 年，东盟第 10 次外长会议就东盟与欧洲经济共同体的正式合作达成共识，双方建立正式的对话关系。1980 年 3 月，在吉隆坡举行的第 2 次欧共体—东盟部长级会议上，签署了《欧共体—东盟合作协议》。这是欧共体与其他地区性组织签署的第一个国际条约。

20 世纪 90 年代，随着双方合作逐步深入，一些问题和分歧也开始显现。这一时期，人权、东帝汶和缅甸问题成为双方争论的焦点。在 1991 年的欧盟—东盟第9 次部长级会议上，欧盟坚持把人权问题与经济合作挂钩，这使双方的争议加深。但总体上，欧盟与东盟对争执都有所克制。在 1994 年的欧盟—东盟第 11 次部长级会议上，欧盟与东盟重新聚焦于经济合作，以激发对话的活力。1996 年，欧盟 15 国及欧盟委员会，与东盟 7 国和中国、日本、韩国 3 国共同成立亚欧会议，并在曼谷举行首届亚欧首脑会议。此后每两年召开一次的亚欧会议逐渐成为欧盟与东盟进行双边对话的主要平台。

1997 年东盟吸收缅甸加入，这引起欧盟的反对，导致当年的欧盟—东盟部长级会议终止，双边关系陷入低谷，但双方仍通过亚欧会议等多边论坛保持对话。双方在 2000 年后逐步恢复正常关系。2003 年 1 月，欧盟与东盟在第 14 届部长级会议上重申深化对话的重要性，决心进一步加强双边、次地区、地区和多边层面的合作，指出经济和发展合作、政治对话与合作是推动欧盟与东盟关系的关键方面。

2012 年 7 月，欧盟加入《东南亚友好合作条约》，成为第一个加入该条约的区域组织，表明欧盟对东盟的重视及对促进东南亚地区和平、安全与稳定的承诺，这是欧盟与东盟双边关系的一个重要里程碑。2016 年 1 月，欧盟首次任命驻东盟大使，并在雅加达成立欧盟驻东盟使团。当年 6 月，欧盟公布《共享愿景，共同行动：一个更强大的欧洲》的全球战略文件，提出欧盟积极促成与东盟各成员国以及亚洲其他战略伙伴的自由贸易协定。

从欧盟与东盟关系的发展过程中，可以发现区域与区域关系的一些特点：(1)主体单位的复杂性。区域本身是民族国家的聚合，其规模大于作为基本组成单元的民族国家，但它缺乏民族国家那样强有力的组织机构与行动能力。在区域与区域关系中，区域/区域组织面临与外部区域和内部成员之间的双层博弈，它在很多方面需要通过艰难的协调才能保障对外关系的一致性与连续性。(2)关系的不对称性。在国与国关系中，实力的不对称是一个较为普遍的现象。在区域关系中，这种不对称性依然颇为明显，这与在国际社会中行动力较强的区域/区域组织数量不多有关。在欧盟与东盟的关系中，欧盟不仅总体实力明显要强很多，而且认为自己的区域发展模式更为成功，它在自由、民主、人权价值观上更为自信，在对外交往过程中有较强的推广自身区域合作模式、价值观与人权标准的意图。(3)高度自愿与低强制性。虽然在区域与区域的合作中存在着实力上的不对称，但一个区域要强制另一个区域采取行动十分困难，因为后者缺乏对作为其成员的主权国家的很强的强制能力。在区域间合作中，实力弱势一方可以坚定地拒绝强势一方的压力，而往往不需付出多大代价。区域间合作的双方需采取相互尊重的态度，因为这一合作是双方高度自愿的结果。(4)合作的低制度化水平。区域/区域组织本身是一定范围内民族国家之间合作的产物，区域在开展对外合作时，一般来说难以达到区域内成员合作的水平。从这个角度来说，区域与区域之间更多进行的是制度化水平不高的合作。(5)经济合作与政治对话是重点领域。不同于民族国家之间的合作，区域与区域之间往往很难克服合作过程中遇到的困难，它们对困难领域往往采取搁置的做法。其在安全领域的合作不易深入，开展机制化的对话和推动一定程度的经济合作是相对容易的领域，其中机制化的对话往往是区域间合作的起点。(6)区域间主义形态依赖于构成区域的基础性结构。区域内聚力与区域认同越强、区域制度越完善，其在区域间主义中的影响力往往越大。其表现为，区域一体化程度最高的欧盟在区域间合作中表现得最为活跃，相关的合作机制包括：欧盟—非洲峰会、欧盟—拉美峰会、亚欧会议、欧盟—南方共同市场贸易协议、欧盟—里约集团部长级会议、欧盟—非加太国家集团联合议会大会、欧盟—地中海合作机制、欧盟—东盟等等。

区域间关系的发展是区域合作本身达到一定水平后的产物，同时，区域间主义可以催生更大区间的区域化，这也是推动区域主义发展的重要动力。此外，区域和区域之间的合作，如欧盟与东盟之间的合作，反过来有助于强化参与该合作的地区的集体认同。

虽然区域间合作由于涉及两个不同的区域而降低了合作的效率，但与全球层面的合作相比，它所涉及的行为体数量又有大幅下降，从而更容易在两者之间找到共同利益，达成合作的共识。从这个角度来说，区域间主义有时比全球机制更加有效，并成为全球化的重要推动力。

二、基于国家本位的区域对外关系

虽然全球化和区域化取得很大发展，但民族国家依然是国际体系中最基础性的行为体，不管是区域内合作，还是区域间合作，其背后最大的推动力都来自民族国家。在区域与外部的关系中，国家的本位作用难以回避。

从区域间主义层面，区域与外部的关系，不仅包括区域/区域组织与区域/区域组织的关系，还包括区域/区域组织与主权国家尤其是区域外大国之间的制度化往来和关系。这是一种区域组织/集团与单个国家之间的混合安排，如欧盟与美国、东盟和中国等的合作关系。它不同于国与国的关系，也不是区域与区域的关系。虽然民族国家与区域/区域组织是性质明显不同的国际关系实体，但20世纪90年代以来，它们之间关系的蓬勃发展，显示出区域/区域组织在国际社会中的作用显著提升。

在民族国家与区域/区域组织的合作中，更常见的是民族国家与地区一体化程度较高的区域组织的合作，如欧盟与日本的关系是一个较为典型的例子。1983年，日本和欧共体开始进行政治对话。1991年7月，欧日在荷兰海牙举行第一次首脑会议，签署《欧日关系宣言》，确立全面发展双边关系的指导原则、共同目标和定期磋商制度。到2015年，日本和欧盟举行了24次定期首脑磋商。1995年5月，欧盟外长会议通过了《欧洲与日本未来阶段》政策文件。1997年6月，欧日首脑在海牙举行的会议上表示，在解决贸易分歧的同时加强各领域的对话与合作，并特别强调在政治领域合作的重要性。2001年12月，第10次欧盟和日本首脑会议在布鲁塞尔举行，会议发表了包括援助阿富汗、反恐、世界经济形势及加强双边贸易等内容的联合声明，批准了作为"日欧合作10年"基础文件的行动计划。2018年7月，日本和欧盟领导人签署《日本—欧盟经济伙伴关系协定》，协定于2019年2月1日正式生效。

东盟在开展与民族国家的合作方面也十分活跃。东盟国家每年与对话伙伴（包括中国、日本、韩国、印度、澳大利亚、新西兰、美国、俄罗斯、加拿大、欧盟）举行对话会议，东盟分别与中国、日本、韩国、印度、澳大利亚、新西兰开展东盟"10＋1"的自贸区合作。从1997年开始，东盟与中国、日本、韩国领导人举行首次非正式会议。2020 年 11 月，在全球新冠肺炎疫情大流行的背景下，第 23 届东盟与中日韩领导人会议以视频会议的形式进行。

在跨区域合作中，国家本位体现得更明显的是两个不同区域部分国家之间进行的具有明显"主权国家"色彩的合作模式。在这样的合作中，区域国家间的对话与合作机制以尊重参与国的国家主权为基础，并不寻求主权的部分让渡，也不试图建立紧密的同盟体系或条约组织，而是建立具有明确目的、运行成本低、合作推进快的国家组合。这种具有鲜明主权国家色彩的区域间合作在中国推动的地区间合作机制中较为普遍，如中非合作论坛、中国—阿拉伯国家合作论坛、中国—太平洋岛国经济发展合作论坛、中国—拉美和加勒比国家共同体论坛等等。

作为跨区域合作机制，中国与中东欧国家领导人会晤机制所具有的主权国家间合作的性质表现得尤为明显。这一机制由中国与中东欧 16 国于 2012 年发起建立后得到快速推进[①]，曾被广泛称为"16＋1"合作。随着希腊于 2019 年 4 月作为正式成员加入，它进一步演变为"17＋1"合作。这一合作具有以下鲜明特点：

首先，以高度尊重各参与国主权为基本合作原则，不以一体化为目标而进行高度制度化的合作。在合作的纲领性文件中明确强调尊重各自主权独立和各自发展道路。如在 2015 年制定的《中国—中东欧国家合作中期规划》中强调，"17 国将相互尊重各自主权独立和领土完整，加深对各自发展道路的理解"。在"17＋1"合作的实践中，无意寻求推动 18 个国家形成一个紧密的集团，不寻求主权的部分让渡，在 18 个主权国家之上没有形成新的决策层次。

其次，"17＋1"合作的机制建设突出各国的自主性和能动性。合作采取每年轮流在各国举行领导人高峰会议的形式，以更好地体现参与国的平等。在合作的推进方面，主要采取把中国的发展规划与 17 个中东欧国家自身的战略规划进行对接的方式，而不寻求整齐划一，避免将某一国的意愿强加到其他国家的身上。在机制层面，"17＋1"合作各项关键职能保留在成员国手

① 这 16 个国家是波兰、捷克、斯洛伐克、匈牙利、斯洛文尼亚、克罗地亚、波黑、塞尔维亚、黑山、罗马尼亚、保加利亚、阿尔巴尼亚、北马其顿、爱沙尼亚、立陶宛和拉脱维亚。

中，这一合作虽然涉及的国家较多，但基本没有超国家色彩。

最后，参与国具有较明显的区域色彩，但其区域身份具有多元性。“17＋1”合作中的中东欧17个国家中，波兰、捷克、斯洛伐克、匈牙利、斯洛文尼亚、克罗地亚、罗马尼亚、保加利亚、爱沙尼亚、立陶宛、拉脱维亚、希腊等12个国家是欧盟成员国，剩下的5个国家为欧盟的候选国。这些国家在地理位置、政治体制、经济发展、文化背景等方面既有别于欧盟传统成员国，也有别于独联体国家。基于地理位置、经济发展水平、历史关系、社会文化等方面的因素，中东欧国家可以视为一组具有较强共性和相似性的国家，但中东欧并未发展成一个类似于东南亚这样具有较强集体认同和较高制度化水平的单一区域。

“17＋1”合作具有复杂的合作结构，是一种具有创新意义的跨区域国家之间的复合型合作关系。中东欧国家的聚拢是基于地缘的连接，也是基于共同利益的连接。17国以国别身份参加，并没有形成一个国家集团或地区组织，但是在与中国加强合作上有着利益上的共同诉求和利益协同。鉴于17国中也有欧盟的成员，还隐含着欧盟与中国、欧盟与17国之间的关系，合作关系的过度紧密也会引起欧盟的警惕。因此，“17＋1”合作的进程需综合考虑国别因素和欧盟因素。

三、区域与外部关系的多样性

区域与外部的关系涉及区域间主义或跨区域主义。从广义上说，跨区域主义是在加强国际关系和地区间合作与相互联系的基础上推动区域联合组织或机制建立的过程，以形成新的经济、政治和社会空间。跨区域主义可以接受各种形式的合作。跨区域主义在第二次世界大战结束后逐渐成为国际社会的重要现象，并越来越发展壮大，进而对全球治理体系产生重要影响。

在国家与国家之间、区域与区域之间、国家与区域之间的联系网络日益复杂的过程中，跨区域主义可以利用国家和区域在国际社会中更好地发挥潜力，通过论坛、对话机制、基础设施建设、贸易合作、和平行动等，在更大的地域范围内协调彼此立场并根据协调后的立场在全球治理体系中采取行动。

区域主义(以及跨区域主义)不断经历结构转型,并形成一些更有行动力的区域与区域组织,它们在国际上积极发挥能动性,发挥其制度潜力。在这个过程中涌现出十分丰富的合作形态,包括区域/区域组织和区域/区域组织之间的合作,如欧盟与东盟的合作;区域/区域组织与主权国家的合作,如东盟与中国、日本、韩国的合作;主权国家与某一区域多个国家之间的合作,如中国与中东欧17国的合作;多个区域或次区域国家之间的合作,如亚太经济合作组织框架下的合作等。此外,还有具有更强跨区域色彩的合作,如金砖国家合作、"一带一路"国际合作等等。这些不同层面的跨区域合作,既是全球化、区域化发展的重要产物,它们的发展也推动全球化与区域化的进程,并对世界各国包括世界大国的对外政策产生重要影响。不断发展的区域与外部关系表现出一些鲜明的特点:

其一,议题综合性,其所涉及的议题包括政治、经济、安全、环境、社会、文化等多个维度。如亚欧会议进程就包括政治对话,经济合作,社会、文化、知识交流与合作三大领域。欧盟与非洲、加勒比、太平洋地区国家(非、加、太国家)的"新伙伴关系"有五根支柱,即政治对话、广泛参与、发展战略、经济贸易合作和金融合作等。"一带一路"国际合作则强调政策沟通、设施联通、贸易畅通、资金融通和民心相通等五个领域的合作。

其二,关系互惠性,即它以平等互利的伙伴关系为纽带。跨区域的关系往往表现出很强的平等性,实力强大的区域也很难把自己的观点、主张强加于人,甚至有时主动向实力处于弱势或经济发展水平相对低下的一方让渡部分利益。区域与区域之间一般不在安全领域形成不对等的关系,具有明显互惠性质的经济合作,特别是自由贸易区建设是很多跨区域合作的重点领域和方向。如谈判和建设中的"欧盟—地中海自由贸易区""欧盟—拉美自由贸易区""欧盟—非加太自由贸易区"以及拟议中的"美洲自由贸易区""APEC自由贸易区"等。

其三,成员开放性。跨区域关系一方面以一定的区域范围为基础,参与方中一般至少有一方具有区域性的特点;另一方面,它涉及的合作又不是局限在一个区域,而是在区域的基础上对外进行选择性的拓展,通过与其他成员的合作提升区域在国际上的行动能力。区域间主义信奉开放的区域主义,它们追求的往往是非排他性的合作安排,总是努力吸收合作区域内全部或绝大多数友好的成员国,一些合作机制的参与国数量随着时间的推移还会进一步扩大。如与东盟开展“10+1”合作的国家不断增多,中国—中东欧合作的国家数量也有了增加。

其四,主体多元性。跨区域关系涉及的行为主体是多元的,包括超国家机构、区域组织、民族国家以及非政府国际组织、公民社会等等。区域间主义虽然主要由区域组织及各国政府驱动,并以政府间协定为重要纽带,但它也积极吸纳公民社会和其他组织参与。如2000年6月签订的《非加太地区国家与欧盟及其成员国伙伴关系协定》规定[①],双方合作的角色包括政府(含地方、国家和区域政府)和非政府(包括私人部门、经济和社会组织等)。该协定邀请私人部门在完成诸如促进经济增长和就业、消除贫困等主要发展目标方面承担关键角色。再如,欧盟—拉美区域间合作引入区域间公民社会的对话机制,参与对话的既有欧盟理事会、欧洲委员会、欧洲议会、欧洲经济与社会委员会的代表和拉美各区域组织、各国政府官员,也有来自各方的非政府组织、工会组织、雇主协会、商业组织、消费者组织、大学与研究团体等公民社会组织的代表。[②]

总体上,国际区域关系自20世纪80年代以来取得了长足的发展,形成了复杂的国际区域关系网络,其主要内容包括区域内部关系、区域与区域外主权国家的关系、不同区域之间的关系以及内容复杂的跨区域关系。国际区域是居于国家与世界之间的中间层次,区域主义的发展对全球治理起到了积极的推动作用,同时,区域关系表现出一些重要特性,其形态依然处在发展变化中。

---

① 具体可参见 https://eur-lex.europa.eu/resource.html? uri=cellar:eebc0bbc-f137-4565-952d-3e1ce81ee890.0004.04/DOC_2&format=PDF.

② 具体可参见 https://www.europarl.europa.eu/RegData/etudes/IDAN/2020/639314/EXPO_IDA(2020)639314_EN.pdf.

推荐阅读：

1.[美]詹姆斯·多尔蒂、小罗伯特·普法尔茨格拉夫:《争论中的国际关系理论》,阎学通、陈寒溪等译,世界知识出版社 2003 年版。

2. Stephen D. Krasner (ed.), *International Regime*, New York: Cornell University Press, 1983.

3.Heiner Hanggi, Ralf Roloff and Jürgen Rüland (eds.), *Interregionalism and International Relations*, London and New York: Routledge, 2006.

第八章　国际区域合作

国际区域能够为国家提供延伸的利益，在多国共处的地区，只有通过合作才可以实现区域利益的优化和共享。因此，区域合作得到参与国的支持，参与国愿意为参与合作、分享利益进行投入。区域合作有多种形式，各地区根据各自的情况和需要采取不同的方式，总体而言，制度化建设为区域合作提供了稳定的基础。

第一节　区域合作的动机

区域合作的发展有其自身的逻辑，是基于区域内利益的需要，解决那些全球化和单个国家不能解决的问题，创建全球化与单个国家行为不能实现的利益。因此，区域合作不仅具有发展的合理性，也越来越受到重视。特别是在全球发展的深层次矛盾累积、全球层面的合作协调变得困难时，区域合作成为更加务实和有效的选项。区域合作涉及的领域很广，合作的方式多样，合作目标设定与效果也不尽相同。总的来看，经济合作是重点，主要方式是推动区域市场的开放与合作，同时在安全领域、社会领域、资源生态领域、文化教育领域等也有很快的发展。

国际区域合作不仅促进了各国之间经济社会的发展，而且使得国家以更加全面的、包容的视角重构国家利益，在竞争中更多地实现利益的契合，有效地整合了国家间的关系，是国家之间实现良性互动的有效路径。国际区域合作的动机可以解释为国际区域合作产生与发展的驱动因素，这种因素的构成并不是单一的,而是多种因素构成的集合体,即国际区域合作的产生与发展并非是某一驱动因素单独地在某一阶段发挥作用,而是由多种驱动因素共同推动、发挥作用的结果。即使某些驱动因素在某一阶段会比另一些驱动因素更为关键,也不能完全排除其他驱动因素的辅助作用。因此,国际区域合作的驱动因素是一个相互作用、相互影响的整体,它们在分别强化各自路径的同时,也能够促进其他因素的发展。

一、基于区域认同的合作

区域认同是推动区域合作的重要动力。所谓区域认同,是指国家对于所在区域有着认知意识和身份界定,所在国家对区域构建、开展区域合作有着共识。基于区域认同的合作有着比较明确的目标设定,即通过区域合作实现区域的和平与发展。因此,基于对区域目标的认同,各国对于构建区域合作机制和制度给予积极的支持,并为此而愿意参与和投入。

各国以目标为导向所开展的区域合作,是一个区域国家间关系构建过程,也是一个区域社会互动的过程。通过合作,区域内各国的关系逐渐建立在规范的基础上,推动区域合作机制、合作利益、合作观念的建设,也即不断丰富区域认同的内涵。建构主义理论认为,观念、文化、认同能促进行为体间的信任与合作。① 观念建构身份,身份决定利益。行为体间彼此共同认定的文化成分越多,就越能逐渐形成稳定的区域结构。一般而言,具有相同价值观念和文化的行为体间更容易相互影响,从而达成合作的共识。但是,国际区域包含多个国家,也存在很大的不同,各国对区域的集体认同并不等同于价值观、国家治理的完全一致,而是在区域合作机制和共同利益构建上的共同认知。从国家角度而言,只有当各国把自我的利益认定扩大至包含他者的范围,让认同得以内化,才能形成国家间的共同区间,让区域国家有了同属的"我们"认同。

---

① 比如,温特认为,行为体不再是现实主义所描述的,只追求利益、权利和安全的政治实体,而是具有文化身份的政治实体,行为体的行为方式和结构关系都是由其身份认同来决定的。参见[美]亚历山大·温特:《国际政治的社会理论》,秦亚青译,上海世纪出版集团 2000 年版,第 28 页。

从认知和定位的角度说，只有具有相容性区域身份的认同，才可以在区域构建上形成共识，并在此基础上采取合作行动。因此，国家对区域身份的认同是建立在区域行为体的共同认知和共享利益基础上的，这种区域认同感既是国际区域形成的基础，也是区域内国家间合作的基础。

区域内各国由于历史、地理上的原因长期交往而形成相同或者类似的文化。区域共有文化通过共有观念得以建立，共有观念体现在国家之间对规范、制度、风俗习惯、意识形态等方面的认同。这种认同赋予了区域内国家对于身份的认同，确立了国家之间的集体身份和共同利益，为区域合作的建立奠定了基础。这是一种归属性和原发性的区域身份认同。这种区域认同一旦形成就会直接影响到区域内各国民众的态度和价值观念，促进区域内各国产生亲和力，并将自己视作区域整体的一部分，从而产生区域责任感。

这不仅成为促进区域合作的重要因素，还对维护区域规范、区域利益和区域价值观等都起到了积极的作用。一般来说，区域认同感越强，区域内各国的内聚性越高，它们就越容易达成区域合作的意愿。比如共有观念给欧洲一体化提供了共同的精神支撑基础，使得各国的主权让渡具有正当性。欧盟成员国的目标不仅仅是简单的国家之间的合作，而是朝着建立“欧洲合众国”的梦想前进，这就促使欧盟更加注重制度建设，从而推动欧洲一体化继续前进发展。存在巨大差异的东盟成员国之间正是本着相互尊重和宽容的理念，遵循不干涉内政原则、不使用武力与和平解决争端原则等共同规范，建立了区域内的共有观念，从而形成了区域认同。阿拉伯国家联盟是西亚北非地区最具代表性和影响力的区域合作组织，阿拉伯国家进行区域合作的深刻根源在于阿拉伯文明的同一性，阿盟的主旨也是加强阿拉伯国家的联合与合作。由此可见，很多区域合作都是建立在共同的价值观、共同的文化思想渊源和文化认同的基础之上的。

延伸阅读

西非经济共同体(ECOWAS)是一个在地缘区域认同基础上构建的次区域合作组织,成立于1975年,由处于西部非洲的15个国家组成,设有首脑会议、部长理事会议、执行委员会、议会、法院、投资和开发银行,拟成立货币联盟,将于2027年推行单一货币(ECO)。该组织除了推进地区经济发展外,还对地区关系、安全、生态等领域进行协调与管理。

除了这种原发性的区域认同,区域国家也会在与外界的互动之中形成"界定性"的区域认同。所谓界定性的认同,就是界定自我和他者的相对性和差异性,是指区域内各国面对外部大国的崛起或整体国际环境的威胁而产生的维护本地区生存和发展的危机感和紧迫感,由此产生与本区域其他国家团结合作的地区意识和认同。按照阿米塔·阿查亚(Amitav Acharya)的观点,区域认同可以重新对安全共同体进行社会建构。[①] 也就是说,国家之间的合作被理解为一个社会过程,这个过程可以重新定义国家在战争与和平中的利益。这样的区域认同一方面使得区域内各国表现出与外部的相对性,从而树立起想象的或实际的外部威胁,使得区域内各国更容易团结起来达成合作共识以应对外部威胁;另一方面,这样的区域认同使得区域内各国表现出与外部的差异性,从而把"自我"与"他者"区分开来,使得区域内各

① 阿查亚在《建构安全共同体:东盟与地区秩序》一书中提出,国家间的合作是一个社会化过程,具有约束力的行为规范通过内部化过程,影响国家的行为,逐渐形成身份认同,从而对国际关系产生积极的甚至是变革性的影响,最终可以使国家遵循和平共处的原则。阿查亚教授沿用多伊奇学派的"一体化"理论,从建构主义的视角重新考察了东盟从成立到逐步发展完善的过程,为解释东盟在管理区域秩序方面提供了一个新的分析框架。阿查亚认为,东南亚国家在冷战时代为应对共同的内外部威胁(共产主义运动和大国争端)有了强烈的区域安全合作的愿望(抑或是多伊奇所说的"激发机制")。这种合作意愿最终促使了东盟这一地区管理组织的产生,而东盟的成立又为东南亚形成自己的地区主义思想奠定了组织基础。阿查亚认为,在建构主义视角下这种"东盟地区主义"被概念化为一种建构安全共同体的过程。参见[加]阿米塔·阿查亚:《建构安全共同体:东盟与地区秩序》,王正毅、冯怀信译,上海人民出版社2004年版,第8、29—41页。

国更加重视加强本区域内的合作。不可否认,现实中区域合作在很大程度上都源于对外部的回应。比如,欧洲国家联合起来创建本区域的一体化,在很大程度上也是为了应对当时两个超级大国对立的外部局面。第二次世界大战结束后紧随而至的冷战,使欧洲成为社会主义和资本主义两大阵营对立的最前哨,美苏之间关系的紧张时刻威胁着欧洲大陆的安全。特别是由于意识形态和社会制度的对抗,苏联成为威胁欧洲的主要敌人。苏联的强大使得任何一个欧洲国家都无法以单一的力量与其抗衡,出于安全的考虑,欧洲国家选择了联合。[①]

二、基于利益的合作

利益是推进区域合作的重要驱动因素。区域能够为国家提供延伸的利益。通过独占性的扩张获取利益必然引起冲突,甚至战争,即便一时获得,也难以持久,而区域合作可以为区域国家提供共享的利益,且可以持久。区域国家可以通过区域性资源的合作开发获得利益,通过应对共同的危机获得利益,也可以通过合作创建新的利益机会。

当然,国家有大小,能力有强弱,大国可以在参与区域合作中作出更大的贡献,发挥更大的作用。相较于自然状态竞争下的利益博弈,区域合作是为利益创建共享的环境或者机会,提供共利的公共产品。合理与均衡的利益分配是区域合作得以持续和深化的关键。为防止利益被少数大国、大集团和有能力的少数个人垄断,需要对发展上后进、能力上较弱的国家和人群给予特殊照顾,在规则执行上给予灵活空间,特别是需要给予能力提升以支持。

区域合作中的利益在不同的领域以不同的形式体现。在安全领域,一

---

① 法国戴高乐将军在 1962 年 9 月 4 日访问波恩时发表的一项声明中明确地指出了这个问题,他认为,欧洲想要避免苏联的军事威胁,就必须联合起来。他说:“联合,为什么要联合?首先是因为我们一起直接受到威胁……法国知道,假如德国在法国之前屈服,法国的肉体和灵魂就会受到怎样的威胁,而德国也不会不知道,假如在它背后,法国不再支持它的话,它的命运也就此注定。”参见张才圣:《国家民族主义与欧洲一体化研究》,《世界民族》2006 年第 3 期。

则要考虑各国自身的安全利益，不因区域性构建而削弱本国对安全的管理，不损害本国的安全环境；二则要建立共同参与的合作性安全机制，防止被少数大国、强国垄断或者主导。[①]在经济领域，基于能力的不同，不同国家、机构、人群在利用区域合作机制的能力上也差别很大，在一些情况下，甚至可能遭到损害。因此，需要在合作议程中设立合作条款，帮助弱势国家（特别是经济上欠发达的国家）、机构（比如中小企业）与个人（弱势群体）提升参与的能力。

随着市场经济的发展，区域内各国的商品和生产要素流动加速，使得各国在贸易、投资、金融等领域的交流和合作日趋紧密。区域内各国逐渐认识到本国经济的发展与本区域其他国家的经济发展不可分割，本国的经济利益和社会进步离不开本区域的发展，区域成为国家经济发展的依托和后盾。区域合作能够产生共同的利益，让区域内的国家能够从合作中获益，因而产生对区域合作重要性的认同和推动区域合作的动力。

在区域合作中，国家之间的合作，特别是关键国家之间的合作非常重要。比如在欧洲，法国和德国的合作对于推动欧洲合作起着关键的作用。法德合作基础是结束过去、面向未来的共识，通过合作，成功地将德国纳入区域和平框架，实现了法国制衡德国和共同维护地区和平的目的。就德国而言，通过融入欧洲，把德国与邻国的发展融合在一起，不仅有助于改善与其他国家的关系，而且有助于改变在“二战”后政治经济上的被动处境。从其他欧洲国家来看，把德国纳入欧洲合作机制，有助于限制德国的挑战能力，为欧洲区域经济发展提供支持。回顾欧盟不同发展时期的政策选择，我们可以注意到不同时期的利益切合点的变换：煤钢共同体时期对战略物资的控制，经济共同体时期对生产要素流动障碍的消除，欧洲联盟时期对外交防务和司法内务合作的推进，以及统一货币欧元的出台等，每一次选择都契合了欧盟成员国共同利益关注和欧盟发展的阶段性特点。

---

① 利普森认为，在政治安全领域，存在“某个行为者通过欺诈，以直接和压倒性的优势获得超越其他行为者的报偿”的可能性。参见 Charles Lipson, “International Cooperation in Economic and Security Affairs”, *World Politics*, Vol. 37, No.1, 1984, pp. 1-23.

区域合作能够更好地整合区域内部的各种资源，对外形成一个区域实体，增强区域内国家的整体实力。基于对区域共同利益的认同，各国通过合作推动区域整体的构建，将国家间共识的内容以条约的形式固定下来并得到贯彻实施，逐渐形成代表各国利益的区域性机制，对内为各国提供相互交往的规则，为资源利用和发展提供良好的环境；对外作为一个整体发声，为各国争取权益，与其他方签署合作协议，拓展对外关系和利益的空间。这样，就可以将各国的利益紧密联系在一起，增进区域各国对区域的认同感和支持度。

区域经济合作能够为各国提供巨大的利益。区域经济合作的主要形式是推动各国市场的开放，形成开放的区域市场环境，推动区内要素资源的便利流动，从而推动区内经济的发展。基于区域利益认同的自贸区(FTA)建设成为区域经济合作的主要形式。自贸区建设的突出特点是通过共同制定的规则，推动各国市场的开放，最大幅度地削减区域内商品、服务、投资和人员流动的各种障碍，协调与统一规制。更高水平的经济合作是建立经济共同体，在市场开放的基础上，协调经济政策，实现区域内的互联互通。比如欧盟构建了单一的区域大市场，实行单一货币。

区域合作的基本驱动来自区域各国对区域的基本认同和对受益的基本认同。在此基础上，各国积极参与和投入，共同推动区域合作的进程。可持续的区域合作往往需要有合作机制的支撑，而合作机制的建设不仅需要有明确的目标设计，更为重要的是有不断取得进步的合作行动。区域合作是一个复杂的工程，取得成效需要多方面的因素契合与发力。在一些地区，尽管对区域合作有着明确的目标设计，但是由于复杂的原因，实际的合作成果很少，这使得各国参与区域合作的积极性降低。对比世界各区域，合作的水平与实际效果差别很大。

延伸阅读

南方共同市场(MERCOSUR)是南美地区最大的经济一体化组织。1991 年 3 月 26 日,阿根廷、巴西、乌拉圭和巴拉圭四国总统在巴拉圭首都亚松森签署《亚松森条约》(条约于同年 11 月 29 日生效),宣布建立南方共同市场。此后,南共市先后接纳智利(1996 年 10 月)、玻利维亚(1997 年)、秘鲁(2003 年)、厄瓜多尔(2004 年 12 月)和哥伦比亚(2004 年 12 月)等国为其联系国。该组织的宗旨是通过有效利用资源、保护环境、协调宏观经济政策、加强经济互补,促进成员国科技进步,最终实现经济政治一体化。

第二节　区域经济一体化构建

经济合作是国际合作的主要领域,而区域经济一体化的发展既是合作的动力,也是合作的成果。总体而言,合作有助于经济一体化的深化,而经济一体化的深化为进一步提升合作的水平奠定了基础。区域经济一体化通常是指区域各国间的经济相互参与,在市场开放的环境下,形成生产、服务以及金融的紧密连接。基于区域合作的经济一体化,则有着区域开放与行为规则的支持,从而可以更好地推动经济一体化的均衡发展与平等受益,因为通过合作的安排,不仅推动市场的有序开放和要素的自由流动,而且可以开展经济合作,实现优势互补,推动综合经济环境的改善,帮助弱势经济体提升参与合作和促进发展的能力。①

区域经济一体化是当代国际经济关系发展的重要特征和趋势之一。由于地理上的关联是一体化的有利条件,因此经济一体化首先呈现出区域经济一体化的形式。当然,并非所有的区域性经济一体化构建都是基于近地

① 参见池元吉、李晓主编:《世界经济概论》,高等教育出版社 2013 年版,第 302 页。

缘,有些是跨区域的安排。相关国家通过协议的方式,构建开放与规则性的市场空间,推动区域内商品和要素的自由流动以及生产分工的优化。

一、区域经济一体化构建的方式

基于区域合作的区域经济一体化最先出现在西欧,即1958年建立的欧洲经济共同体。其后,区域经济一体化组织如雨后春笋般地在全球各地涌现,形成了一股强劲的浪潮。区域经济一体化浪潮不仅反映了经济全球化深入发展的新特点,而且反映了世界多极化曲折发展的新趋势。目前世界上已有数百个规模不同、处于不同发展阶段的区域经济一体化组织。根据区域经济一体化的实践与性质,大体可以划分为几个不同的类型:

自由贸易区是指参与各方通过签署协议,相互开放市场,促进商品、服务、投资、人员的区内流动。新型自由贸易区协议包括更为广泛的内容,涉及技术标准、规制和政策等的协调与统一。

关税同盟是指在自由贸易区的基础上,各成员国对来自非成员国的进口商品采取统一的关税政策,即关税同盟外的商品不论进入同盟内的哪个成员国,都将被征收相同的关税。在有关国际贸易谈判中,关税同盟的成员国会协商一致或作为一个整体参与谈判。

共同市场是指在关税同盟的基础上,各成员国之间进一步允许劳动力、资本和技术等生产要素在区域内自由流动,协调区域各国的经济政策,实现区域内的经济发展。

经济和货币同盟是指在共同市场的基础上,各成员国进一步协调它们的财政政策、货币政策和汇率政策,逐步制定和执行统一的经济政策和社会政策,发行统一的货币,使一体化的程度从商品交换扩展到生产、分配乃至整个国民经济,区域内国家形成一个有机的经济实体。

目前区域经济一体化的最常见形式是自由贸易区。关税同盟和共同市场比较少见,经济和货币同盟这一层次的经济一体化组织只有欧盟。有的所建的是经济共同体,如东盟,重点是开放市场,协调政策和规制,最大限度地减少区内要素资源流动的障碍,通过优化区域内部经济发展环境,构建区域内单一的生产基地和协调均衡的经济发展区。现实中区域经济一体化组织的发展并不是严格按照这一分类，具体的一体化组织可能只有某一类型的部分特征，或者多种类型的特征兼而有之，发展形式灵活多样。

区域各国政府是推动区域经济一体化机制化构建的主导力量。政府支持开展合作的目的是创建更好的区域发展环境，从而获得更多的收益，有助于实现共同的发展。① 区域经济一体化并不是封闭的，是与外部有着密切的联系的。尽管区域通过排他性的安排可以提升本区的经济开放与合作水平，但是，任何国家的利益并不限于区域。为此，各国都把区域机制构建与参与和维护多边机制并联起来。

二、支持区域经济一体化构建的理论

经济一体化的发展得到理论的支持。理论不只是对实践的总结，更为重要的是对一体化的发展进程起到引导与助推的作用。

关税同盟是区域经济一体化的基本形式，早期的关税同盟理论认为，以比较优势为基础的自由贸易可以扩大各国的经济利益。第二次世界大战后的 20 世纪五六十年代，开始出现系统的关税同盟理论。美国学者维纳(Jacob Viner)提出的关税同盟理论，重点关注对内取消关税和对外统一关税所引起的各种效应。根据国际贸易理论中的贸易静态效应和贸易动态效应，关税同盟理论也分别关注静态效应和动态效应。②

关税同盟的静态效应是指在经济资源总量不变、技术条件没有改进的情况下，关税同盟对集团内外国家、经济发展以及物质福利的影响，主要包括贸易创造效应和贸易转移效应。贸易创造效应是指建立关税同盟后，关税同盟内某成员国的一些国内生产品被同盟内其他成员国生产成本更低的产品所替代，从而创造了过去没有的新的贸易量。贸易创造效应可以提高

---

① 参见韩杰：《经济全球化与区域经济一体化的关系》，《现代营销(下旬刊)》2020 年第 6 期。

② 20 世纪 50 年代，美国经济学家维纳(Jacob Viner)在其代表性著作《关税同盟问题》(1950 年)一书中系统地提出了关税同盟理论，开创性地提出了用贸易创造效果和贸易转移效果来衡量关税同盟的实际效果。按照维纳的观点，完全形态的关税同盟应具备三个条件：一是完全取消参加国间的关税；二是对来自非成员国或地区的进口商品设置统一的关税；三是通过协商方式在成员国之间分配关税收入。因此，关税同盟既有对内部成员实行贸易自由化，又有对非成员实行贸易保护的作用。关税同盟自身的这两种矛盾功能便产生了关税同盟的静态效应和动态效应。参见梁双陆、程小军：《国际区域经济一体化理论综述》，《经济问题探索》2007 年第 1 期。

各成员国之间资源的配置效率。贸易转移效应是指缔结关税同盟之前，A国从世界上生产效率最高、成本最低的B国进口一种商品。A国加入关税同盟后，B国被排除在关税同盟之外，可能使A国从B国进口此商品的税后价格高于A国从同盟内C国进口的免税价格。于是，A国进口此商品从原本成本最低的B国转到同盟内C国，这就是贸易转移效应。从世界范围看，贸易转移效应可能导致低成本商品生产减少，高成本商品生产扩大，降低资源配置效率。

关税同盟的动态效应是指关税同盟对成员国就业、产出、国民收入、国际收支和物价水平会造成什么样的影响，主要包括规模经济效应、竞争效应和投资效应。[①] 这些效应主要表现在如下方面：规模经济效应是指关税同盟建立后，成员国国内市场向统一的大市场转换，自由市场扩大，各成员国内的企业可以获得规模经济效益。竞争效应是指关税同盟建立以后，市场趋于统一并且竞争加剧，投资规模扩大，可以促进研究与开发的扩大，技术得到进步提高。投资效应是指关税同盟建立后，市场规模扩大，投资环境改善，会促进各成员国厂商在同盟内扩大投资，也能吸引同盟外的企业为了绕开关税壁垒而到同盟内投资建厂。

关税同盟理论假设各成员国之间和世界其他地区的生产要素是不流动的，只有商品的流动。而共同市场则在关税同盟的商品自由贸易的基础上，进一步实现区域内生产要素的自由流动，从而形成共同市场理论。在共同市场内，生产要素在逐利动机驱使下，向尽可能获得更大收益的地区流动，从而产生高于关税同盟的配置收益。通过对共同市场理论的分析发展出了大市场理论。大市场理论从动态角度来分析区域经济一体化的经济效应。其核心思想是：扩大市场是获取规模经济的前提条件，市场扩大带来的竞争加剧将促成规模经济利益的实现。至目前为止，共同市场理论已在欧盟付诸实施，但是在发展中国家的区域经济一体化中还没有得到应用，主要是因为共同市场理论的实施必须建立在关税同盟或自由贸易区的基础上，且各

① 参见梁双陆、程小军：《国际区域经济一体化理论综述》，《经济问题探索》2007年第1期。

成员国的经济发展水平和经济发展阶段必须大致相等。[①]

日本教授小岛清认为，传统的国际分工理论是以长期成本递增和规模报酬递减为基础，而没有考虑到长期成本递减和规模报酬递增。他提出了协议性国际分工理论：一国放弃某种商品的生产并把国内市场提供给另一国，而另一国则放弃另外一种商品的生产并把国内市场提供给对方，两国达成相互提供市场的协议，实行协议性国际分工。在实行分工之前两国都分别生产两种产品，但由于市场狭小，导致产量很小，成本很高；两国经过协议性分工以后，都各自生产一种不同的产品，导致市场规模扩大，产量增加，成本下降。协议各国都享受到了规模经济的好处。协议性分工的实现必须满足三个条件。第一，实行协议性分工的两个（或多个）国家的要素比率接近，工业化水平和经济发展阶段大致相同，协议性分工对象商品在各国都能进行生产。第二，作为协议性分工对象的商品，必须是能够获得规模经济效益的商品。第三，对于参与协议性分工的国家来说，生产任何一种协议性对象商品的成本和差别都不大。因此，成功的协议性分工必须在同等发展阶段的国家建立，而不能建立在工业国与初级产品生产国之间，发达国家之间可进行协议性分工的商品范围较广，因而利益也较大。另外，生活水平和文化等方面相接近的国家和地区容易达成协议，并且容易保证相互需求的均等增长。[②]

区域经济一体化的核心是提高区域要素资源流动的自由度，使得要素流动不受到任何限制，实现资源的优化配置。在现实世界中，这种提高区域要素资源流动自由度的政策可能带来正向效应，也可能带来负向效应。鲍里斯·塞泽尔基提出了“综合发展战略理论”，认为发展中国家应把经济一

---

① 大市场理论是从动态角度来分析区域经济一体化所取得的经济效应，是针对共同市场提出的，其代表人物为西托夫斯基（Scitovsky）和德纽（Deniau）。共同市场在一体化程度上比关税同盟又进了一步，它将那些被保护主义分割的小市场统一起来，结成大市场，然后通过大市场内激烈竞争，实现大批生产带来的大规模经济等方面的利益。参见 T. Scitovsky，*Economic Theory and Western European Integration*，London：Allen & Unwin，1958.

② 协议性国际分工原理是由日本一桥大学经济学教授小岛清于 20 世纪 70 年代提出来的。其核心观点为，区域经济集团组建以后，不同经济体分散的小市场结成统一大市场，企业摆脱了市场规模的限制，并通过协议使各成员方分享规模经济效益。参见李锐、张秀娥、孙明远：《协议性国际分工理论与综合发展战略理论》，《国际商报》2010 年 5 月 4 日。

体化视为一种发展战略，不必在一切情况下都追求尽可能高级的其他一体化。这种理论把一体化看作集体自力更生的手段和按新秩序逐渐变革世界经济的要素。另外，它考虑了经济、政治和机构等多种要素，而不是从贸易、投资等层面来考虑经济一体化的效应。它要求有强有力的共同机构和政治意志来保护较不发达国家的优势。所以，有效的政府干预对于经济一体化是很重要的，发展中国家的经济一体化是变革世界经济、建立国际经济新秩序的要素。①

三、经济一体化的效能

从经济运行的角度来说，区域经济一体化是一种内在的规律，即通过国际分工获得更大的经济效益。从市场的角度，经济一体化的支持机制是市场运行规律，即基于效益的国际分工形成产业链、供应链，参与分工的是企业；企业根据分工进行研发、加工装配和销售。正是这种基于分工的供应链，使得各国经济变得越来越相互依赖，形成区域性生产和经济运行网络。

以国家为本位的区域中，区域经济的一体化离不开各国政府的支持。对于各个参与建立经济一体化的国家和地区来说，其目的在于维护自身的经济、贸易等利益，为本国经济的发展和综合国力的提高创造更加良好的外部环境。国际分工深化和经济外在化的程度提高，使得各国对于经济一体化的发展给予支持，对于消除阻碍经济一体化发展的边界障碍、市场障碍和体制障碍给予支持，推动构建更加密切的经济与政治合作关系和区域性经济一体化机制。

世界经济走向一体化是社会经济发展的客观趋势，是经济全球化发展的必然结果。但是，经济政治发展不平衡又是世界各国和各地区发展长期存在的客观现实。这个现实决定了世界经济走向一体化的过程必然经历许多过渡性步骤，不可能一蹴而就。区域经济一体化的各种形式，就是世界经济走向一体化的各种步骤和各种过渡形式。各种区域一体化组织合作层次不断升级的过程和合作范围不断扩大的过程，就是世界经济走向和接近一

---

① 综合发展战略理论是由鲍里斯·塞泽尔基在《南南合作的挑战》一书中系统提出来的。参见李锐、张秀娥、孙明远:《协议性国际分工理论与综合发展战略理论》,《国际商报》2010 年 5 月 4 日。

体化的过程。同时，在世界经济政治不平衡的发展中，各国的经济实力及在世界经济中的地位是经常发生变化的。这种变化使旧的不平衡关系不断被打破，新的不平衡关系不断生成。世界各国加紧组织和巩固区域经济集团以抗衡其他区域集团，来维护自身的利益。另外，谋求政治修好，缓解矛盾冲突，稳定地区局势，促进地区的和平、发展与稳定是区域国家共同的目标，区域经济一体化对地区和平与稳定起着显著的作用。

欧洲合作最初的原因是两次世界大战的损失使欧洲人意识到不能再发生战争，必须通过合作、一体化与联合，才能实现欧洲的长久稳定、安全和发展。欧洲各国通过推动经济合作和区域经济一体化，实现了地区的和平与发展。非洲一些国家政局长期不稳，大多数国家经济又不发达，这些因素促使非洲推动成立联盟，推动构建非洲自贸区，通过经济一体化来实现地区稳定与经济发展。显然，没有国家的直接支持和积极参与，区域经济一体化的形成和发展是难以实现的。同时，在全球化形势下，各国面临激烈的国际竞争，加强区域经济一体化机制的建设，不仅能为区域各国创建更多的利益，而且也有助于提升各国参与竞争的能力。

区域经济一体化是在经济全球化基础上做加法，二者存在紧密的联系。因此，区域经济一体化是经济全球化的重要构成因素，也为经济全球化的发展奠定了更为坚实的基础。特别是在世界发展的矛盾增多的情况下，区域经济一体化有助于推动世界经济的一体化发展，阻止世界一体化发展的倒退。由于区域经济一体化的推进相对比较容易，在规则制定、加强经济合作上更为容易达成共识，因此，区域经济一体化的进步是推动全球化发展的动力，特别是在规则制定方面，先在区域内达成共识，并且得到实践的检验，可以逐步推广到全球范围。从现实看，区域成为新规则推行的“试验田”。

当然，区域经济一体化构建也导致问题出现：一是基于不同规则的区域经济一体化对增加跨区域经济交往的障碍，产生“意大利面条碗现象”(spaghetti bowl phenomenon)，即不同的规则相互交织，增加了跨区经营的难度。[①]二是使得要素资源向条件更好的区域流动，从而加剧地区发展的不平衡。区域经济组织在一定程度上是自由贸易和保护贸易相互排斥和依存的矛盾体。

事实上，经济全球化本身也存在弊端，其中，严重的问题是经济发展的不平衡、资源流动的不平衡、财富分配的不平衡，一些地区被边缘化，一些人群被排除在全球化的受益之外，甚至受损，财富过度向少数大公司、少数个人集中。基于市场效益的产业转移导致了污染转移和生态破坏、资源的过度开发、被抛弃的“铁锈地带”等等。这也是反全球化的浪潮在世界范围扩散的重要原因。尽管反全球化的势力有着不同的背景，但其主要的支持力量是那些没有从全球化中受益甚至遭受损害的群体。因此，就区域经济一体化而言，要能有助于减少或消除全球化下所产生的严重问题。

第三节　区域合作制度的构建

国际区域合作的重要基础在于国家之间的共同利益和相互认同，但是这些并不能够保证区域合作的自动实现。在国际关系理论中，无论是新现实主义还是新自由主义，都认为国家是理性的行为主体，并且具有机会主义行为的倾向。在缺乏有效约束的情况下，区域内国家的合作将面临逆向选择、道德风险和“搭便车”的风险，这就导致国家在制定实现国家利益的政策时往往会不顾及其他国家的利益，使国家之间产生分歧和矛盾，提高了国家间合作的成本。尽管国家可以通过调整或改变政策来缓解彼此之间的紧张关系，使合作成为可能，但这并非长久之计，因为国际体系是无政府状态的，国家行为的自主性使得合作充满不可靠性和不确定性，因而难以维系持久的合作关系。所以，如果区域内的国家希望达成相互合作，它们还必须通过建立各种形式的制度安排，来克服国际区域合作中的障碍。这些保障合作实现的制度安排包括：区域合作条约、区域合作组织以及合作论坛或者非机

---

① “意大利面条碗现象”理论是由巴格瓦提(Bhagwati)提出来的。参见 Bhagwati，“The US Trade Policy：The Infatuation with FTAs”，in Jagdish Bhagwati and Anne O. Krueger (eds.)，*The Dangerous Drift to Preferential Trade Agreements*，Washington D.C.：AEI Press，1995.

制化的功能性合作等。当然，最为有效的是建立正式的区域合作组织。

一、区域合作制度建设动机

制度建设是国际区域构建的重要组成部分。制度建设有多种形式，功能各异，制度化的程度也很不相同，但有共同之处，即对区域关系、区域事务进行管理。一般而言，制度化建设以参与各方对国际区域的高度认同为前提，参与方愿意让渡部分国家治权，交由区域组织来实施。不过，国家间的权力让渡也并非免费的，可以把由国家权力让渡而产生的成本称为“国家间交易成本”①，即在国家达成权力让渡的契约前国家为获取潜在的交易伙伴和外部环境的信息、规定交易伙伴之间的权利和义务以及对交易的条件进行讨价还价所付出的成本，或在国家达成权力让渡的契约后国家为监督交易伙伴的履约情况重新进行讨价还价以及对不履约的交易伙伴实施制裁等付出的成本。

区域合作制度建立的目的就是克服国家的自私行为，对国家的行为方式、行动范围进行规范与约束。区域合作制度是国家之间达成共识的一系列规范、规则和程序等，有着明确的目标。制度具有稳定性，故而国家可以对合作的未来发展方向有着一定的预期。基于制度的约束力，一国对其他国家的行为或国际环境也能够作出判断和估计，从而可以调整自身的政策和利益取向，尽量避免与其他国家发生冲突和分歧。区域合作制度保证了国家之间合作关系的建立和维系，因此在国际区域组织形成与发展过程中居于重要地位。

正如在经济、社会等领域通过制度的设立可以减少由于信息不对称和机会主义行为而带来的交易成本一样，在国际区域合作中，区域合作制度的设立可以为区域合作提供稳定的合作机制，减少国家之间的不确定性，提高区域内国家合作的意愿。区域制度通过提供信息渠道，改善信息不对称现象，使得国家之间能够全面、准确地了解彼此行动的意图。区域制度可以通过合作机制的建立以法律为保证来实现合作成员国的本国利益和区域利

---

① 参见田野：《国际关系中的制度选择：一种交易成本的视角》，中国人民大学博士学位论文，2004年。

益，通过相应的行为准则规范成员国的行为，降低了合作成本与风险。这样不但有助于区域内国家间建立合作，而且有助于维持区域内国家的长期合作。

成立区域组织是国际区域制度化建设的基础，有的区域组织逐步构建起比较完善的区域制度，包括法律机构、立法机构、决策机构和管理机构等体系；有的则在区域组织的基础上建立涵盖领导人会议、部长会议与职能部门的合作机制框架，主要是进行对话协商，就重要事务达成共识，而具体的管理往往通过功能性构建进行；也有的在区域组织下建立有选择的职能管理机构，行使部分管理权。在功能性构建的情况下，并不需要成立区域组织，而是通过签署功能性协议来进行。有些近地缘小区域的构建，形式更为灵活，主要是推动基于共同需要的合作，有的也与区域组织有直接的联系。

现有文献中对于国际制度范畴的划分，并没有取得广泛的共识，对制度形式的划分并没有一个通用的标准。如何划分制度形式在很大程度上与研究者的研究目的和研究工具有关。基欧汉认为，国际制度具有三种形式：正式的政府间组织或跨国的非政府组织、国际机制和国际惯例。政府间组织或跨国的非政府组织是具有目标指向的实体。国家推动设计和建立这些组织以具备监督行动并对其作出反应的能力。这些组织具有明确的规则，并且为不同的个体和集团指定具体的规则。国际机制是有着明确规则的制度建设，这些规则为政府所一致同意，并从属于国际关系的一组特定领域，比如 1944 年的布雷顿森林体系。国际惯例是非正式制度，具有塑造行为主体预期的“含蓄”的规则。惯例能使行为主体在没有明确规则的情况下相互理解并协调它们的行为。按照基欧汉的定义，区域合作组织与区域合作机制是有区别的。区域合作机制一系列法律规范的建立正是区域内部成员相互妥协、相互协商的产物，这种妥协和协商又不断地促进合作机制的完善和国际区域合作的持续发展。而区域合作组织则更为正式，比如需要定期召开全体会议，有永久的秘书处和各层组织，需要更加持久的规则。[①]

---

① V. Rittberger, B. Zangl, A. Kruck, et al., *International Organization*, Macmillan International Higher Education, 2019.

关于区域合作制度构建的方式、水平的高低，可以用以下三个维度来衡量。①

其一，正式化。所谓正式化，是指明确地阐述和公开地批准国家间的行为准则。正式化程度是国际制度安排的基本形式特征。普哈拉和霍普金斯对正式机制和非正式机制的划分、基欧汉对国际机制和国际惯例的区别都以此作为基本着眼点。从区域合作的实践上看，双边或多边条约以及据此建立的正式国际组织是最正式的国际制度安排，它们具有充分的国际法地位。国家间的默契和口头协议则是完全非正式的。行政协定、非约束性条约、联合声明、公报、商定记录、谅解备忘录和准立法协议等国际制度安排处于这两极之间。这些中间类型的制度安排在对国家义务和承诺的表达上，比默契或口头协议更加精确、更加公开，但是并没有像正式条约那样获得国家立法机构的正式批准。

其二，集中化。所谓集中化，是指建立具体而稳定的组织结构和行政设施，以管理集体行动。"集中化"这个概念覆盖了广泛的集中性活动，包括散布信息、减少讨价还价的成本和促进规则实施等。欧洲联盟和东南亚国家联盟等区域组织都是集中化程度很高的区域组织。一般来说，集中化是以正式化为前提，以正式的条约作为其基础。但是正式的国际制度并不必然具有很高的集中化特征。例如多数自由贸易协定就没有具体而稳定的组织机构和行政设施。

其三，授权化。所谓授权化，是指授予第三方解释和运用规则，解决冲突和制定后续规则的权威。在国内政治中，选民授权给政治家，议员授权给政党领袖；在国际区域合作中，民族国家授权给国际区域组织。但是与国内政治生活中的授权现象相比，国家在授予国际区域组织权威时要谨慎得多。只有一小部分区域组织得到其成员国的广泛授权，多数国际区域组织所得

---

① 唐纳德·普哈拉（Donald Puchala）和雷蒙德·霍普金斯（Raymond Hopkins）把国际机制分为正式机制和非正式机制。正式机制是指那些由国际组织通过立法产生，以理事会、代表大会或其他实体的方式来维持，并由国际科层制组织进行监管的国际机制。非正式机制则依据参与者的目标之间所存在的聚焦或共识来创造和维持，通过共同的自我利益或君子协定来实施，并依靠相互的监督。参见 Donald J. Puchala and Raymond F. Hopkins. "International Regimes: Lessons from Inductive Analysis", *International Organization*, Vol.36, No. 2, 1982, pp.245-275.

到的授权是相当有限的，甚至是微不足道的，从而形成了国际区域组织在授权化程度上的明显差异。欧盟委员会被赋予了起草管治条例的资格，这些管治条例在成员国同意后就具有了正式的法律约束力。欧洲法院能够以第三方的身份作出具有法律约束力的判决。与欧盟拥有充分授权相比，许多国际区域组织并不能独立制定和实施规则。

根据授权化水平的不同，可以将国际区域组织划分为政府间组织和超国家组织。政府间组织以国家中心论作为基础，区域组织是国家之间进行合作的外部平台，是协调国家之间关系的外在制度。政府间区域组织可能涉及经济、社会等低级政治领域管辖权或部分主权的让渡，但很少涉及军事、外交等高级政治领域的权力转让。当前世界绝大部分的区域组织均处于政府间主义阶段。超国家组织是指国际区域合作达到某种区域政府的状态。在此过程中，成员国将自己在高级政治领域的主权让渡给区域组织，实施共同的军事政策、外交战略，并签署统一的宪法条约。超国家主义状态下的区域组织具有主权国家的性质。欧盟正处于从政府间组织向超国家组织的过渡阶段。区域组织的政治机制与经济机制是相互联系、相互作用的。让·莫内指出，超国家的政治机制的有效建立必须以经济一体化为基础。①随着区域经济一体化的深化，区域组织有望从国家间合作迈向超国家形式。

自下而上和自上而下是区域组织制度演进的两种不同途径。功能主义是自下而上解决区域问题的方法。该理论强调从狭小的、非政治性问题领域开展有限的、实用主义的合作，进而促成广泛的、高层次的政治合作。②由于技术、社会、政治领域之间是相互联系的，因此技术领域合作的启动与深化将带动其他领域特别是政治领域的合作。该进程有助于消除国家之间天然的猜疑，由此发展出一种新的共同机制。在实践中，欧洲共同体的前身欧洲煤钢共同体、欧洲经济共同体与欧洲原子能共同体，即是现代历史上功能

---

① Henry Laurence. "The ASEAN Way and Community Integration: Two Different Models of Regionalism", *European Law Journal*, No. 6, 2007, pp.857-879.

② 戴维·密特拉尼用溢出效应(spill-over effect)对功能主义进行了理论解析。他认为，20 世纪世界的特征是技术问题日益增加，这些问题只有通过跨国合作才能解决。参见 David Mitrany, "A Political Theory for a New Society", in A. R. Groom and Paul Taylor (eds.), *Functionalism: Theory and Practice in International Relations*, Hodder Arnold, 1975, pp.25-37.

主义引导区域组织发展的成功案例。①

新功能主义对自下而上的功能主义能促成政治合作的可能性持怀疑态度，担心其转化的进程过于缓慢。新功能主义学者特别强调政党与利益集团的作用。对一体化至关重要的是，行为体最初认为是"技术性"或"非争议性"的目标逐渐地政治化了。② 他们主张迅速成立各种以政治合作为基础的国际政府间组织，从而减少国际冲突、维护世界和平。③ 相比较功能主义理论强调合作应对共同利益问题的重要性，联邦主义者更关注组织制度的一体化与国家主权的让渡，因为特定国家能力的融合将最终发展为超级国家或超国家机构。④ 事实上，欧共体及之后欧盟的发展，具有明显的先功能主义理论、后联邦主义理论引导的特征。⑤

制度密度（institutional density）是分析国际机制的重要指标，它包含三个维度：制度化的起点，即成员国构成的联盟的法律组织基础；活动的范围，即区域协定涉及的问题领域；制度权威水平，即涉及区域协定覆盖的活动领域时成员国政府是联合起来共同负小责还是负大责。⑥ 由此，区域组织可划分为两类：制度密度较小的合作型与制度密度较大的一体化型。合作型区域组织旨在协调成员国的行为与政策，组织推行的政府间的行动或决议常常是以一致同意为基础，对成员国不具有强制约束力，也不强求成员国实施。东盟是合作型区域组织的代表。一体化型区域组织则具有相对的独立性，组织决议通过多数表决制推行，其决定对成员国甚至个人都具有约束

---

① 参见夏路：《区域国际组织理论研究述评——组织结构的视角》，《政治学研究》2013年第3期。

② Ernst B. Haas and Philippe C. Schmitter, "Economics and Differential Patterns of Political Integration: Projections about Unity in Latin America", *International Organization*, Vol.18, No. 4, 1964, pp. 705-737.

③ 参见夏路：《区域国际组织理论研究述评——组织结构的视角》，《政治学研究》2013年第3期。

④ 哈斯以欧共体为案例，深化了联邦主义的区域一体化理论。"区域一体化可以解释国家为何以及如何放弃绝对主权观，国家为何以及如何能自愿与邻国一道让渡国家主权，与此同时获得新的应对国家间可能出现的冲突的方法。"参见 Ernst B. Haas, "The Study of Regional Integration: Reflections on the Joy and Anguish of Pretheorizing", *International Organization*, Vol. 24, No. 4, 1970, pp. 606-646.

⑤ 参见夏路：《区域国际组织理论研究述评——组织结构的视角》，《政治学研究》2013年第3期。

⑥ Joseph M. Grieco, "Systemic Sources of Variation in Regional Institutionalization in Western Europe, East Asia, and the America", in Edward D. Mansfield and Helen V. Milner (eds.), *The Political Economy of Regionalism*, Columbia University Press, 1997, p.165.

力，欧共体及之后的欧盟是一体化型区域组织的典型。

二、区域制度构建模式的比较

区域制度构建并没有统一的模式，不同区域有不同的方式与形式，无论在目标设计、建设进程，还是在功能结构等方面都具有多样性，呈现出了不同的特征。东盟、欧盟和上合组织分别代表不同的区域组织类型，其制度构建各具特色。东盟以“东盟方式”推动构建，欧盟以区域联合理念加以指导，上合组织则是以区域合作安全为导向。

（一）东盟的制度构建

东盟创建了“东盟方式”，即走符合东南亚地区特点的道路。东盟的制度化建设大体经历了构建期、发展期和深化期。内外部的压力迫使东南亚一些国家走到一起。1967 年 8 月 8 日，印度尼西亚、马来西亚、菲律宾、新加坡和泰国签署《东盟宣言》（ASEAN Declaration）（又称《曼谷宣言》），建立东盟。1971 年，马来西亚主张让东南亚变成一个“和平、自由和中立的区域”（ZOPFAN），即“东南亚中立化”，但由于多数国家不同意，倡议最终失败。1976 年 2 月 24 日，首届东盟峰会上成员国签署《东南亚友好合作条约》（TAC）和《东盟协调一致宣言》（Declaration of ASEAN Concord），这是东盟建设的一个重要进步，为成员国间关系确立了基本准则。

在发展期，东盟一方面推进区域合作制度化建设，另一方面推动内部改革。1992 年的东盟第 4 届政府首脑峰会是东盟历史上的里程碑事件，会上各国同意在 2008 年前建成东盟自由贸易区（AFTA），决定对东盟进行制度改革。1993 年 7 月，东盟地区论坛（ARF）成立；1994 年，东盟举办首届东盟地区论坛会议，为域内大国互动、冲突预防和解决提供了平台。20 世纪 90 年代，东盟实现了将所有东南亚国家吸收到区域组织的目标。1997 年，东盟领导人同意《东盟 2020 愿景》（ASEAN Vision 2020），提出构建东盟共同体的愿景。1998 年 10 月，东盟宣布建立“东盟社会安全网络行动计划”（ASEAN Action Plan on Social Safety Nets）；12 月，菲律宾提议建立“东盟社会文化共同体”（ASEAN Socio-Cultural Community，ASCC）以对东盟经济共同体形成补充。1997 年的金融危机席卷整个东盟，对东盟经济造成了严重的打击。由于东盟本身缺乏资源，不能在应对危机方面发挥主导性影响，因此，许多国家只好求助国际货币基金组织（IMF），IMF 提供的对策不仅无助危机的缓解，反而使得危机更为严重。在此情况下，东盟发挥区域组织的协调功能，邀请中、日、韩合作应对危机，开启了东亚合作的进程。在东亚合作中，建立了以《清迈倡议》为依托的区域货币金融合作机制。重要的是，面对危机，东盟没有退回到各自为政的保守主义，而是通过推动开放与合作来改善地区发展的环境，经受住了危机的考验。

进入新千年，东盟的制度构建进入深化期。2003 年，东盟领导人在《东盟协调一致第二宣言》中正式表达了由三大支柱共同构成东盟共同体的意愿，三大支柱分别是东盟经济共同体（ASEAN Economic Community，AEC）、东盟安全共同体（ASEAN Security Community，ASC）和东盟社会文化共同体（ASEAN Socio-Cultural Community，ASCC）。2005 年，东盟领导人同意《东盟宪章》（ASEAN Charter）作为支持东盟实现其目标的法理与制度框架。2007 年，《东盟宪章》被正式签署。2013 年，东盟领导人在第 23 届东盟峰会上决定提出一份“后 2015 愿景”（Post-2015 Vision），以建成一个政治团结、经济一体、社会负责、真正民众导向型的、基于规则的东盟。2015 年，东盟领导人在第 27 届东盟峰会上通过了《东盟共同体 2025 愿景》（ASEAN Community Vision 2025）、《东盟经济共同体 2025 蓝图》（AEC Blueprint 2025）、《东盟政治安全共同体 2025 蓝图》（APSC Blueprint 2025）和《东盟社会文化共同体 2025 蓝图》（ASCC Blueprint 2025），由此，东盟的制度建设设计基本完成。

东盟的制度建设遵循“东盟方式”，有几个突出的特征：其一，共识性，即在共识的基础上共同推进。共识所注重的是成员国自愿和主动参与的意愿，而不是通过法律的强制性。比如，《曼谷宣言》是一份简单的共识性文件，并不是具有法律含义的共同文件，所列的仅仅是共识性意愿，并没有详细的构建内容和行动方案。[①] 其二，渐进性，从构建自贸区到建设基于三个

---

① 东盟注重于协商的过程和共识的建立，从而实现组织的共同立场。“东盟方式”强调非正式性、组织最小化主义、包容性、大量协商，进而导向共识和和平解决争端。参见 Narine Shaun，“The English School and ASEAN”，*Pacific Review*，Vol.19，No.2，2006，pp.199-218.

支柱(经济、政治安全、社会文化)的东盟共同体,从达成目标共识到制定建设原则,需要一步步推进,而不是一下子制定一份全面的建设规划。值得注意的是,东盟共同体的建设有着《东盟宪章》的支撑,而《东盟宪章》是具有法律效力的,其真正的效力在于使得进程不可逆和要求成员担负建设的政治法律责任。其三,东盟的制度建设重在构建共同行进的制度框架和成员国落实目标的支持平台,而不是为了创建超国家的区域管理。即便是共同体,也是旨在创建区域的开放与合作空间,而不是要统一各国的政策。比如,经济共同体旨在建立东盟的单一生产基地,即开放的市场空间和优化的经营环境。

(二)欧盟的制度构建

欧盟的制度构建大致经历了三个阶段:战后初期、欧共体时期和欧盟时期。

战后初期,西欧成立了几个组织,但真正对后来欧洲制度化建设具有重要影响的是1952年成立的欧洲煤钢共同体(ECSC)。[①] 1957年,欧洲煤钢共同体六国缔结《罗马条约》(Treaty of Rome),成立欧洲经济共同体(EEC)和欧洲原子能共同体(EAEC)。欧洲经济共同体的建立是欧洲经济一体化的开端,在结构和运作上具有很强的超国家性质。1960年,欧洲自由贸易联盟(EFTA)成立。[②]

1965年,共同体六国签署《合并条约》(Merger Treaty),又称《布鲁塞尔条约》(Treaty of Brussels),将三大共同体合并为欧洲共同体(EC)。欧共体在其组织机构和原则上,具有超国家机构内部实行"共享"和"分权制衡"的特点。1974年,欧共体决定定期举行由各国政府首脑组成、欧共体主席参加的欧洲委员会峰会,使得欧共体成为一个具有超国家因素的政府间组织。

---

① 1948年,西欧16国成立欧洲经济合作组织(OEEC),负责准备"欧洲复兴计划"(European Recovery Programme, ERP),并发放马歇尔计划基金。欧洲经济合作组织是一个有效开展信息和经验交流的论坛,为成员国交换意见和共同寻求经济问题解决方案提供了一个有益的场所。1949年,欧洲委员会(COE)成立,是政府间性质的合作,决策机制是全体一致通过,回避防务问题。

② 成员包括英国、丹麦、挪威、瑞典、葡萄牙、瑞士和奥地利。1970年冰岛加入;1973年英国、丹麦退出,加入欧洲经济共同体;1986年葡萄牙退出,加入欧洲经济共同体;1994年奥地利、瑞典、芬兰退出,加入欧盟。

1986年,欧共体通过《单一欧洲法令》(Single European Act)。

1993年,《马斯特里赫特条约》(Maastricht Treaty)生效,欧洲共同体正式更名"欧洲联盟"(EU)。该条约主要包括三方面内容(欧盟三大支柱):对欧共体条约进行修改,建立经济与货币联盟;将成员国间外交事务上的政治合作机制提升为共同的外交与安全政策;建立成员国间司法与民政事务的合作机制。1997年,欧盟首脑会议通过《阿姆斯特丹条约》(Treaty of Amsterdam),健全欧盟的组织框架,形成五大主要组织机构——欧盟理事会(Council of the European Union)、欧盟委员会(European Commission)、欧洲议会(European Parliament)、欧洲理事会(European Council)和欧洲法院(European Court of Justice)。2000年12月,欧盟首脑会议上,与会领导人就五大难题——欧盟扩大、欧委会人数和组成办法、强化合作、部长理事会表决权重新分配和特定多数表决机制适用范围扩大——达成解决方案。次年2月签署《尼斯条约》(Treaty of Nice)。2002年2月,欧洲制宪委员会第一次会议在布鲁塞尔的欧洲议会大厦召开,欧洲制宪筹备工作正式启动。在经历了宪法条约批准危机后,2007年,欧盟领导人签署《里斯本条约》(Treaty of Lisbon),作为"改革条约"(Reform Treaty)以替代欧盟宪法条约,解决了欧盟扩大后的运行机制问题,在机制上加强了欧盟应对全球化挑战的行动能力,部分解决了困扰欧洲一体化多年的问题,如明确界定欧盟的权能、在欧盟层面加强人权保护、简化欧盟的结构、加强欧盟层面的民主化建设等,为欧盟在可预见的将来提供了稳定的机构与机制框架。

欧盟是欧洲区域合作的公共权力中心,它所衍生的各种合作机制和规则对区域内主权国家的外部行为具有有效的约束力。区域内各国让渡部分权力给超主权共同体,并自愿依据契约接受其约束,核心条件在于这一公共权力中心有能力为欧洲区域提供一个稳定的公共产品供给体系,解决该区域在安全、政治和经济领域的公共问题。在地区公共产品的供给方面,欧洲区域合作已进入一个具有稳定预期的自发扩展流程。

欧盟制度构建过程中的主要驱动因素是,成员国对通过构建超国家区域组织实现欧洲的安全、和平与发展有着强烈的共识。基于欧洲是两次世界大战发源地的教训,各国深切认识到,只有一个联合的欧洲才可以阻止欧洲再次发生战争。在制度框架上，欧盟拥有独立于国家的行政、法律和议会，由此保障了欧盟的超国家区域组织的地位和功能发挥。

欧盟制度建设的经验证明，在区域层次建立超国家的高水平的区域制度，行使超国家的区域治理职能是可能的和可行的。当然，尽管欧洲通过区域合作实现和平与发展的经验是可以借鉴的，但是，其他地区是难以复制的。

（三）上海合作组织的制度构建

上海合作组织是冷战结束后成立的新型区域合作组织，因此，其制度构建具有新型区域组织的特征。1996 年，上海五国会晤机制成立，中国、俄罗斯、哈萨克斯坦、吉尔吉斯斯坦、塔吉克斯坦先后签署了《关于加强边境地区军事互信的条约》和《关于在边境地区减少军事力量的条约》两项关于边境安全与裁军的协议，旨在为五国的关系确立基本准则。

2001 年，上海合作组织成立，乌兹别克斯坦正式成为成员国，六国签署了《打击恐怖主义、分裂主义和极端主义上海公约》。恐怖主义、分裂主义是上海合作组织面临的共同威胁。该公约是 21 世纪第一个国际反恐条约，为上合组织成员国打击恐怖主义和其他邪恶势力及其与其他国家的协调制定了法律框架。2002 年，《上海合作组织宪章》在圣彼得堡成员国元首会议期间签署。这是一份基本的法定文件，概述了组织的目标和原则以及组织的结构和核心活动。2004 年，上海合作组织在乌兹别克斯坦塔什干建立了区域反恐怖组织。2004 年，上海合作组织在北京设立了常设秘书处，进一步完善了制度建设框架。2017 年，印度和巴基斯坦成为成员国，实现了成员国的扩容。上海合作组织已建立政府首脑（总理）理事会、总检察长理事会、国防部长会议、经济部长会议、交通部长会议等会议机制，决策机构是元首理事会。①

上海合作组织是建立在政府间合作的基础上，其作用主要是提供一个

① 目前，上海合作组织有 8 个成员国：中国、俄罗斯、哈萨克斯坦、吉尔吉斯斯坦、塔吉克斯坦、乌兹别克斯坦、巴基斯坦、印度，4 个观察员国：阿富汗、白俄罗斯、伊朗、蒙古国；6 个对话伙伴国：阿塞拜疆、亚美尼亚、柬埔寨、尼泊尔、土耳其、斯里兰卡。上海合作组织大学项目由来自成员国的 74 个大学组成，向学生提供 7 个专业的课程授课。

协调和沟通的机制，主要特点是：组织规划、协调导向与项目驱动，具体的实施则是在统一规划合作的基础上，主要靠各国承担责任和采取行动。上海合作组织的合作重点是区域安全，原则是共同安全与合作安全，但合作的领域并不限于安全，发展合作、国际事务合作等都列入议程。

推荐阅读：

1.张蕴岭：《在理想与现实之间——我对东亚合作的研究、参与和思考》，中国社会科学出版社2015年版。

2.张丽华主编：《国际组织概论》，科学出版社2015年版。

3.[比利时]德沃伊斯特：《欧洲一体化进程：欧盟的决策与对外关系》，门镜译，中国人民大学出版社2007年版。

第九章　国际区域治理

国际区域作为世界的一个重要载体，承接诸多功能，其中区域治理是重要的功能之一。区域治理属于区域合作的范畴，因此，在形式和内容上与其他区域合作领域难以严格区分。从功能上来说，区域治理具有综合的性质和特征，是通过多种方式进行的区域性协调、制度构建、规则制定与行动议程。区域治理的必要性和合理性来自区域内在的需要：一则，国际区域作为国家间关系和国家涉外利益的重要汇合点，需要基于共识与规则的统筹管理；二则，区域问题的存在与累积凸显，需要通过合作来加以应对和解决。在很多情况下，区域治理的发展更体现为问题导向与危机驱动。

第一节　国际区域治理问题

国际区域作为所在国的共处地区，存在诸多问题，需要成员的参与和合作来共同应对和解决。特别是在全球化和区域化发展的背景下，诸多问题交织在一起，这些问题涉及领域极广，包括国家间关系、经济与社会发展、国家与公共安全、资源与环境等。这些问题依靠单个主体的内部力量已经无法解决，需要超越主权国家之上的合法性权力、运行机制以及相关资源，即需要治理上的合作。

一、区域关系领域

多个国家共处一区，首先需要处理的是国际关系，亦可以称为区域关系。国家间的关系很复杂，受多种因素的影响，有些处理得好，有些则不好。

争端是影响国家间关系的最重要因素。引起争端的原因有很多，其中，最具风险的是领土争端；而领土争端有些是历史遗留的、长期积累，有些是单方面行为引起的。现实中，因为领土争端关系恶化、兵戎相见的事件有很多。还有些争端是因为历史、文化、现实利益，或者不合规的行为等等。另外，还有外部强权力量的介入或者威胁所导致的区域矛盾、对抗，甚至战争。

应对和解决区域关系中的矛盾，大多需要依靠相关国家通过协商、谈判，达成共识或者签订协议来解决，但是，在许多情况下，特别是在涉及几个国家甚至是区域性关系的情况下，往往难以得到有效解决。此时，区域治理是一条有效途径。有效发挥区域治理的作用，能够更好地处理国家间关系，为区域关系处理确立可持续的规则，并且通过区域治理机制监督与规范国家的行为。区域治理的机制是多种多样的，目前发挥重要作用的是区域协调机制、管理机制和监督机制。

建立区域治理的协调机制可以促进区域内部有效沟通和协商，维护国家间关系的稳定发展。在亚洲，目前已经建立起了东盟地区论坛（ARF）、东亚峰会（EAS）、亚洲合作对话（ACD）等对话协调机制。这些机制针对地区安全形势，共同倡导亚洲安全观，促进区域内安全治理合作。

建立区域治理的管理机制，成立专门的组织机构，可以促进参与区域治理的各方明晰职责，提高各领域的治理效能。目前欧盟已经建立起了欧盟理事会、欧盟委员会、欧洲议会、欧洲法院、欧洲中央银行等组织机构，通过明确各组织机构的职能，使其在区域政治、经济、法律及非传统安全等方面发挥统筹、管理、引领的积极作用。

建立区域治理的监督机制，可以通过数据追踪和模型建构，对区域治理成效进行监测和评估，及时发现并纠正问题，巩固区域治理发展的成果。如针对北美地区三国的跨国移民、卫生健康和环境标准等问题，该地区发挥非政府组织、监测评估机构以及智库的作用，对上述问题进行监督，确保地区的稳定与安全。

二、国际区域发展问题

国际区域的资源，如山川、河流、海洋、森林、矿产资源等具有相连性和共有性。如果过度开发资源,生态系统就会遭到破坏;同时,为争夺资源,国家间容易发生争端,甚至对抗与冲突。因此,在区域范围内需要对资源进行管理,对出现的矛盾进行及时化解。特别是,区域生态系统需要通过综合治理来加以改善,并且为此制定共同遵守的规则。

就市场而言,国际区域蕴含着巨大的空间。通过区域合作与治理,比如开放国别市场,减少与消除国家间的要素资源流动的限制,形成开放的经济区,可以为各国提供更大的发展空间;企业与个人也可以在更大的空间内进行布局,实现经营的规模效应和分工效应。这是各种形式的自贸区得到普遍和快速发展的基本原因。同时,尽管全球化为世界各国提供了参与国际分工、进入世界市场的机会,但是并非所有的国家都具有参与全球化的能力,而区域治理下的区域市场为那些弱势国家、企业和个人提供了更好的参与机会。

经济的发展需要开放的环境,也需要共同遵守的基本规则。从区域治理的角度来说,创建基于规则的区域市场,推进经济的一体化发展,是区域经济治理的重要职能,基于规则的经济交往更有利于区域经济的发展。

发展不平衡是世界普遍性的现象,国家间发展的不平衡是引发社会问题、国际关系问题的重要原因。在国际区域范围内,发展的不平衡对于区域关系、区域交流和秩序影响更为明显。这就对基于合作的区域治理提出要求:一方面要通过合作,帮助后进国家发展;另一方面,制定相关规则,针对所出现的问题进行疏导和解决。

在全球化、区域化深度发展的情况下,一旦经济的稳定性减弱,则往往受到经济危机、货币金融危机的冲击。在很多情况下,一国发生经济危机或者金融危机,第一波的传导是在地区。危机不仅会严重冲击国家间经济的发展,造成各国巨大的经济福利损失,同时其外溢和扩散效应也会引发更为严重的连锁效应,不仅对经济,而且对政治、社会等造成严重的影响。比如,1997 年的亚洲金融危机波及范围广泛,造成企业倒闭,工人失业,社会动荡,政局变动。2008 年美国的金融危机传导到欧洲,欧洲深陷债务危机。希腊发生的债务问题引发欧债危机,对欧洲货币和经济增长造成严重影响。在金融工具多元化、全球金融网络联结愈发紧密的情况下,金融风险跨市场、跨机构、跨区域传染蔓延的可能性也在不断增大。

三、公共安全问题

区域公共安全问题以多种形式表现，影响很大，有些涉及局部，有些则波及整体。其中有恐怖主义、极端势力、分裂势力的威胁，还有传染病导致的公共卫生安全、重大事故、自然灾害以及政治、种族、宗教冲突等导致的诸多问题。许多问题靠单个国家难以解决，通过双边合作也往往难以奏效，因此，需要在区域层面上进行合作治理。

民族、宗教冲突是一些地区的顽疾，如今在有些地区变得更为复杂。极端主义、恐怖主义泛滥，危及地区安全，特别是普通民众成为恐怖活动最大的受害者。莫斯科剧院人质事件、伦敦地铁爆炸案、法国巴黎斩首案等一系列骇人听闻的恐怖袭击以及各类恐怖组织利用互联网媒体进行宣传与恐吓，给国际社会留下了深刻而惨痛的记忆。

不断发生的疫情，如埃博拉病毒，具有危害大、传染性强的特点。特别是2020年突然暴发的新冠肺炎疫情，扩散快速，持续时间长，危害巨大。全球化、区域化的发展，使得公共卫生问题的治理变得越来越重要。传染病不再仅仅是单个国家的问题，一国范围内的传染病可能很快成为区域性甚至是世界性的“瘟疫”，且随着病毒的变异速度加快，传播路径的交叉变化，防控工作的难度陡然增加，不仅需要区域国家合作应对现时威胁，而且需要构建长期合作机制。

自然灾害频发，像地震、泥石流、海啸、火山爆发等，危害着人类社会的安全，而由于这类灾害难以预测与防控，因此所造成的损失巨大。此外，还有废弃物、废水排放、核泄漏事件、食品药品的安全、走私贩毒、洗钱、人口贩卖、森林砍伐等等，都是各国公共安全的严重威胁。

四、生态环境问题

大气污染是由人类活动引发的，其危害是多方面的：危害人体健康，造成工农业减产，加剧温室效应，导致酸雨及臭氧层破坏等。大气污染是各国污染的叠加，在集聚和影响上是跨国的，具有严重的域性特征。比如，在西欧、北美和东亚地区，酸雨问题已成为日益严重的区域性环境问题，南极上空的臭氧层“空洞”成为迄今为止面积最大的臭氧层空洞。

土地退化是当今世界面临的严重威胁。自然因素、人类对土地不科学的利用和人类不合理的生活方式等，导致土地质量恶化，这包括土壤被化学物污染、自然植被遭破坏等等，使得土地生产系统遭到破坏，土地生产潜力逐渐衰退。比如，土地荒漠化问题在一些地区变得非常严重。据联合国官方数据统计，除南极洲外的各大洲共有110多个国家面临土地荒漠化的威胁。

水污染对人类生存产生越来越严重的影响。随着各国经济社会的发展、城市化进程的加快，排放到区域公共环境中的污水、废水量日益增多，造成水资源污染与短缺。大量的含有各种污染物质的废水进入天然水体，造成了水环境质量的急剧恶化。一方面，流动性的水体会传播疾病和污染，给人们的身体健康和工农业生产带来不利影响；另一方面，雨水资源被污染，可利用的水资源量越来越少，造成水质性缺水，加剧了水资源短缺的矛盾。

森林具有经济、社会、生态方面的多重功能，在陆地生态系统保护、水资源可持续管理、维护生物多样性、应对气候变化、保障粮食安全等方面发挥着重要作用。近百年来，随着社会生产和城市建设的发展，毁林开荒、辟林放牧、砍伐木材等层出不穷，各个区域森林面积缩小的过程大大加快，最令人担心的热带雨林正以惊人的速度从地球上消失。自20世纪80年代以来，已有70%的热带雨林被毁掉。

生物多样性指的是所有生命体、生态因子以及相关生态过程的总和，目前各区域的生物多样性面临的威胁主要有：栖息地丧失和退化、外来物种入侵、过度开采等，导致物种濒危或灭绝。联合国生态系统和生物多样性的经济学报告显示，每年生物多样性丧失所造成的经济损失为2万亿—4.5万亿美元，相当于全世界国内生产总值的7.5%。

以上各个方面的问题表明，尽管国家在应对和解决各类问题中负有主要的责任，是第一责任者，但是，由于上述方面的问题具有跨国家的特征，仅靠单个国家是难以应对和解决的，区域综合治理不仅必要，而且起着无可替代的作用。

第二节 区域治理合作的动机

区域作为所在国家的共有空间，存在诸多需要在其层次上来应对与解决的问题，比如，国家间的相互关系、区域的公共安全、区域的资源管理与开发、区域经济发展、区域的公共环境、区域人文交流等等。

一、为地区提供公共产品

总体而言，在传统的农业社会条件下，国家公共事务比较简单，对外部资源需求较少，通过区域层级解决的问题也较少。在现代条件下，国家的事务越来越外部化，区域层面的问题增多，各类跨国问题屡屡发生，涉及领域广，经济、金融、社会、环境、资源等无所不包。这些问题如果不加以合理的治理，会导致区域内国家甚至整个人类的安全和福祉受到威胁。以往由一个国家进行的单边公共行政已力不从心，更别说应对大量的区域公共问题。共同的“地区难题”或“地区危机”使得区域内各国普遍认识到彼此间不仅仅经济与社会是相互依存的，而且自己的命运和区域整体命运也是休戚与共、荣辱共存的。这会促使各国形成强烈的以解决地区问题为出发点的合作性区域治理动机，通过政府间合作和非国家行为体的参与，推动联合治理，解决地区公共问题。有些跨国性问题表现为全球性问题，比如气候问题，需要各国通力合作。在更多的情况下，跨国性问题主要表现为区域问题。比如，恐怖主义带有明显的区域性特征，而区域治理机制在应对恐怖主义威胁上起着至关重要的作用。

事实上，在全球化、区域化深度发展的情况下，没有一个国家能够独立解决所有问题，即使是强国也必须依靠与其他国家建立稳定的合作关系来解决诸多跨国问题。因此，区域治理的必要性和紧迫性，推动各国对区域治理方面的合作给予支持。区域治理可以通过国家间开展双边或区域合作来进行，比如签署专项协议，但比较有效的区域治理则是通过建立区域性合作组织来进行。区域组织的治理具有稳定性和连续性，可以统筹规划和动员多方面的资源，包括与外部的合作。更为重要的是，区域组织可以制定具有法律效力的规则，使得各成员履行职责，从而使得区域治理行之有效。这样既可以使各国承担治理的责任，也可以从治理中受益。通过区域组织进行的治理是基于各国共识和共同利益来开展的，由此，可以最大限度地避免分歧或冲突。①

第二次世界大战结束以后，世界建立了一系列国际治理机制，联合国体系是最重要的全球治理制度建设，其中安理会是国际核心的安全治理机构。同时，在货币金融、国际贸易领域建立专门的组织，如国际货币基金组织(IMF)、世界银行(World Bank)、关税贸易总协定/世界贸易组织(GATT/WTO)，这些组织在全球经济治理方面发挥了重要的作用。但是，由于多边治理并不能涵盖区域层次上的所有领域，并且不能满足区域治理的需要，许多区域层面的问题难以通过多边层次解决，因此，区域治理受到越来越多的重视。在此情况下，区域治理得到较快的发展，区域成为协调和管理国家间关系、维护区域安全、应对危机或者突发事件、创建更好的发展环境、推动人文交流等的重要依托。区域治理合作所带来的制度建构、公共产品供给和宏观环境优化在有效解决不断扩展的区域性公共问题方面显示出了优势。

区域治理为区域各国提供公共产品。在全球性公共产品供应不足或者无法满足各国个性化需求的情况下，区域内国家或国家集团会联合起来，共同设计出一套安排、机制或制度，并为之分摊成本。可以把这些只服务于本地区、只适用于本地区、其成本又是由域内国家共同分担的安排、机制或制度称为“区域性国际公共产品”。② 欧洲相当多国家在第二次世界大战结束后的一段时间内是美国提供的西方体系内公共产品的主要受益者。但是从20世纪50年代起，法、德等国就开始了对区域合作的探索。冷战结束后，欧洲共同体已经在这条道路上摸索了几十年，并取得了重大成就。经过近半

① 米特兰尼认为，20世纪世界的特征是技术问题日益增加，而这些问题只有通过跨国合作才能解决。在他看来，现代经济、技术和其他领域的发展使得国家之间的跨国交流不断增加，于是就会促使国家之间选择某一功能性领域(诸如交通、通信等特定功能领域)开展合作。所建立的区域组织应当是具有独立任务和权力的行政机构，并做一些类似各国政府所做的工作。参见房乐宪：《欧洲一体化理论中的功能主义》，《教学与研究》2000年第10期。

② 参见樊勇明：《区域性国际公共产品——解析区域合作的另一个理论视点》，《世界经济与政治》2008年第1期。

个世纪的努力，欧洲建立了一套从政治决策、安全保障到货币流通、贸易管理、人员流通以及技术交流的较完整的制度和机制，其目的就是要为欧洲治理打造公共产品，实现欧洲的和平。

在东亚地区，各国经济之间紧密联系在一起，对区域治理的需求很强。比如，1997 年发生亚洲金融危机，东南亚国家向国际货币基金组织求助。国际货币基金组织所提供的应对方案不仅没有让遭受危机的国家形势好转，反而加剧了危机。在此情况下，亚洲推动了合作机制建设，建立了“10＋3”的领导人对话机制，并基于货币合作的“清迈协议”（CMI）、亚洲债券基金（ABF），提出了建立“东亚共同体”的倡议等。随着合作的发展，先后推动构建了基于区域治理的“宏观经济办公室”（AMRO），提出了建设地区互联互通计划，推动东亚自贸区的发展。①

在中亚地区，针对极端势力、分裂势力所造成的共同安全威胁，中国与俄罗斯、中亚国家成立了上海合作组织（SCO），开展基于共同安全、合作安全的区域安全治理。1996 年 4 月 26 日，中、俄、哈、吉、塔五国领导人在上海会晤，签订了《关于在边境地区加强军事领域信任的协定》，旨在解决历史遗留的边界问题，加强边境军事互信。此次会晤成为中亚地区重要多边机制创立的开端，“上海五国”机制由此启动。此后，中亚各国积极参与，促成了五国元首会晤的机制化，成员国间相互签署了多项协议，发表了一系列声明，合作内容也从军事和边境问题逐步扩展到地区综合安全问题，在打击宗教极端主义、民族分离主义、恐怖主义这“三股势力”和跨国犯罪活动上取得了显著的成效，使得该地区的安全形势向好的方向转化。同时，区域治理组织的建立，也有效推动了其他方面的合作。

合作性治理是区域治理的新发展，其突出特点是共同参与、共同投入、共享利益，而基于权力的治理是由拥有权力的国家提供治理的公共产品。在此情况下，核心国成为驱动国际区域治理的关键角色，在区域治理中发挥核心的作用。有的理论认为，当核心领导国承担起提供国际“公共产品”的

---

① 最早的努力聚焦“10＋3”自贸区的构建，后来参加成员扩大到澳大利亚、新西兰、印度，开启“区域全面经济伙伴”（RCEP）谈判，后印度退出。2020 年，RCEP 谈判完成，进入实施阶段。

责任和义务之后,国际体系就会得以有序地运转。[①] 对此,组织行为学也有类似的观点,认为任何组织都需要一个强有力的领导或领导集体对这一组织进行计划、控制和协调,以保证其内部正常运作。[②]

值得指出的是,权力导向的治理与大国应该发挥的重要作用并不相同。比如,在欧洲区域治理中,法国和德国通过实现历史的和解,共同推进欧洲合作的进程,对于欧洲联合进程的发展发挥了驱动和引领的作用。在东南亚的区域合作中,印度尼西亚、马来西亚和泰国就发挥了积极的大国作用,无论是在议程设置、议程推动与实施中,都起着引领的作用。而在美洲区域治理的进程中,由于美国总是坚持由自己主导,导致美洲国家间的分裂,在一些情况下矛盾激化,难以取得合作治理的效果。

治理并非只是政府的职能,非政府行为体、社会公众也是治理的重要力量,在许多方面可以发挥独特的作用。事实上,区域治理是建立在共同遵守的规则基础上的,是协调与整合各方面的力量的互动过程。可持续的区域治理需要把不同动机的驱动协调与统合在统一的进程之中。[③]

二、区域治理的基本含义

"治理"(governance)一词源于拉丁文中的"掌舵"一词,原意是控制、引导和操作。西方政治学和经济学用它来描述或分析一个特定的社会(国家、国际社会或区域社会)或特定的实体(如国际组织、国家机构、公司、法人团体等)的管理或经营模式。[④] "治理"一词也成了通用术语,被广泛应用于当今社会科学的各个领域。在经济学中它主要与"公司治理"相联系,在政治

① 美国学者查尔斯·金德尔伯格(Charles Kindleberger)将公共产品理论引入了国际关系学。他在《1929—1939 年世界经济萧条》一书中提出,国际经济体系的稳定运转需要某个国家来承担"公共成本"。这一观点后来被罗伯特·吉尔平(Robert Gilpin)发展成"霸权稳定论"。吉尔平在《世界政治中的战争与变革》中提出,霸权是"一种控制与被控制的国家之间的关系,即一个单一的强国控制和支配着国际体系内的弱国"。吉尔平指出,霸权国家不是与生俱来的,霸权国家的存在必须满足两个条件:一是霸权国能够将自己的意愿施加给弱国;二是其他国家从霸权国那里获得收益,从而愿意接受霸权国的领导。

② 参见罗珊编著:《组织行为学》,格致出版社、上海人民出版社 2017 年版,第 294 页。

③ 参见蔡拓、杨雪冬、吴志成主编:《全球治理概论》,北京大学出版社 2016 年版,第 385 页。

④ 参见庞中英:《重建世界秩序:关于全球治理的理论与实践》,中国经济出版社 2015 年版,第 19 页。

学中它一般代指“政府治理”。

联合国开发计划署对“治理”概念进行了详细的描述。该组织于2007年发表的《治理指数：使用手册》研究报告指出，治理是一套价值、政策和制度的系统。在其中，一个社会通过国家、市民社会和私人部门，或者各个主体间的内部互动来管理经济、政治和社会事务。它是一个社会通过自身组织来制定和实施决策，以达成相互理解、取得共识及采取行动。治理由制度和过程组成，通过这些制度和过程，公民和群体可以表达自身利益，减少彼此之间的分歧，享有和履行合法权利和义务。治理有社会、政治和经济三个维度，可以在家庭、村庄、城市、国家、地区和全球各个人类活动领域运行。① 从这个定义中可以看出，“治理”同传统“统治”的含义存在着很大不同。第一，治理与统治的主体不同。统治的主体一定是社会公共机构；治理的主体则强调多元性与多样性，它既可以是公共机关，也可以是私人机构，还可以是公私机构的合作。第二，两者权力运行的向度不同。政府统治的权力运行依循自上而下的方向。治理则是一种上下互动的管理过程，它主要通过谈判协商、对话合作、沟通交流、伙伴关系、确立认同和共同目标等方式，对共同事务实施管理。第三，两者的管理范围存在差异。政府统治所涉及的范围就是以领土为界的主权国家，而治理的范围既可以是特定领土界限内的主权国家，也可以是超越国家领土界限的国际领域。②

治理在国际关系领域的出现，最初并且首要的是被看作对经济全球化过程中“社会非国家化”进程的反映。非国家化意味着社会交易和社会进程在不断超越民族国家界限的情况下，国家政治体制实现所期待的政策结果的能力面临重压。国际体系中的这些变化，把有效地“解决问题”的观念提升为国际政治的指导性原则，而有效地解决问题只能通过国际治理体系得以实现。③ 一方面，当今世界已日渐成为一个“你中有我，我中有你”的整体，各行为体之间日益紧密地相互关联，客观地要求彼此之间进行全球性的合作。另一方面，人类对跨国性问题的传统的处理方式和解决手段，已无法应

---

① United Nations Development Programme, *Governance Indicators: A Users' Guide*, 2007.

② 参见俞可平：《全球治理引论》，《马克思主义与现实》2002年第1期。

③ 参见庞中英：《全球治理研究的未来：比较和反思》，《学术月刊》2020年第12期。

对最新显露的问题，世界急需新的治理理念和治理手段。全球区域治理作为独立于主权国家及国家间治理体制之外的新的治理模式应运而生。

全球治理就是在已有国际机制失灵的情况下，试图在全球层次、区域层次和次区域层次上通过改革重建一套全新的、更有效的管理和解决全球性问题的国际机制或国际制度，“是个人和机构、公共和私人管理一系列共同事务方式的总和，它是一种可以持续调和冲突或多样利益诉求并采取合作行为的过程，包括具有强制力的正式制度安排”[①]。全球治理体现了全球化时代的政治民主要求与发展趋势，是政府组织、非政府组织以及全球市民社会三方面力量在全球事务领域博弈的结果。但现今全球治理的观念尚未被普遍接受，国际机制还有待完善，其作用发挥尚存“掣肘”，全球市民社会发育也不成熟，这些基础性条件的欠缺都使得全球治理无法全面铺开。

全球治理包含全球的层次，也包含区域层次。区域治理是治理理念在区域层次上的运用，或者说是治理的区域化，是通过创建公共机构、形成公共权威、制定管理规则，以维持地区秩序、满足和增进地区共同利益所开展的活动和过程，是地区内各种行为体共同管理地区事务的诸种方式的总和。[②] 从一定意义上讲，区域治理也是全球治理的局部实施，与全球治理存在相互依存的关系。但是，区域治理有着不同于全球治理的内容、方式和结构。在全球化不断加深的时代背景下，跨越国界的高度社会流动性也引发了公共问题的广泛外溢，全球化的负面效应在局部区域范围内不断显现。因此，同一区域内的国家常常会面对共同的难题或危机，这就是区域性的公共问题。

解决区域性公共问题的轻重缓急的次序认定则取决于区域内公共机构理性选择的结果，也有可能是市民社会和其他社会活动的产物。解决区域性公共问题需要主权国家摒弃现实主义的狭隘利益考虑，朝着实现区域共同利益的方向努力，进而通过构建区域治理机制推动域内国家实现共赢。

---

① The Commission on Global Governance, *Our Global Neighbourhood: The Report of the Commission on Global Governance*, Oxford University Press, 1995, chapter 1.

② 参见杨毅、李向阳:《区域治理:地区主义视角下的治理模式》,《云南行政学院学报》2004 年第 2 期。

在致力于解决区域性公共问题的过程中，区域内各成员在政府间合作框架下，通过区域性公共政策议程、构建的区域性制度安排及其实际运作，引发了社会治理模式的变迁。这就在一定范围内和一定程度上，将区域从单纯的政府间合作框架和政府管理的窠臼中解放了出来，促成了区域在治理转向当中的角色重塑。

区域治理作为一种国际多边主义的实践要早于全球治理。在政治和安全领域，1920 年 1 月诞生的全球多边组织国际联盟，可以溯源至 1890 年4 月成立的美洲共和国国际联盟（即现在的美洲国家组织）；1815 年 6 月结束的维也纳会议启动的“欧洲协调”作为一种“多头政治的治理体系”，被认为是“没有统治的治理”的经典案例；而国际联盟理事会和国际联盟大会直至后来的联合国安理会和联合国大会，实际上是欧洲协调的正式制度化和全球多边化。

第二次世界大战结束后，区域间纷纷构建合作机制或者组织，共同治理共同关注的问题越来越受到重视并付诸实践。从欧美到亚洲、非洲、拉美，各种形式的区域合作治理机制或者组织蜂拥而起，所涵盖的合作领域非常广泛，从安全、经济到专项治理问题都有涉及。区域主义是区域治理的理论起点，是同一个地区内的行为体（政府、政府间组织、非政府组织、民间组织或个人等）基于某种共同利益而展开的地区性合作的思想和实践的综合。冷战时期两大阵营的对峙使各国为了确保国家的安全和利益，必须选择加入一方阵营；即使一些第三世界国家试图走不结盟道路，也必须结成集团才能在两大阵营的夹缝中生存和发展，这在客观上造就了两大军事集团——北约和华约，欧共体、不结盟运动、七十七国集团等区域集团。在这种区域主义的指导下所进行的区域合作缺乏走向一体化的内在动力，这类区域联合发展具有一个最高限度，即无论合作的深度达到多高的水平，联合体仍然是一个政府间的实体，而不是一个超越各主权国家之上的超国家机构。冷战期间的区域主义强调主权、国家、民族的利益，认为任何形式的联合，其目的只有一个，就是增强集体的竞争力，谋求集体安全，增进民族国家利益。

20 世纪 80 年代末 90 年代初，以欧盟吸收新成员和《美加自由贸易协定》的签订为代表，掀起了新一轮的区域主义浪潮。新区域主义以经济一体化为基础，强调环境、社会保障、安全和民主等多元领域的治理合作安排。由于区域集团和组织合作基础不同，合作演化路径也出现了差异化。以欧盟和北美自由贸易区为代表的较为成熟的区域集团，近年来经济合作的重心从产品贸易和劳动力、资本等生产要素的自由流动扩展到环境保护、科研教育及基础设施等领域。以东盟、中美洲共同市场为代表的发展中国家的区域集团则正在经历从政治领域向经济领域合作转变的过程，合作内容主要以商品贸易为主；而亚太经合组织等非制度化的区域组织则主要以经贸合作为主。

进入 21 世纪，区域层次的治理能力逐渐彰显，区域或次区域组织发挥中介作用，连接不同的民族国家，提供一种行使全球治理功能的共享能力，逐渐形成了欧盟（EU）、东盟（ASEAN）、南方共同市场（MERCOSUR）和南部非洲发展共同体（SADC）等区域为单位的新的全球治理结构，与原来以民族国家为单位的全球治理体系共处并存。只要全球或区域大国之间的关系不发生大的波动，两种治理结构通常是兼容的。

三、区域治理的实践

随着全球化浪潮的涌来，国际政治结构发生持续性变化，各类跨国问题不断显现，这一趋势推动了区域治理机制的建立和完善。由于各国及各地区的发展水平各异，由此区域治理程度也不尽相同。按照区域治理的发展模式划分，可分为全球治理框架下的区域治理和区域自发的区域治理，其中区域自发的治理又可分为全面一体化的区域治理和特定领域的区域治理。全球治理框架下的区域治理包括联合国领导和推动的区域协同治理。区域自发的治理包括欧盟、东盟、非盟在各个领域共建治理机制，共同采取行动，对区域内公共事务进行自主及协调的治理。区域自发的特定领域的治理则以北美自贸区和亚太自贸区为代表，即依托区域经济合作机制以及多边自由贸易协定等致力于解决地区面临的经济问题。

1994 年 8 月，联合国启动了联合国秘书长与区域组织之间的高层会议，就双方伙伴关系中灵活而务实的方法进行定期协商。自此，联合国与区域组织在全球治理的框架内的区域协同治理迅速发展起来，并出现多种务实的合作方式。按照 1995 年 1 月加利向第 50 届联合国大会和联合国安理会提交的《〈和平纲领〉补编》工作报告的总结，联合国与区域组织之间已形成的合作方式主要有：(1)协商，如联合国与区域组织就试图解决的冲突问题交流看法；(2)外交支持，如欧洲安全与合作组织(简称“欧安组织”)在有关阿布哈兹宪政问题上向联合国提供的技术支持，联合国支持欧安组织在纳戈尔诺—卡拉巴赫问题上的外交努力；(3)行动支援，如北约动用空军力量在前南斯拉夫支援联合国保护部队的维和行动，联合国为开展维和行动的区域组织提供技术咨询；(4)联合部署，如联合国同西非国家经济共同体(简称“西非共同体”)在利比里亚、同独立国家联合体(简称“独联体”)在格鲁吉亚联合部署外地特派团；(5)联合行动，如联合国海地特派团，其人员配置、领导及经费筹措由联合国同美洲国家组织分担等。目前，联合国与区域组织之间的协同治理已经成为全球组织多边机制框架内区域治理的一条务实的成功路径。湄公河下游的区域治理是联合国推动区域治理的重要尝试，也是一个典型案例。

湄公河下游区域治理是第二次世界大战结束后由联合国组织机构启动并逐步组织推动实施的。1947 年 3 月，联合国经济及社会理事会为推动战后亚洲实现复兴发展，设立了联合国亚洲及远东经济委员会(简称“亚远经委会”)。亚远经委会是在《联合国宪章》框架内成立的首个区域经济组织和亚洲首个区域政府间组织。1951 年 3 月，该组织将湄公河列为亚洲区域内国际河流盆地开发及控洪国际合作的首选对象，并推动湄公河流域的柬埔寨、老挝、泰国和越南四国于 1957 年 10 月创建下湄公河流域协作调查委员会(简称“湄委会”)，在其指导下专门负责湄公河流域水资源及经济社会治理。同时，亚远经委会正式发布了其秘书处提交的《下湄公河流域水资源开发》报告，为湄公河开发规划提供了概念性框架。自此，湄公河计划作为亚洲区域特定领域务实合作的最有意义和最重要的实例和首个区域发展国际合作机制进入实施阶段，并成为联合国直接介入国际河流盆地规划和开发的首个持续性工程。随后，亚远经委会对湄公河的治理方式发生了转变，由直接治理转向经由湄委会的间接治理和与湄委会及其他国际组织、四沿岸国的协同治理。湄公河计划形成了以湄委会为行动主体、以亚远经委会及其机构为政策指导、以亚远经委会行政负责人为总管理人的制度架构，显示出其既对成员国又对亚远经委会及联合国负责的组织双重性。

欧盟是当今区域治理发展中涵盖领域最广、实施力度最强的，在诸多领域都设立了超国家的治理规制和议程，使得以往矛盾冲突不断、战事频发的地区成为和平与发展的地区。在治理机制建设层面，经过几十年的完善，形成了包括欧洲理事会、欧盟理事会、欧盟委员会和欧洲议会及欧洲法院在内的一整套治理机构，完备的治理体系是其实现良好治理的重要制度保障。在治理方式层面，欧盟通过建立共同市场、发行共同货币、采取协调的安全与外交政策等一系列途径，全面扩大一体化合作的领域，进一步深化一体化合作的程度。在治理模式层面，欧盟治理首先涵盖多元的治理和决策主体，多层行为体介入某项政策或决议的协商及讨论过程，公开协调的方式利于各成员之间实现信息的良好沟通，达成各方共同接受的政策，保障各方在区域治理等集体行动中的利益。在面临的挑战层面，首先，随着欧盟规模的持续扩大，成员国的数量不断增加，欧盟新老成员国难免产生认知及利益分歧，某些超国家层面的决策有时会陷入僵局；其次，欧洲严重的"民主赤字"及欧洲认同的滞后阻碍了欧盟治理，代表欧洲民众利益的机构权力远小于代表政府的机构权力，欧洲认同及民族认同存在紧张关系。

东盟在治理机制建设层面创建了一系列多边合作机制。东盟由推动区域内经济开放为先导，逐步深化区域治理，建立了比较完善的区域治理机制，有东盟首脑会议、东盟外长会议、东盟地区论坛、东盟自贸区建设等，朝着全面区域治理方向行进。在区域关系治理方面，东盟推动建立了东盟地区论坛，旨在通过对话和协商的方式创建地区的稳定和合作关系及秩序。东亚峰会作为开放式领导人会议，旨在凝聚合作共识和推动合作议程，创建开放、合作、和平的东亚。在经济治理方面，通过"东盟＋1"自贸区、RCEP、"清迈倡议"制定区域市场开放、金融合作的规则，通过建立宏观经济办公室(AMRO)对东亚地区的经济进行研究和监测，为各国提供信息导向服务。区域治理使得各成员共同加入合作机制框架中，这样可以凝聚共识，体现共同安全、共同发展的精神，从而促进东亚地区的和平与合作。

东亚地区关系复杂，在凝聚共识方面面临诸多挑战。区域合作治理的机制旨在通过对话、交流与协商，减少分歧，增加共识，由于作为引领者的东盟本身缺乏强有力的领导和提供公共产品的能力，因而有些机制在推进合作性治理方面成效不显著。以东亚峰会为例，由于美国主要关注自身战略利益，意图推进其战略竞争谋划，因而原来的定位难以落实。在涉及地区关系方面，由于分歧比较大，加上美国同盟体系的影响和大国战略竞争的加剧，因而合作导向的区域治理难以取得显著的进展。

非洲的区域治理是以建立非洲联盟的形式进行的。非洲联盟于 2002 年正式成立，属于集全非洲政治、经济和军事于一体的政治实体，其宗旨是：为了提高和保护人权，巩固民主制度和文化，确保国家良政和法治；为了采取更好的措施以加强将来的公共制度建设，赋予制度更大的权力以确保在其管辖领域内起到更积极的作用。在治理机制层面，非盟通过建立完善的组织机构，形成初见成效的合作机制。在机构设置上，非盟大会、首脑会议、泛非议会等系列机构为非盟实现有效治理提供组织机构保障；同时非盟也积极筹建涵盖政治、经济、安全、社会、司法等领域的特定功能性机构。在治理模式层面，通过“非洲发展新伙伴计划”与世界各国发展友好合作的伙伴关系，建立区域经济共同体，加速一体化的进程。采取整合性的新举措提高各机构的治理效率，在非洲 8 个主要的次区域经济共同体和其他区域合作组织之间进行协调。

非盟的区域治理面临不少挑战。一是国家主权与非盟一体化之间的矛盾。“集体主权”概念的引入给成员国带来了“有限主权”，成员国不满在安全防务等自主性较高的领域同非盟共享主权，成员国与超国家机构之间的权力竞争阻碍了非洲区域一体化进程。二是资金匮乏导致机制运行不畅。非洲国家经济发展后劲不足，成员国拖欠会费造成联盟难以推动各领域合作项目的顺利进行，区域治理面临巨大的经济压力。三是在推动区域经济治理上，受到各国经济发展巨大差别的制约。

亚太地区是北美和东亚的跨区连接。在地区关系上，第二次世界大战让美国直接介入了东亚事务，建立了美日、美韩、美菲、美泰等军事同盟。冷战结束后，不仅军事同盟得以保留，而且美国搞“亚太再平衡”，推出“印太战略”，发起与中国的全面战略竞争。尽管亚太地区建立了亚太经济合作组织

(APEC),但主要针对经济领域,不涉及政治与安全,因此,美国主导的区域关系格局短期内难以改变,亚太地区在区域关系合作治理上还有很长的路要走。

尽管如此,亚太地区经济领域的合作还是取得了显著成效。APEC 自 1989 年成立以来,一直致力于探寻符合地区多样性、惠及所有成员的区域经济合作,制定了旨在推动亚太地区市场开放的"茂物目标"和一系列落实目标的议程。亚太区域经济合作的基础是北美和东亚地区越来越紧密的经济连接,为此需要推动构建基于开放合作的区域经济交往规则。尽管 APEC 作为一个地区经济合作机制,没有超国家的管理权,但是,领导人达成的共识、所提出的各项议程还是具有指导意义的。

美国当年面对欧盟建立统一大市场的挑战和对东亚地区经济的依赖,对于推动亚太地区的合作治理表现出极大的热情。但是,近年来,美国对于 APEC 的兴趣大幅度下降,这表现在拒绝对建设亚太自贸区(FTAAP)给予支持,推出排斥中国的 TPP、重构双边为基础的北美自贸区,试图以印太替代亚太的地区定位等。显然,没有美国的积极参与,APEC 在亚太区域经济治理上将面临阻碍。

第三节　区域治理与全球治理

区域治理与全球治理是什么关系?从特征上说,区域治理的范畴是局部的,限于地区和针对地区。但是,区域治理不是排他的,也不是封闭的,而是与全球治理相联系的,并且是全球治理的重要组成部分。

一、全球治理的发展

面对全球问题日益增多的现状,全球治理受到越来越多的重视。总的来看,全球治理大体分为五类:其一,联合国体系。鉴于几乎所有国家都加入了联合国,因此,它是最具有代表性的国际体系。其二,国际组织,包括国际货币基金组织(IMF)、世界贸易组织(WTO)、世界银行、地区性开发银行等。迄今,世界大多数国家都被纳入这些组织框架,其制定的规则成为各成员共同遵循的国际规则和行为规范。其三，国际条约，如《不扩散核武器条约》《联合国气候变化框架条约》《联合国海洋法公约》等等；作为国际条约、法律，它们具有超国家性，各国都有遵守的义务和职责。其四，行业规约。基于市场运行的规则，如果不遵守行规，就不能开展业务。比如《巴塞尔协议》就是银行间签订的规约，还有各种行业组织制定的规约，都是相关方必须遵守的。其五，国际对话合作机制。其中，比较重要的是七国集团(G7)，作为发达国家的集合，它们通过对话、协商与合作，对世界经济发挥导向的作用。1999 年，二十国集团(G20)成立，其集合了世界最大的发达国家和发展中国家，共商世界经济发展大事，并提出指导性共识文件。

显然，如今的国际治理具有普遍性特征，无论在治理范围还是在治理方式上都在不断发展。这种大趋势与国际政治、国际经济、国际关系以及社会生活国际化发展相适应，没有一个国家处于独立的空间内而不受国际治理的约束。应该说，国际治理的发展是人类历史发展的一个重要成就。

第二次世界大战后，基于全球治理的联合国建立。联合国逐步把所有国家都纳入一个体系之内，并且制定了具有普适价值的《联合国宪章》和一系列公约，从而奠定了现代国家国内治理与国际治理的基本原则基础。

在国际治理中，行业治理是重要的形式和内容。较之政府间国际组织、区域组织或者合作机制，行业治理机制具有自身的功能，即为行业立规，敦促行为者守规。行规是同行业者的共同约定，尽管并非法律，但具有执行上的法理效能。

事实上，在许多领域，行规往往早于国家法律或者国际法。在不少情况下，国家法律与国际法往往会参考与采纳行业组织制定的且已经成为国际惯例的规则。因此，从这个角度来说，行规对国家法律以及国际法的建立与完善奠定了基础。显然，行业的国际治理是国际治理的重要组成部分，与政府间、区域间的国际治理具有很强的互补性，同时也承担政府或者国际组织所难以或不能承担的职能。

行业的国际治理非常复杂，涉及方方面面，形式也多样。总的来看，行业国际治理的机制大体分为三大类：(1)由政府部门推动成立的合作性机构，负责制定行业管理规则，尽管这些规则并不具备国际法的性质，对成员并没有强制约束力，但是却对实际的行业运行起到规范和指导性作用。比如，旨在管理跨国资金流动风险的《巴塞尔协议》是由参加者的中央银行监督机构倡导成立的，就资本的跨国流动与金融机构的运行制定了多个规则，这些规则成为事实上的行业规则，不仅是参加协议的成员银行，即便是不参加协议的非成员银行也都会遵守。重要的是，由于得到政府的支持，政府监管部门也按照这些规则来实施监管。(2)由行业发起成立的组织，得到政府认可，为行业制定规则，形成可执行的国际惯例。这方面的国际组织有很多。比如由100多个国家商业组织参加的国际商会，为国际商务活动制定了许多指导性规则，涉及信用、信托、商业术语等。这些规则成为开展国际商务活动的行规，受到业界的认可。(3)自行运作的民间行业协会等。它们并不一定得到政府的支持，但是在行业领域得到广泛的认可，其规约具有指导行业以规行事的作用。这样的国际协会或者以其名义存在的组织分布很广，有些规模很大，也有的很小；有的涉及较广的领域，有的仅涉及很专业的领域。

还有一类组织也应该算作国际治理的重要组成部分。它们是民间自发成立的组织，常被称为国际性“非政府组织”(NGO)。它们大多针对某一个专门领域，比如人权、环保、生态、伦理等等，也有的是具有跨领域特征的综合组织。它们往往由一些有影响的个人发起，成员自愿参加。它们大都在一个或者几个国家注册，获得合法存在并开展活动。这些组织通过发布基于各自认知理念、价值标准的报告产生影响力。与其他的行业组织不同，它们并不通过制定行规来约束参与者的行为，而是通过提出立场、主张，对认定的不良行为进行批评与谴责来导向国际舆论，对相关者产生压力；在有些情况下，它们甚至自己采取相关行动。把这些组织纳入国际治理的范畴来认识非常重要。从性质和功能上说，这些组织属于社会和个人参与的“志愿者”联盟，发挥着独特的功能。在许多情况下，其作用是政府、行业组织所不能实现的。特别是它们对一些政府的失策、失能或者错误进行评论，对时弊进行批判，在很多情况下成为推动政府纠偏、纠错、修改政策的重要驱动力。当然，非政府组织良莠不齐，背景复杂，有些组织发布的报告在立场、观点上带有偏见，有些行动甚至具有损害性，产生不良效果等等。但是，并不能因此就全盘否定它们在国际治理中的积极作用和不可或缺的角色。

二、区域治理与全球治理

区域治理是全球治理的重要组成部分。从国际治理的角度来分析，区域性问题是治理的内因。区域治理涉及的领域很多：属于自然领域的，如水资源、植被、沙漠化等等；属于经济领域的，如贸易、投资、市场、货币、金融、交通设施等等；属于政治社会领域的，如对外关系、人员流动等等；属于安全领域的，如国家安全、恐怖主义等等。大体来说，区域性问题来自三个方面：一是区域性生成的；二是国家内部问题的扩延；三是外部问题的传入。无论哪一个方面，都超出单个国家管理的能力，因此，需要在区域层面进行解决，也即需要区域治理。

区域治理没有定式，需要根据实际情况加以推行。区域经济治理发展得最快。在经济领域，通行的方式是推动市场开放，增加区内贸易投资，通过谈判签订区域性自贸协定。由于存在基于全球的多边体制，因此，区域经济安排不能违反多边规则，要与多边原则一致。因此，区域安排有两个基本规则：一是区域安排的开放度只能进，不能退。也就是说，必须有比多边安排更高水平的开放安排。二是必须实现范围全覆盖，不能只选择几个领域。由此，区域安排被认为是对多边安排的补充。

如今，在每一个大区域、中区域、小区域都建立了多种形式的合作机制。有的以综合治理为目标，有的以专项治理为定位；有的是合作层次很高的区域组织，有的仅是对话机制。它们在协调国家间关系、管理区域共同资源、解决冲突矛盾上发挥了重要的作用。如今，置身区域治理机制之外的国家已经极少了。因此，就功能而言，区域治理不仅是全球治理的补充，而且是全球治理的基础。

目前在全球化遭到抵制的情况下，区域化有加强的趋势。世界需要区域化深入发展，需要区域治理得到加强。全球化是不可逆的大趋势，经历的曲折也属正常。全球化和区域化是并行不悖的，它们相互支持和补充。新型区域化是开放性的，区域与全球紧密相连，区域治理必然秉承开放性与合作性。

推荐阅读：

1.靳诺等:《全球治理的中国担当》,中国人民大学出版社2017年版。

2.袁倩主编:《全球气候治理》,中央编译出版社2017年版。

3.陈瑞莲、刘亚平等:《区域治理研究:国际比较的视角》,中央编译出版社2013年版。

第十章　国际区域构建实践与研究

国际区域构建以多种形态得到发展，有关国际区域的研究也不断深入。总的来看，在很多情况下，国际区域构建的实践先于理论。欧洲在现代国际区域构建中走在前面。如今，国际区域构建已经遍及世界，形成了多层次、多方式的格局。

第一节　国际区域构建的发展

国际区域构建是指基于地缘区域的合作运动。现代国际区域构建不同于历史上的区域扩张、区域结盟对抗，而是推动区域性的合作，通过平等参与和共建，创建区域共享利益，实现区域的和平与发展。

一、国际区域的构建基础

地缘区域本来是族群、国家生存的依托，不同族群、国家间构成了交互复杂、动态变化的关系。现代民族国家制度确立以后，区域被分解。相互连接的地缘区域具备了国际性质。尽管定位变化了，但是国际区域作为国家间相互联系和利益提供的性质并没有发生根本性的改变。在现实发展中，当国家间关系出现问题，发生扩及多个国家的经济、生态等危机时，区域构建的重要性和必要性就凸显了，因此，国际区域构建的思想与行动便涌现，成为各国的理性选择。

欧洲是区域性连接很强的区域。因此，欧洲区域构建具有古老的根基，一些哲学家、思想家，如皮埃尔、卢梭、康德、圣西门等，先后提出建立“统一欧洲”“和平欧洲”的思想。第一次世界大战结束后，为了防止再次发生大战，实现欧洲的和平，出现了“泛欧运动”，提出了“欧洲联盟计划”。但是，由于复杂的关系和缺乏共识，那些动议和计划都没有实现。第二次世界大战结束以后，基于战争的后果，欧洲联合的思想得到高度认同。由让·莫内制定的欧洲联合计划得到落实，从欧洲煤钢联营开始，一步步推进，最终建立了具有超国家管理职能的欧盟，建成了高度开放的欧洲统一大市场，创建了单一货币，把大多数欧洲国家纳入欧洲统一的区域组织。

延伸阅读

莫内计划

让·莫内(1888—1979 年)是法国政治家和外交官，第二次世界大战结束后在西欧推动一体化进程，被称为“欧洲之父”。1947 年 1 月，莫内被法国政府任命为国家计划委员会总干事，负责法国战后重建，其任务之一是协调马歇尔计划的资金使用。在法国经济恢复之后，法国希望将西德的煤和钢纳入法国的生产计划。莫内为此制定了一个新的计划，1950 年 5 月 9 日，莫内和时任法国外长罗伯特·舒曼提议组建共同的欧洲煤炭和钢铁市场。随后，法国、西德、意大利、比利时、荷兰和卢森堡六国签署了建立欧洲煤钢共同体(ECSC)的条约。此举不仅减轻了法国对德国重新崛起并形成市场支配力量的担忧，也为德国保留了钢铁制造传统。莫内的这项倡议最终发展成为欧洲经济共同体。莫内之所以能够推动形成这一倡议，很重要的原因还在于借助他的私人网络关系，说服美国国务卿艾奇逊向德国政府施压，迫使西德签署该条约。

在世界其他地区，国际区域构建也得到很大的发展。“二战”以后，成立较早且较有影响的是阿拉伯国家联盟(简称“阿盟”)，是一个旨在推动阿拉伯国家联合与合作的政治组织，具有语言认同与地缘连接的基础。其宗旨是加强成员国之间的密切合作，维护阿拉伯国家的独立与主权，协调彼此的活动。遵循的基本原则是：相互尊重国家主权和政治制度选择，彼此之间的争端不得诉诸武力。至今，阿盟仍然在调节国家间关系、维护阿拉伯国家和民族利益上发挥着重要的作用。[①] 非洲联盟(简称“非盟”)的成立是非洲区域构建的重要发展。它是一个涉及全非洲的政治、安全和经济的综合性区域合作组织，目标是实现非洲的团结和统一，维护成员国主权、领土完整和独立；促进地区和平、安全和稳定；推进政治、社会和经济一体化进程；维护非洲共同立场和利益；加强国际合作，使非洲在全球事务中发挥应有作用。遵循的基本原则是成员国主权平等，和平共处，不干涉内政，禁止使用或威胁使用武力，和平解决争端。作为区域组织，在成员国发生战争罪、种族屠杀或大规模人道主义危机时，非盟有权依照大会决定进行干预；为恢复和平与安全，成员国有权要求非盟干预。2018 年 3 月 21 日，非洲 44 个国家在非盟首脑特别会议上签署成立非洲大陆自由贸易区协议。[②]

在不断发展的国际区域构建运动中，以次区域为基础的多样性合作机制构建成为主流。中国所在地区就有多个次区域组织或者合作机制，比如亚太经济合作组织(APEC)。该组织以推动亚太地区市场开放与经济合作为导向，通过非约束性共识和目标议程推动区域的经济发展。东南亚国家联盟(东盟)以推动东南亚地区的和平发展为动机，通过建立区域组织，制定合作议程，推动东盟共同体的建设，把区域内国家联合起来，形成一个区域整体。东盟推动建立了“东盟＋”对话合作机制，如东盟＋中日韩(10＋3)、东亚峰会以及多个“东盟＋1”自贸区和区域全面经济伙伴关系协定(RCEP)。上海合作组织以安全合作为起点，逐步拓展合作领域，并吸纳近邻亚洲国家加入，形成以中国、俄罗斯和中亚为地缘中心的合作区。南亚区域合作联盟基于南亚地缘区域的合作，宗旨是促进区域各国的福祉，加快区

① 1944 年，在埃及倡议下，阿拉伯各国外长在亚历山大港举行会议，拟订了《亚历山大议定书》，并决定成立阿拉伯国家联盟。1945 年 3 月 22 日，埃及、伊拉克、约旦、黎巴嫩、沙特阿拉伯、叙利亚和也门 7 个阿拉伯国家的代表在开罗举行会议，通过了《阿拉伯国家联盟条约》，宣告联盟成立。目前有 22 个成员。阿盟设有首脑级理事会、部长级理事会(部长理事会、专门部长理事会)、联合防御理事会、经社理事会、秘书处。

② 非盟的前身是 1963 年 5 月 25 日的非洲统一组织(非统)。1999 年 9 月 9 日，非统第 4 届特别首脑会议通过《锡尔特宣言》，决定在 2001 年成立非洲联盟。2000 年 7 月，第 36 届非统首脑会议通过了《非洲联盟章程草案》，2001 年 3 月 2 日宣布非洲联盟(African Union)成立。2002 年 7 月，非盟举行第 1 届首脑会议，正式取代非统。

内经济增长、社会进步和文化发展，促进各国间的相互信任和理解等。还有像亚洲相互协作与信任措施会议(CICA)、博鳌亚洲论坛这样的多边会议机制，旨在推动亚洲国家之间交流，促进各国之间的合作。

在世界其他地区，自贸区构建、区域经济合作、安全合作等都得到多样性的发展。尽管它们在组织架构、运行情况和合作成果方面差别很大，有些发挥的作用有限，但总的来看，均代表着一种潮流，即各国重视国际区域的作用，推动国际区域构建的意识增强，国家、社会参与国际区域构建的能动性提高，国际区域成为国际关系、国际治理的一个重要平台。

二、"东盟方式"的实践

近代，东南亚一些国家曾是外国列强的殖民地，区域内部充满冲突动荡，因此有着通过现代区域构建，创建和平环境、推动经济发展的内在驱动力。

1967 年 8 月 8 日，东南亚地区的印度尼西亚、泰国、新加坡、菲律宾和马来西亚五国在曼谷举行会议，发表了《东南亚国家联盟成立宣言》，即《曼谷宣言》，正式宣告东南亚国家联盟(东盟)成立。东盟从最初的五国逐步扩大，先后吸纳了文莱(1984 年)、越南(1995 年)、老挝(1997 年)、缅甸(1997 年)和柬埔寨(1999 年)，使成员国扩大到十个。

东南亚区域构建受到了欧洲区域合作的启发，并且注重学习其经验，但是，东南亚地区与欧洲的情况差别很大，注定无法照抄欧洲合作的模式，而是在实践中不断探索，逐步创建了适合本地区特点的"东盟方式"。东盟方式不是基于理论导向，而是实践进程的结果。东南亚地区本是一个矛盾交织复杂、冲突战乱不止的地区，通过区域构建与开展合作实现"东盟奇迹"，主要体现在：由乱到治，创建了地区的长久和平；实现了地区经济的快速增长，改善了人民的生活水平；把域外大国纳入区域对话合作框架，创建了新型区域关系。从比较的视角来认识，"东盟方式"也具有很强的理论意义。

"东盟方式"一个重要特点是以共识和规约引导进程，共识的形成是所有成员在区域合作机制下参与对话和协商，表现为一种集体的政治约定。比如，有关成立东盟的《曼谷宣言》就是一纸简单声明，但所体现的是 5 个创始国走区域合作之路的政治共识。东盟制定的《东南亚友好合作条约》(TAC)则是处理区域内成员间关系和域外关系的规约。[①] 东盟构建自贸区、建立共同体，则是目标导向。制定具有实质性内容的目标，并逐步加以推动，可称为目标导向；而决策则是通过共同协商达成共识，落实则依靠成员国的政治责任。这样，“东盟方式”既维护了国家主权，又推进了合作进程。尽管在一些情况下，落实目标的成效并不完全尽如人意，但是却可以保证进程可持续，在行进中不断取得进步。[②]

“东盟为中心”(ASEAN Centrality)是“东盟方式”的重要组成部分，是东盟发展与域外国家关系和开展合作的一个始终强调的原则。“东盟为中心”的基本原则是，东盟自主制定相关议程，主动邀请域外国家参加，推动相互间的对话与合作。比如，东盟创建了东盟地区论坛(ARF)，邀请域外国家参加，就建立信任措施、推进预防性外交和探讨解决冲突的方式进行对话，推进共识。东盟引领了“东盟＋”东亚区域对话合作机制，推动构建了东盟与中日韩(10＋3)的合作机制，并与中国、日本、韩国、澳大利亚、新西兰、印度签署了自贸区协议，推动了“区域全面经济伙伴关系”(RCEP)的构建，从而在东亚区域合作中发挥了引领作用。

“东盟方式”把尊重和维护成员国家的主权，维护成员国家参与和实施行动的自主性作为区域合作的基础。东盟国家处于一个大国利益交错的地缘区域，这使得区域各国容易受到域外大国的干预和威胁，同时一些成员实现民族独立的时间并不长，民族国家构建仍在路上。因此，东盟国家非常重视在参与合作中和发展对外关系中不损害国家主权。为此，东盟合作坚守最少主权让渡的原则，无论是开放市场还是构建共同体(经济、安全和社会文化共同体)，都以维护国家主权和防止外部势力的干预为前提。

“东盟方式”在东盟经济区中得到很好的体现。从构建东盟的特惠贸易

---

① 《东南亚友好合作条约》(TAC)是对外开放的，构建合作伙伴的前提是要承认并签署该条约。中国是第一个签署该条约的域外国家。

② 如何界定不同区域合作的成效，也是一个值得进一步研究的问题，因为不同的合作方式，也有不同的成效评价标准，现行的标准大多以欧洲为模板。

安排(PTA),到构建东盟自贸区(FTA),再到经济共同体,由浅到深,逐步发展。更为突出的是,东盟推动经济合作,重点是推动区域内的市场开放,而不是建立区域经济管理机制,经济共同体的目标是建设"单一生产基地"(single production base),而不是实行统一的经济政策;通过消除区内要素流动的障碍,激发区域市场活力,吸引外部投资进入。

事实上,"东盟方式"是一种实践探索,而不是一种既定的模式。东盟各成员之间发展水平差别大,因此合作进程只能渐进,目标设定必须兼顾各国发展差异;同时,必须能够保证政治稳定和经济增长,避免引发矛盾和动荡。东盟区域合作方式的选择,也被称为"战略偏好",是确保进程的可持续。显然,"东盟方式"的真正生命力也许就在于它总是能绕过障碍,让区域合作的进程不间断地行进。

"东盟方式"作为一种实践探索,体现了亚洲文明中的宽容与包容性精神,即尊重多样性,照顾差别性和进程渐进性,在"协商一致"的基础上,逐渐形成了一种和平与合作的文化。① 这既体现在东盟内部成员之间,也融入东盟与区域外其他国家构建关系的过程中。东盟合作探索出一条适合东南亚特点的道路,实现了原则与灵活的适度契合。

审视东盟的发展历程,需要一些新的视角,特别需要有亚洲的视角,即基于亚洲的历史、政治、文化来进行思考,因为以往的区域理论和实践大都以欧洲的合作为模板,成功与否基本上以是否逐步提升区域治理的水平为标准。②

三、拉美区域构建的实践

拉丁美洲的区域构建开启得比较早,是在"泛美主义"思想的推动之下开始的。1890 年 4 月 14 日,美国同拉美 17 个国家在华盛顿举行第一次美洲会议,决定建立美洲共和国国际联盟及其常设机构——美洲共和国商务

① 参见[新加坡]马凯硕、孙合记:《东盟奇迹》,翟崑、王丽娜等译,北京大学出版社 2017 年版,第 10 页。

② 参见张蕴岭:《东盟 50 年:在行进中探索和进步》,《世界经济与政治》2017 年第 7 期。

局，这一天也被称为“泛美日”。1948年在波哥大举行的第9次美洲会议上，通过了《美洲国家组织宪章》，联盟遂改称为“美洲国家组织”。该组织的宗旨之一是加速美洲国家一体化进程。

延伸阅读

玻利瓦尔与泛美主义

西蒙·玻利瓦尔（Simon Bolivar，1783—1830年）是委内瑞拉和南美独立战争的领袖人物，在委内瑞拉被誉为“解放者”和“开国之父”。玻利瓦尔以“泛美主义”著称于世，是拉美地区第一位系统地提出美洲一体化理论，并有计划有步骤地采取措施、付诸实践的人物。“泛美主义”也被称为“玻利瓦尔主义”，认为赢得主权的新生国家应该进行合作，结成紧密的友谊，实行一体化。为了反抗欧洲大陆组建的“神圣同盟”干涉美洲独立，1824年12月，玻利瓦尔向南美各独立国家发出邀请，呼吁美洲国家组建美洲联盟。1826年在巴拿马召开大会，这次大会也被誉为美洲国家间的第一次国际会议。玻利瓦尔主义所体现的是反抗殖民主义和帝国主义的斗争精神，与美国所宣扬的“门罗主义”有本质区别。当代拉美人也将玻利瓦尔主义称为“没有帝国的、民主的美洲主义”或“拉美主义”。

1948年在联合国经社理事会下成立了拉丁美洲经济委员会。[①] 推动区域性构建的一个动机是，拉美需要基于自己的定位进行发展，劳尔·普雷维什的“中心—外围”理论为此提供了思想支撑。普雷维什提出，由于技术变迁、市场容量以及需求弹性、收入弹性等一系列条件的变化，发展中国家初

① 当时称“拉丁美洲经济委员会”，1984年改为“拉丁美洲和加勒比经济委员会”（简称“拉美经委会”，Economic Commission for Latin America and the Caribbean—ECLAC）。拉美经委会是联合国经社理事会下属的区域性分支机构之一，其主要职能是促进地区的经济与社会的发展，推动本地区各国之间的经济合作。

级产品的出口面临不利局面。在国际市场上，存在着发展中国家初级产品价格相对于发达国家工业制成品的价格长期下跌恶化的趋势。[①] 1948 年，普雷维什主持起草并提交给联合国拉丁美洲经济委员会《拉丁美洲的经济发展及其主要问题》报告。报告指出，美国处于世界的中心，而拉美则处于边缘地带，如果不破除这种结构，那么拉美就无法摆脱依附地位。因而，为了促进工业化，必须采取进口替代政策，实施更加积极的产业政策，提高制成品的出口能力。[②] 拉美国家，如巴西、委内瑞拉等国家对此认同，由此，拉美的区域构建形成了新的特点。内向发展战略曾经对拉美许多国家的经济发展发挥了推动性的作用，特别是在 20 世纪 50—70 年代初取得了成效。对此，拉美学者对进口替代曾有过很高的评价，认为进口替代模式为拉美各国以后的发展奠定了基础。[③] 不过，在全球化发展的形势下，拉美国家的进口替代政策受到了冲击，许多国家的经济出现停滞，甚至形成“拉美陷阱”。[④]

拉美国家在推动区域合作上进行了持续不断的努力。1960 年，阿根廷、玻利维亚等 10 国和墨西哥一起，效仿西欧国家建立西欧共同市场的经验，建立了“拉丁美洲自由贸易协会”(LAFTA)。1969 年，秘鲁、智利、哥伦比亚、厄瓜多尔和玻利维亚五国发起成立安第斯条约组织，1996 年 3 月更名为安第斯共同体，1997 年 8 月 1 日正式运作。1973 年 8 月 1 日，特立尼达和多巴哥、巴巴多斯、牙买加和圭亚那等四个英联邦国家决定成立加勒比共同体和共同市场。

1960 年成立的“拉丁美洲自由贸易协会”和 1980 年成立的“拉丁美洲一体化协会”(LAIA)等探索基本上都失败了。就前者而言，通过贸易自由化

---

① David I. Harvey, Neil M. Kellard, Jakob B. Madsen and Mark E. Wohar, “The Prebisch-Singer Hypothesis: Four Centuries of Evidence”, *The Review of Economics and Statistics*, Vol. 92, No. 2, 2010, pp. 367-377.

② Economic Commission for Latin America, *The Economic Development of Latin America and its Principal Problems*, New York: United Nations Department of Economic Affairs, 1950.

③ 参见白凤森：《卡多佐总统谈拉美的经济、社会思想》，《拉丁美洲研究》1996 年第 4 期。

④ 参见[阿根廷]劳尔·普雷维什：《外围资本主义——危机与改造》，苏振兴、袁兴昌译，商务印书馆 2015 年版，第 32 页。

推动一体化的理念与内向型进口替代战略的保护主义逻辑之间存在难以解决的内在矛盾。而拉美一体化协会虽然比拉美自由贸易协会更具操作上的灵活性，但是由于20世纪80年代的债务危机，很多经济体事实上处于崩溃的状态中，预算赤字和恶性通胀导致很多国家难以实施开放战略。另外，如1986年建立的里约集团，也于2011年终止运行，转型为替代性组织——拉美和加勒比国家共同体（简称“拉共体”），其宗旨是推动现有区域和次区域一体化组织的对话与合作，是一种松散的合作框架，主要是代表拉美国家与区域外合作机构进行对话，并不是监督落实区域内的一体化。

20世纪80年代中期，拉美一些国家将重点放在巩固民选政府和解决该地区严重的金融和社会经济问题上，并采用以市场为中心的经济模式。阿根廷和巴西从1985年开始为经济一体化进程采取了初步步骤。1986年，两国签署《一体化和经济合作项目》（PICE），1988年两国签署《一体化、合作和发展条约》，最终建立了南方共同市场（MERCOSUR）。1991年3月，阿根廷、巴西、乌拉圭和巴拉圭在巴拉圭首都签署《亚松森条约》，决定建立一个真正的共同市场，对内削减关税，实施共同的对外关税。1995年1月1日，南方共同市场正式运行，相当于欧盟发展历程中的共同关税同盟阶段。南方共同市场注重维护成员国国内政策的自主权，因而不太可能发展出像欧盟那样的超国家治理机构。①

进入21世纪之后，南方共同市场的发展呈现出快节奏态势。2000年的首脑会议提议建立欧盟式的货币同盟和解决贸易争端机制，并约定相互投资准则及加强社会领域合作。2001年6月的首脑会议决定加强内部协调，以集团形式与美国、欧盟等开展自由贸易对话，当年年底还成立了贸易争端仲裁法庭。2003年12月的首脑会议决定增设常设代表委员会，代表南共体参加国际谈判。在2008年国际金融危机爆发后，南方共同市场仍呼吁加强地区一体化进程，2010年，通过了《共同关税条例》，并就取消双重征税、加强

① Karl Kaltenthaler & Frank O. Mora, “Explaining Latin American Economic Integration: The Case of MERCOSUR”, *Review of International Political Economy*, Vol.9, No.1, 2002, pp. 72-97.

基础设施一体化、加快与欧盟商签自贸协定等达成一致。从发展进程看，南方共同市场的构建方式主要是就达成的共识形成决议，再推动转化为各国的国内立法，从而为企业、个人和社会行为体参与区域一体化提供支持。[①] 总的来看，拉美国家多，差别大，基于区域构建的合作在多种层次上进行实践，可以说，至今还在探索中。

从多样性区域构建与合作实践可以看出，区域认同、区域定位和区域共识是三个关键的要素。区域认同是各国对区域归属的认知，也称为“区域的身份认同”。区域定位是各国对区域利益、关系的认知，体现为区域政策和参与的导向。区域共识是各国区域认同和定位的共同点。区域共识是开展区域合作的前提，基于不同的考虑，各国的区域认同度和定位导向是有差别的，因此，要成功开展区域合作，必须寻求和构建区域共识。各国间通过对话和协商，增进相互了解和信任，有助于在为何合作、合作什么和如何合作上凝聚共识，并以此为基础制定开展区域合作的规划和实施方案。

第二节　国际区域的研究和理论

一、国际区域研究

地理学、历史学、人类学是有关国际区域研究的基础理论。鉴于国际区域的构成以地缘要素为基础，因此，地理学被认为是国际区域研究的出发点。地理学具有区域特性，其任务在于了解区域，其对象是人类和自然的区域性，重要方法是区域比较的方法。其研究涉及区域的区位、地质、地貌、气候、植被、自然资源、定居过程、人口分布、经济、交通和政治。[②] 地缘区域是

① Mahrukh Doctor, “Prospects for Deepening MERCOSUR Integration: Economic Asymmetry and Institutional Deficits”, *Review of International Political Economy*, Vol. 20, No. 3, 2013, pp. 515-540.

② 参见[德]阿尔夫雷德·赫特纳:《地理学:它的历史、性质和方法》,王兰生译,商务印书馆1983年版,第4—5页。

现实的存在,是由诸如工厂和土地、建筑和生物、生产工具和方法、价格和市场、实践和抽象知识等要素组成的相互作用的复杂体。不同的区域具有独特性,尤其是各要素之间有着独特的组合方式。[①] 历史是国际区域构成的基本要素,从历史的角度研究区域,可以深刻地认识区域发展的演进和连接要素,因此,在史学门类下,形成了区域社会史、区域经济史和区域文化史等。[②] 人类学也将区域研究作为重要的组成部分,重视区域的文化和族群特征。人类学对观察的区域进行田野调查,开展实地研究。

随着国际区域构建与合作的发展,有关国际区域的研究不断得到拓展,从政治学、国际关系、经济学等视角对国际区域进行研究成为主流。特别是第二次世界大战以后,在欧洲区域合作发展的推动下,世界范围的国际区域构建与合作快速发展,有关国际区域研究的理论也得到进一步发展。特别是,基于经济视角对国际区域构建所产生的内生利益理论,成为推动国际区域合作机制构建的重要依据。

二、有影响的理论

在诸多理论中,关税同盟理论及其后来的理论扩展产生了重要的影响,为欧洲和其他区域推动建立共同市场、自贸区(FTA)提供了重要的理论根据。所谓关税同盟,是成员国共同参与构建的区域市场机制,通过内部取消关税、对外实行统一关税,推动区域内部的贸易和经济增长。依据该理论,建立关税同盟会产生三个效应,即贸易转移效应、贸易创造效应和贸易扩大效应。在三个效应作用下,不仅可以增加区内贸易,而且也会增加贸易的总量,由此产生有利于区内和区外发展的综合效益。[③]

---

① 参见[美]理查德·哈特向:《地理学的性质》,叶光庭译,商务印书馆 1996 年版,第 347—453 页。

② 参见陈支平:《区域研究的两难抉择》,《中国史研究》2005 年增刊第 1 期。

③ 1950 年,雅各布·维纳(Jacob Viner)发表了《关税同盟问题》(The Customs Union Issue),提出了"贸易创造"和"贸易转移"的概念。在他之后,很多经济学家对关税同盟理论进行补充完善,使之成为一种较为成熟的经济理论。

延伸阅读

关税同盟效应

贸易创造效应(trade creating effect)是指建立关税同盟后,某成员国的一些国内生产品被同盟内其他生产成本更低的产品的进口所替代,从而使资源的使用效率提高,扩大了生产所带来的利益。同时,通过分工,本国该项产品的消费支出减少,而把资本用于其他产品的消费,扩大了社会需求,结果使贸易增加。贸易转移效应(trade diverting effect)是指缔结关税同盟之前,某个国家不生产某种商品而从其他国家进口;建立关税同盟后,由于同盟内部交易成本降低,价格会比区外低,这样同盟成员国原来从非成员国进口商品,现在转从关税同盟内部成员进口,从而增加了区内贸易。贸易扩大效应(trade expansion effect)是指缔结关税同盟后,无论在贸易创造还是贸易转移的情况下,进口商品的价格都会比原来下降,由此使进口数额增加,产生贸易扩大效应。以上为静态效应。关税同盟还会产生动态效应,这包括,资源配置更加优化,有利于获得专业与规模经济利益,有利于投资的扩大,有利于技术进步。事实上,以降低关税为基础的自贸区(FTA)的效应,通常从静态效应和动态效应两个方面来评估。

最优货币区理论对于推动国际区域的货币合作,特别是对于欧盟创建欧元区、实行欧盟单一货币体系产生了重要的影响。该理论认为,最优货币区(optimal currency area, OCA)是在一种最优的地理区域内,实现货币兑换的内部平衡和外部平衡,形成一种最优通货环境。在最优货币区内,保持各国货币的名义汇率固定,有一种占主导地位的货币,实现各国货币的自由兑换;有一个负责协调和监管的超国家权力机构。在权力机构的管理下,国家货币政策受到限制。[1]日本曾想在东亚推行以日元为主导货币的“亚元”货币区，在亚行下成立了一个专门的研究机构，由于条件并不具备，没有成为现实。

国际区域构建不仅在欧洲，而且也在世界其他地区以不同形式得到发展。比如在美洲、非洲都成立了诸多区域组织机构与合作机制。在美洲，仅经济领域就有北美自贸区[2]、拉美自由贸易区、中美洲共同市场、安地斯条约组织等。这些国际区域合作机制与欧洲区域合作的起点和目标都不同，体现了构建形式上的多样性：有的旨在开展区域协调，有的重点放在推动区内市场开放，还有的是重点关注区域安全和国家间关系。新区域构建的一个突出的特点是，制度构建上强调对国家主权的尊重和维护，重视国家政治制度与治理制度的建设，对于超国家的机制构建与职能行使比较谨慎。[3]

在对新国际区域构建的研究中，功能主义和新功能主义理论比较有影响力。功能主义和新功能主义理论的核心要点是，通过推动功能性的合作，构建一体化的网络，解决在国家层面不能解决的一些问题。新功能主义更重视各种政治力量（利益集团、政党、政府、国际机构）相互作用、政治决心、超国家政治制度的构建。[4] 功能主义和新功能主义理论对欧洲合作的研究发现，合作可以凝聚政治共识，有助于实现区域和平；通过一体化，可以实现贸易、投资和人员的区内流动，增加各国的利益，促进欧洲的发展。在此之前，欧洲政治家避免发生战争的传统办法是结盟和建立均势体制。[5]欧洲制定单一法案、构建统一大市场、实行单一货币等，大大推动了有关区域构建

---

① Robert A. Mundell, “A Theory of Optimum Currency Areas”, *The American Economic Review*, Vol. 51, No. 4, 1961, pp. 657-665.

② 特朗普执政时期进行重新谈判，改为《美国—墨西哥—加拿大自由贸易协定》。

③ 约瑟夫·奈对非洲区域经济合作进行了深入的研究，出版的《泛非主义和东非一体化》《比较地区一体化：概念和测度》《比较共同市场：修正新功能主义模型》等，都是基于对非洲区域构建的研究，提出了关于实现区域一体化的政治问题、功能主义在区域构建中的作用问题。

④ 关于功能主义和新功能主义的论述，参见[美]詹姆斯·多尔蒂、小罗伯特·普法尔茨格拉夫：《争论中的国际关系理论》，阎学通、陈寒溪等译，世界知识出版社 2003 年版，第 535—576 页。

⑤ Ernst B. Haas, *The Uniting of Europe: Political, Social, and Economic Forces* (1950-1957), Stanford, Calif.: Stanford University Press, 1958.

的研究。其分析不再仅仅局限于从功能主义理论的视角进行观察，开始更多地从超国家制度构建和政府间制度主义的视角去解析。不过，不同区域的不同发展方式，也对基于欧洲区域构建观察所得出的结论提出质疑，从不同角度分析区域合作的不同理论也不断推出，对一些重要的问题认识也存在越来越多的争论。

冷战结束以后，国际区域构建获得更大的发展，成为一种世界性现象。区域构建的目标比以往更广泛、更全面，既包括政治、经济，也包括社会和文化领域。国际区域合作不只是“从上而下”推动，也是“从下而上”进行。国际区域构建的研究方法也有新的发展：利用贸易数据、投资数据以及信息流动等对区域一体化水平及制度化程度进行划分，国际经济学、新经济地理学等的一些方法也被用于对区域合作的研究。①

国际关系研究领域兴起的建构主义理论也被更多地用于对区域构建的研究。建构主义注重国际关系中所存在的社会规范结构，强调观念、规范和文化在国家行为及利益形成过程中起着重要作用，尤其是建构性作用，强调行为体的互动本身可以构建有机的区域合作，政府、公民团体和企业对规范和身份的重新定义也可以生成新的区域合作。国际区域的社会建构是基于对区域身份认同和认知的集体感知形成的，文化在区域构建中起着非常重要的作用。从构建进程的认识出发，建构主义理论强调进程所起的作用，认为进程推动了权力的社会化、孕育合作的规则和规范，并且催生集体认同，中小国家通过合作吸引大国参与并实现渐进式的社会化。② 以东南亚国家融入东盟为例，东盟通过国家间合作的社会化过程，形成具有约束力的行为规范，对国家的行为产生影响，进而逐渐形成身份认同，从而对国家间关系产生积极的甚至是变革性的影响，最终使国家遵循和平共处的原则。③

---

① Raimo Väyrynen, “Regionalism: Old and New”, *International Studies Review*, Vol.5, No.1, 2003, pp.25-51.

② 参见秦亚青、魏玲：《结构、进程与权力的社会化——中国与东亚地区合作》，《世界经济与政治》2007 年第 3 期。

③ 参见[加拿大]阿米塔·阿查亚：《建构安全共同体：东盟与地区秩序》，王正毅、冯怀信译，上海人民出版社 2004 年版，第 29—30 页。

三、新区域主义的发展

冷战结束以后的国际区域构建被称为“新区域主义”，在构建上得到更大的认同，所涉及的目标更为广泛。国际区域合作存在现实的驱动力：要么是各方在安全上受到威胁，推动构建安全合作的机制；要么是基于消除经济要素流动的障碍，推动构建开放的区域市场；要么是生物圈危机，推动构建生态环境治理合作；要么是基于身份认同的提升，推动构建区域文化共同体。

尽管国际区域构建并不改变国家的边界和国家作为主体的性质，但是，在区域合作框架下，实现了边界开放、要素流动开放、国家治理上的开放；看起来国家的权力受到了分解，实际上，国家参与和利益分享的空间得到拓展。政府之所以积极支持和参与国际区域构建，正是因为可以获得拓展的权益。

国际区域合作的参与主体不仅是政府，也有非政府实体和个人。区域合作是在不同层次上展开的，有些是在近邻小区域(边境接壤地区)层次上开展的。现实中，小区域层次上的合作更为务实、灵活与多样，在方式上往往并不是通过正式的协议或者规约，而是建立在互信基础上的议程商定与互动。小区域合作成为增进身份认同、区域共识的基础。

新区域主义下的国际区域构建所取得的成效更为显著，特别是在区域认同、制度构建和区域治理上有了更多的共识和更有效的行动。[①]然而，不同的区域在制度构建和合作方式上有很大的不同，呈现出鲜明的多样性特征。因此，“比较区域主义”方法更能深刻认识国际区域构建的内在逻辑。通过比较，特别是对推动国际区域构建多因素的比较，才可以对世界不同地区的国际区域构建方式、结构、进程、效果有更深入的认识。

就国际区域构建而言，仅从区域主义或者功能主义、构建主义的理论视

---

① Tanja A. Borzel and Thomas Risse (eds.), *The Oxford Handbook of Comparative Regionalism*, Oxford: Oxford University Press, 2016.

角去分析和判定还是不够的，它们大多是对已有的发展以不同的视角作出解释。深度的研究，特别是理论上的创建，还是需要从国际区域内在的性质和内在的复杂要素上去探求。比如，欧洲为何一直存在各种区域构建思想和为之进行的努力，并且最终创建了“欧洲模式”？这可能要从欧洲的历史、现代民族国家体系构建、连续不断的战争、人们对区域的认同以及宗教思想的影响等内在要素去进行综合的分析。特别是第二次世界大战的“战争遗产”、冷战环境在驱动西欧国家走向联合上所起的特殊作用，是其他区域所缺少的。从区域构建的角度认识，“欧洲模式”难以在其他地区复制。但是，欧洲区域通过合作实现和平与发展的结果具有启发性，即区域构建可以创造单一国家所不能实现的共享利益，国际区域与国家有着密不可分的相互依存关系。

对于国际区域构建而言，最为重要的是把区域的客观存在与现实存在相统一，即通过实际上的制度建设和合作成效，使得国际区域在调节国家间关系，创建区域经济、安全利益，改进国家、机构和个人生存和发展环境等方面发挥积极的作用。现代国际区域构建以平等参与为原则，以创建良好的区域关系和秩序为认知，以实现区域和平与发展为目标，改变了以往的区域结盟、区域争夺和区域战争的范式，是一种新理念、新关系、新秩序和新文明构建，这才是新区域主义的本质特征。

第三节　中国的区域合作实践

一、中国的国际区域构建特色

中国是一个区域大国，传统的区域意识重点是周边，古代的“华夷秩序”（或称“朝贡体系”）最能体现这一点。近代，在西方帝国争夺、殖民扩张之下，中国周边被分解，自身也被瓜分。中华人民共和国成立后，提出了和平共处五项原则，参与了不结盟运动，推动了“亚洲及太平洋区域和平会议”，主要是为了改善生存环境，而非基于地缘区域构建的考虑。① 改革开放政策的实施，推动中国走向世界，政策导向是如何进入世界市场，为此，中国积极申请加入世界贸易组织。

亚太经合组织(APEC)是中国首次参加的区域性合作组织。通过参与，中国对现代区域合作的认知有了很大的转变，但主要聚焦经济的参与，从合作中获益，毕竟太平洋的另一边是一个很不同的地区。因此，中国对于亚太的制度构建一直持谨慎的态度。在美国时任总统克林顿提出要推动构建"亚太共同体"的时候，中国持反对态度，最后"共同体"(Community)的英文首字母改为小写，即非制度化构建，这才让中国接受。②

从区域构建的角度来认识，中国的第一个主动行动是推动成立图们江地区开发与东北亚区域经济合作问题。1991 年 10 月，联合国开发计划署(UNDP)推出了多国共同开发图们江三角洲方案，中国非常积极主动地推动该方案成为现实，并且在其中发挥了积极的引领作用。1995 年 12 月，中、俄、朝签署了《关于建立图们江地区开发协调委员会的协定》，中、俄、朝、韩、蒙签署了《图们江经济开发区及东北亚地区环境准则谅解备忘录》。这两个文件使得图们江流域开发从可行性研究阶段转入实际操作阶段。③

1997 年发生了起于东盟的东亚金融危机，当年 12 月 15 日，东盟邀请中日韩对话，商谈共同应对危机。这拉开了东亚合作的序幕，也使中国的区域构建与区域合作认知发生了重要的变化，把国际区域政策的重点转到东亚地区，为此采取了非常积极和具有进取性的政策。中国在首次"东盟＋中日韩"(10＋3)对话中就提出了务实的合作建议，此后在《东亚合作联合声明》、"中国—东盟自贸区"、东亚自贸区(10＋3)可行性研究、"清迈倡议"中都发挥了重要的引领作用。尽管在合作过程中出现过分歧，但出于推动东亚区

① 1952 年 10 月 2 日，亚洲及太平洋区域和平会议在北京正式召开，出席会议的代表来自世界 37 个国家。

② 不仅是中国，东盟国家也反对英文首字母大写的"Community"，为此，亚太经合组织(APEC)实行开放的地区主义(open regionalism)。

③ 出于复杂的原因，图们江的次区域合作并未取得大的进展。2009 年，中国政府推出了《中国图们江区域合作开发规划纲要——以长吉图为开发开放先导区》，将中蒙大通道建设纳入其中。

域合作的大局，中国及时调整政策，积极参加了东亚峰会构建和《全面区域经济伙伴关系协定》(RCEP)的谈判及签署。[①] 中国之所以投入这么多，主要是因为东亚是中国认定的地缘区域重点。

地缘东亚区域包括东北亚和东南亚。在推动东亚区域合作中，中国把深化中国—东盟合作作为重点。中国与东南亚国家陆海相接，构成一个地缘次区域。第二次世界大战结束以后，中国与东南亚国家的关系复杂多变，矛盾多重交织。东南亚国家建立了东盟，构建了基于区域认同的区域组织，这是东亚地区国际区域构建的一大发展，也对中国的区域战略定位产生重要影响。

冷战结束后，中国主动提议与东盟开展对话，东盟马上接受了中国的提议，可以说双方一拍即合。双方从对话开始，逐步建立起了多个合作机制，在诸多领域开展了有效合作，最为突出的是建立了战略伙伴关系，构建了自贸区，签署了《东南亚友好合作条约》。南海争端是中国与东盟关系中最为棘手的难题，中国利用"双轨机制"(各个国家与东盟整体)，以原则共识为导向，以稳定关系大局为定位，共同制定了《南海各方行为宣言》，并进一步就制定《南海行为准则》进行磋商。

与此同时，中国积极参加由东盟牵头的东盟—中国对话机制(10＋1)，东盟—中日韩合作机制(10＋3)、东亚峰会(10＋8)、东盟地区论坛、东盟防长扩大会议、亚洲合作对话会议、亚欧会议、东亚—拉美合作论坛等，支持东盟的中心地位和在这些合作机制中发挥领导作用。尽管中国与东盟之间存在诸多分歧，但一直坚持对话合作的大方向，合作成为一种共识和价值。[②] 在复杂的形势下，一则，中国借助东盟为中心的东亚区域构建机制，积极参与和推动东亚的区域构建；二则，中国积极发挥自身的影响力，推动周边的区域构建。

---

① 关于东亚合作的详细进程，参见张蕴岭《在理想与现实之间——我对东亚合作的研究、参与和思考》，中国社会科学出版社 2015 年版。

② 参见张蕴岭：《中国—东盟对话 30 年：携手共创合作文明》，《国际问题研究》2021 年第 3 期。

二、多层次的周边区域构建

周边是指中国与众多邻国共处的一个特殊地缘区域，是中国的地缘战略依托带。周边地区分为多个次区域：东北亚、东南亚、南亚、中亚，除中亚外，其他次区域都在区域构建上形成了以己为中心的新格局。这与历史上曾经有过的以中国为中心的“朝贡体系”格局大不相同。

东北亚次区域的关系复杂，历史的阴影和现实的矛盾交织，成为区域构建的巨大障碍，建立起来的中日韩对话合作机制的发展受到制约，步履艰难。东南亚建立起了东盟，坚守以东盟为中心的理念。中国与东盟是在尊重东盟为中心的框架下发展战略伙伴关系。南亚建立起了南盟，印度为维护其大国主导地位，对中国的介入非常警惕。中国与南亚次区域进行合作是以双边关系框架为主要支撑。中亚地区的变局提供了机遇，中国在实现与新独立的中亚国家关系正常化的基础上，与俄罗斯一起推动构建了上海合作组织，实现了次区域构建的历史性突破。显然，周边作为地缘区域的构建需要多框架，而非基于统一的地缘区域构建。

从中国的地缘区域定位看，大体分为三个层次：一是周边地区，二是东亚地区，三是被称为“大周边”的亚洲、亚太地区。对每一个区域都有着不同的区域认定和参与方式。鉴于每一个区域都有着不同的特点和现实发展，中国的现代地缘区域构建表现出务实性和灵活性，其努力的重心是在不同层次上推动构建一种以合作为导向的新区域关系与秩序，而非一种以己为中心并且可以成为主导的地缘区域制度。比如“一带一路”倡议，它并非一种地缘国际区域构建，而是一种新型的发展合作方式。[①]

就像其他大国一样，中国的国际区域构建并非仅仅局限于近地缘国际区域，也同时具有世界的国际区域认知，不过，这与基于近地缘构建的国际区域是不同的，它们主要是基于战略或者利益上的定位与行动。比如，中国

---

① 关于中国的周边战略，参见张蕴岭：《新形势下推动构建中国与周边国家命运共同体》，《当代世界》2021 第 7 期；关于新型发展合作方式，参见张蕴岭：《一带一路建设推动新型发展合作》，《人民日报》2017 年 5 月 15 日。

在非洲、拉美、欧洲、中东等都有不同领域的参与，包括经济、政治、安全，也有社会与文化。

从本章对国际区域构建和相关理论的概述中，我们可以发现：其一，以地缘为基础的国际区域构建既是一个现实，也是一种潮流。国家对于国际区域的构建在战略与政策定位上应给予高度的重视，并且进行更多的投入。其二，国际区域构建呈现多层次、多方式的特征，制度构建是国际区域构建的重要保证，但是制度建设也具有多样性的特征，“欧洲模式”提供可资借鉴的经验，但并非具有普遍性。其三，代表国家的政府积极参与和相关国家的合作是国际区域构建的基本保证。现代国际区域构建以平等参与和共利合作为基础，合作是“新区域主义”的本质特征。其四，理论既是实践的指导，也是对实践的总结，但是，就国际区域构建而言，尚缺乏综合的系统理论。

在全球化深入发展、地球生态发生巨变的情况下，区域治理的重要性凸显，成为全球治理的必不可少的组成部分，在诸多方面，都是无可替代的。[①]国际区域的构成不应简单地看成地理因素，而是具有丰富内容的客观存在，国家、社会、个人都是构成国际区域的活的要素，有着跨国家的相互联系和特殊关系与秩序。就治理而言，需要国家—国际区域—全球三个层次的相互统筹、联系与配合的综合框架。

当然，基于地缘区域的构建并非在所有的地区都得到良好的发展，各国对于国际区域的认同也存在很大的差别。当今，基于战略定位的超地缘势力构建也存在很强的惯性和动能。

① 阿查亚认为，现实与未来的世界秩序越来越以区域秩序为基础。参见 Amitav Acharya，“The Emerging Regional Architecture of World Politics”，*World Politics*，Vol. 59，No. 4，2007，pp. 629-652.

推荐阅读：

1.邢瑞磊:《比较地区主义:概念与理论演化》,中国政法大学出版社 2014 年版。

2.[加拿大]阿米塔·阿查亚:《建构安全共同体:东盟与地区秩序》,王正毅、冯怀信译,上海人民出版社 2004 年版。

3.[阿根廷]劳尔·普雷维什:《外围资本主义——危机与改造》,苏振兴、袁兴昌译,商务印书馆 2015 年版。